selva assombrada

renato ignácio da silva

selva assombrada

renato ignàcio da silva

Capa e ilustrações: Rigsil. (Pseudônimo artístico do Autor).

Do mesmo Autor:

"No espaço não estamos sós..."
(Estudo sobre o espaço cósmico e seus mistérios).
"Amazônia, paraíso e inferno!".
(O que é a Amazônia. Como sobreviver ma selva e no mar).
"Pantanal Silencioso".
(Novela mostrando a destruição da natureza).
"Capitão Piranha".
(Romance).

Uma edição:
RENIG - Rua Capitão José Leite, 160-B.
Centro - Itaquaquecetuba - Cep. 08580 - São Paulo - Brasil

A meu filho Eduardo.

ÍNDICE

Através do mistério do índio e da assombração do sertanejo, procuro mostrar aqui, pior do que destruir a floresta para ganhar dinheiro, matar com veneno a terra que cultiva, fazer a indústria tingir o céu azul de negro, torturar animais nos laboratórios em falso nome da ciência, traficar peles e couros, eliminar cachoeiras como se fosse progresso e assassinar rios para economizar filtro, enfim, tentar transformar a verde Terra em deserto planeta avermelhado, pior do que tudo isso, é ainda o genocídio – a destruição de uma raça...

Renato Ignácio da Silva

PREFÁCIO

Já vi coisas inexplicáveis na selva. Não procuro dar explicações nem convencer ninguém, mas, houve um fato interessante que presenciei e marcou profundamente.

Duas crianças índias, uma menina e um menino, certo dia convidaram o pai para pegar peixinhos. Como o pai nunca diz não às crianças, pegou uma penerinha e saiu para a lagoa. O índio era carapa, uma tribo que morava na margem de uma grande lagoa. Mas dentro da mata tinha uma lagoa pequena. E mais fácil para ele ir na lagoa da mata, por ser mais rasa.

Foi com as crianças nessa lagoa dentro da mata, mais ou menos uns 200 metros de distância da maloca, da aldeia. Lugar que tinha muita arraia, um perigo, podia aleijar e, se a criança fosse muito pequena, podia até matar de dor.

O índio deixou as crianças na beira e entrou na lagoa, a uns 5 metros de distância. Não perdia os meninos de vista. Pegava um peixinho e punha dentro de um caldeirãozinho que a menina carregava no dedo. Da beira da lagoa à orla da mata, ia-se uma distância mais ou menos de 50 a 60 metros.

De repente o índio pegou mais um peixinho, voltou... onde estavam as crianças?

Tinham sumido como por encanto. Ele gritou. Pensou que tivessem ido ao mato fazer necessidades ou qualquer coisa. Gritou e nada. O pai ficou aflito, saiu correndo. Gritou, gritou. Desesperado foi correndo para a aldeia, de onde voltou rapidamente com mais de 40 índios que procuraram, e nada!...

O desespero tomou conta da aldeia, quando o índio começou a gritar, referindo-se aos inimigos:

— Índio bravo chegou, deve ter roubado as crianças. Então tem índio bravo em volta; índio chegando perto, vai atacar aldeia!

Uma aldeia chama a outra, num alvoroço total; no segundo ou terceiro dia a aldeia carapa já tinha mais de 300 índios. Enquanto o terreiro fervia, uns 200 índios andavam pela mata, atrás dos meninos. Aí, mandaram nos avisar. A distância do posto, 5 minutos de avião, bastava só atravessar o rio. Eu mandei o avião para lá, procuraram, procuraram e nada. O avião ia lá até dez vezes por dia, comigo ou com alguém que eu mandava para saber das notícias.

Organizei um grupo de índios altamente adestrados. Peguei oito índios jurunas, que viviam dentro da mata, dei-lhes farinha e rapadura e eles andaram o quarto, o quinto, o sexto, o sétimo e o oitavo dia. Voltaram e disseram:

— Não tem o menor sinal de índio, nem de nada. Não tem índio nesse lugar...

Mais tarde sobrevoamos a área e constatamos que os jurunas tinham andado mais de 100 quilômetros, divididos em grupos de dois. No nono dia caiu uma tempestade de madrugada, e falei para minha mulher:

— Se as crianças não morreram até agora, desta feita não escapam, não.

A tempestade começou às 9 horas da noite e quando chegou de madrugada ninguém conseguia dormir com o barulho da mata. No décimo dia, o pai dos indiozinhos ficou desesperado e começou a chamar os pajés. Recrutou 13 pajés, falando diversas línguas. E os pajés começaram o serviço, num rancho especialmente desocupado para eles. Um deles dizia:

— As crianças foram mortas — outro: — As crianças foram raptadas — um terceiro: — As crianças fizeram isso; fizeram aquilo... — e o pai cada vez mais desesperado.

Mas o grande pajé, ele não chamou no início, porque era um pajé caro; um medalhão, que a família só chamava para junta médica, quando o caso extremamente difícil. O pagamento feito com canoas, colares, qualquer coisa de muito valor, mas para as entidades espirituais. Tudo que ele recebia, pertencia ao espírito que estava possuindo. Como o caso não tinha solução, o pai resolveu chamar então, o grande pajé. Tacumã, veio acompanhado de mais 4 índios. E chegou dizendo:

— Só faço a pajelança se todos ficarem sob minhas ordens!...

Criou atrito, de cara. Ouve um desentendimento, porque tinha índios de várias tribos; mas na confusão os carapas pediram e os outros pajés concordaram em ficar sob orientação do Tacumã.

No décimo-terceiro dia, Tacumã começou a fumar às 5 horas da manhã. Eu fui lá. Fumou um pacote de charutos — uma folha de caeté com fumo nativo. Quando foi 11 horas, Tacumã caiu. Aí é que iniciaram as manifestações. Ele começou a dizer que as crianças iam aparecer na roça. Foi aquela balburdia danada, sairam correndo uns 400 índios para o lado da roça. Vasculharam a roça toda e nada. A volta foi uma consternação enorme paro todo mundo, e principalmente para o Tacumã.

Houve até um certo ar de regozijo nos outros pajés que se sentiram desprestigiados com a vinda do Tacumã. Fui a tarde. Conversei com Tacumã, e ele disse que estava querendo ir embora. Eu pedi para ele continuar. O grande pajé, então respondeu que ia fazer outra pajelança de manhã.

Quando foi no outro dia, décimo-quarto, Tacumã, começou a fumar às 5 horas da manhã. Aí exigia que toda a aldeia fosse fechada. Fecharam todas as casas. O terreiro ficou totalmente vazio. Só a maloca onde ele estava, com agora 18 pajés ficou aberta. E o Tacumã fumando desesperadamente; os outros só acendiam e davam o charuto para ele. De repente Tacumã ficou de joelhos e caiu. Eram quase 11 horas. Estava num estado deplorável. Todos os pajés em volta e ele gritando, gritando...

Quando foi 11 horas, Tacumã começou a gritar que deixassem a aldeira fechada e que as crianças iam aparecer quando o sol estivesse bem a pino:

— Vão aparecer as crianças, quando o sol estiver bem em cima!...

Ao meio-dia as duas crianças entraram em casa, e a menina com o mesmo caldeirãozinho no dedo...

Na aldeia toda foi uma só explosão de alegria. Quando viu aquilo, o piloto veio correndo, passou a mão nas duas crianças, na confusão, pôs dentro do avião e voôu para o posto. A menina sempre com o caldeirão no dedo. Chegando lá, minha mulher examinou e achou que as crianças estavam sujas, arranhadas, emagrecidas um pouco, mas nenhuma delas depauperadas, desnutridas, como deveriam estar nos 14 dias sem alimentação.

Então conversei com a menina, a mais velha, e perguntei o que havia acontecido naquele dia de grande temporal, quando começou a chover muito a noite. Ela respondeu:

— Nós fomos caminhando pelo mato, um índio todo enfeitado ia segurando a nossa mão. Quando começou a chover, ele nos levou para perto de uma árvore, onde tinha uma sapopema (aquelas raízes salientes, muito comuns na Amazônia), o índio enfiou a gente na raíz e sumiu. Logo apareceu um bicho grande, parecia veado, mas só não era veado, porque tinha chifre muito grande (um servo). Esse bicho encostou em nós e não sentimos chuva nem frio...

O mais importante, claro, o fato das crianças terem aparecidas vivas e gozando de boa saúde. Mas, o extraordinário, o fantástico — essa é minha, e não abro mão, quem quiser acreditar acredite, quem não quiser, eu não tenho o menor interesse: os peixinhos estavam todos moles dentro do caldeirão! Molinhos como se fossem pegos naquela hora. Estavam mortos, mas moles. Depois de 14 dias, os peixes deviam estar podres, ou duros!...

Eu vi, quando diretor do Parque Nacional do Xingu, não me contaram...

Assim é a selva assombrada, que daqui para frente Renato Ignácio da Silva como bom conhecedor, vai continuar.

Orlando Villas Boas

"O mistério é uma das coisas mais belas. Aquele que não se deixa tocar pela emoção do mistério, aquele que, diante do maravilhoso, não fica imóvel, impregnado de assombro, é como um morto: já não tem olhos para ver."

Albert Einstein

BAROÁVA

A selva amazônica é coberta de sombra e assombro.

Assombração, é terror proveniente de causa inexplicável; pavor causado pelo encontro ou aparição imaginária de coisas sobrenaturais...

A enorme sapucaia derrubava suas flores róseas que o vento quente da mata fazia chegar até o solo da caverna, algumas ficavam enroscadas nas teias de aranha da entrada.

Lá dentro o fogo ardia próximo a rede. Único companheiro que jamais o abandonou desde que viu a luz da vida, estava ainda a seu lado dando-lhe calor e conforto aos membros que já se iam esfriando.

Esquecido, abandonado, sem forças para tomar por si o alimento, definhava a míngua, resignado, sem uma palavra de queixa sem gemido de dor, até que a morte lhe abrisse as portas misteriosas do além túmulo, onde defrontaria com seu Deus, grande espírito em quem ele sempre acreditou, respeitou e temeu; como lhe ensinaram os antepassados.

Extremamente enfraquecido na sua caverna transformada em maloca, o velho e sábio pajé enfrentava o que para qualquer um seria drama, mas do qual estava habituado: milhares de morcegos que deixavam suas covas nas grutas e voavam aos bandos, em verdadeiras nuvens, sem o molestar, como se já estivessem acostumados com o seco corpo humano.

Há muito o ancião não saboreava um mutum-poranga ou galo-da-serra na brasa. De peixes, sonhava com curimatãs, surubins e tucunarés, moqueados, dos velhos tempos.

O experiente silvícola sabia que ali onde morava, não existiam vampiros, os morcegos que se alimentavam de sangue; comuns em qualquer mata. Dos três tipos, naquela caverna só existiam dois: os frugívoros e os insetívoros, por isso os hematófagos não o assustavam. Como frutas não eram encontradas, ficavam fazendo companhia ao velho índio, apenas aqueles que dependiam dos insetos. Na verdade mais assustavam do que causavam estragos. Ainda limpavam a moradia do ancião livrando-a de pequenos bichos.

Na caverna os morcegos alimentavam-se principalmente de um tipo de mariposa noturna. E apesar do elevado número de morcegos existentes, a população das mariposas não diminuia como era de se esperar, por um controle muito simples da natureza. Um orgão conhecido dos especialistas em mariposas, chamado **timpano**, localizado entre o tórax e o abdomem do inseto, o responsável pela sobrevivência da mariposa. Este orgão avisava o inseto quando ele era detectado pelo radar do morcego. Assim, alguns centésimos de segundos antes da chegada do morcego, ela desviava abruptamente a direção do vôo, driblando o mamífero voador. Cerca de 30 por cento das mariposas escapavam da morte prematura e, como a sua reprodução era maior e mais rápida que a do morcego, perdurava um equilíbrio entre as duas espécies...

Por que este controle não podia existir entre os humanos?

Raciocinava o pajé que era o médico, o filósofo, o poeta, o sábio da tribo, e agora abandonado pela velhice, enquanto separava ervas e raízes. A casca da manaiara, cujo cozimento, para lavar feridas causadas pelas armas dos brancos. Folhas do tarumazeiro de um lado, as amargas curapanaúbas, de outro, combatiam as febres. O velho aproveitou e tomou uma porção de sucuuba com mel-de-pau contra a tosse que o atormentava. Se persistisse ia apelar para a jutai, urtiga-branca e paricá.

Conhecia o valor da cássia, malvaísco, tiririquím, caapomonga, pagimiroba...

Conforme sua concepção, a terra era uma planície recoberta por calota esférica regular e sólida. O céu com quatro portas correspondente aos quatro pontos cardiais, por onde escapavam as águas dos rios. Se fechadas essas portas, as águas inundariam as terras e afogariam toda a humanidade.

Distinguia as nuvens, dava nomes aos pontos cardiais e falava de astros e estrelas à sua maneira. Não sabia explicar como tinham formadas as estrelas, porém para ele, todas as constelações possuíam uma origem lendária. Afirmava que o sol, a lua e as estrelas eram gente. Distinguia as constelações com nomes de animais ou coisas que lhe parecia ver afiguradas pelas estrelas. Graças a ele todos os índios conheciam as constelações pelos nomes e mostravam-nas no céu. As denominações iam do Jirau de Peixe, Garça, Lontra, Rabo de Arraia, até Barba da Onça e Cercado de Periquito.

O sábio sempre falara do tempo e das estações, espaço entre uma vazante e outra dos rios. Conhecia e explicava aos demais membros da tribo as duas estações que realmente existiam, a saber, o verão (seca) e o inverno (enchente). Os meses, Enchente das Folhas, Tempo de Ingás, Tempo de Pupunha, assim por diante, sempre com seus poéticos nomes.

Para ele as horas também tinham nomes. As 4 da manhã era Antes de Subir a Claridade, 9 horas, Começa a Subir o Calor, 12 horas, Sol Forte, 16 horas, O Sol vai Entrando, 18 horas, O Sol Entrou, 19 horas, Vai escurecendo, até meia noite com Noite Avançada...

O velho pajé que agora chegava ao fim, de tudo entendia. De astronomia à ciências naturais. E suas idéias sobre a natureza, interessantes. As trovoadas, criancinhas abortadas, que choravam porque ia fazer muito calor. Os orfãozinhos de mãe soluçavam porque andavam sozinhos nas matas, ninguém cuidava deles.

Muitos dos rumores da selva, o sibilar do vento, o ciciar

da brisa entre as folhas, quedas de galhos, lhes pareciam a imitação das músicas. Enquanto o éco, alguma divindade se divertindo a remedar algum barulho no meio da mata.

Quando surpreendia um animal ou grupo de animais, veados, antas, entretidos a beber água ou lamber uma pedra, dizia que os animais estavam tontos, porque passaram uma noitada de danças e orgias.

As aves branco e preta chamadas de tezoura e que em certas épocas apareciam em bando à procura de vermes, sendo de leve peso e vôo gracioso, era para o velho poeta, um grupo de espíritos que dançavam ao ar. Compunha frases lindíssimas para seus companheiros.

Admitia e passava para os outros a transformação dos animais. Acreditava que os vermes que proliferavam na bacabeira, por ocasião dos eclípses, transformavam-se no peixe, por achar certa aparência com tais vermes. Uma confirmação dessa procedência, era descobrir no fato de tais peixes serem encontrados ainda vivos no mato, depois de secarem os igapós.

Referia-se ao tamboatá, peixe de particularidade interessante: locomove-se tanto na água como em terra. Um pequeno cascudo que em busca de alimentos ou novas águas sai terra a dentro. Tal locomoção é facilitada por série de placas ósseas que revestem seu corpo e por dispositivo do tubo digestivo que permite uma espécie de respiração. É chamado também peixe-do-mato, porque vive de preferência nos fundos lamacentos das águas cobertas de vegetação. De onde sai a noite em busca de alimentos e para caminhadas que, por serem lentas favorecem seu encontro em pleno dia.

O tamboatá não é o único peixe da Amazônia, capaz de se locomover em terra, embora suas andanças sejam as mais longas. O jijú um tipo de traira, o cuiu-cuiú, peixe de couro, misto de bagre e cascudo e outras espécies de menor porte, rabejando ou escorregando sobre a folhagem, fazem também suas "caminhadas" pela selva...

O velho pajé admitia assim como todos da tribo, a possibilidade de humanos se transformarem, temporariamente ou definitivamente, em animais e vice-versa. Os papagaios eram meninos das matas. Viviam nús, brincando. Quando queriam passear tomavam penas e voavam...

Na frente da caverna, o lago cercado de maçarandubas,

pau-darco e acapus, estava em silêncio. Os tambaquis alimentavam-se de larvas de camarão e insetos aquáticos, mas procuravam as frutas jauari, catuari, taqui e outras encontradas nas imediações, que caindo na água atraiam os peixes, quando o outro homem velho da tribo, chegou.

Mais para tomar sol e meditar, antes de entrar na gruta, do que para gapuiar – método tradicional inventado pelos nativos, que consistia em amarrar uma pequena pedra na extremidade da linha em substituição ao anzol, que mergulhado na água, imitava perfeitamente o som da queda dos pequenos frutos de predileção do tambaqui. O peixe abocanhava a pedrinha e o pescador o puxava imediatamente para a margem do lago, onde logo o faria moqueado.

Iscas não faltavam naquele lugar abençoado. Indo mais além na mata, era só apanhar também frutinhas miudas do tororó, da mesma forma apreciadas pelos tambaquis. Naquele paraíso tudo estava a altura das mãos dos homens, sem muito esforço, na medida exata...

O visitante, o velho cacique chamado Aváorab, nome que apesar de ouvido há muito tempo continuava estranho na tribo de Mato Grosso, na divisa com o Pará, em que todos os nomes tinham significado. O daquele homem nada queria dizer, nem representava coisa alguma, e por mais que os novos perguntassem ao velho cacique, ele próprio, também nada podia informar a respeito. O que sabia com certeza é que tinha mais de 100 anos e nunca lhe informaram quem havia dado o nome estranho.

O chefe lutador, era outro que sabia das coisas das matas de assombrações...

Sua experiência só igualada a do velho pajé, que juntos davam mais de 200 anos de andanças por aquelas terras. Como sabia também que o motivo dominante da grande sinfonia da vida ali ou em qualquer parte, representava sempre a luta.

O cacique não era um pacífico como o sábio pajé. Pelo contrário, um terrível guerreiro respeitado por todos, mas desgastado pelo passar dos anos.

Olhava para baixo. Não possuia microscópio à apontar a simples gota de água do charco, para saber dos dramas envolventes que se desenrolavam no minúsculo mundo a seus pés. Onde a vida teve ocasião de apresentar suas características mais brutais: aquele microcosmo reproduzia, em escala reduzida, tudo quanto acontecia, a cada instante, entre os seres vivos do globo.

As plantas lutavam entre si para obterem um lugar ao sol e a alimentação; as parasitas sugavam inexoráveis, a linfa e o sangue de suas vítimas, estrangulando-as em um abraço fatal, os animais armavam armadilhas, devoravam-se uns aos outros.

Os indivíduos da mesma espécie, também realizavam lutas e duelos frequentemente mortais, no decorrer dos quais o mais fraco morria. Exemplo mais clamoroso dessa luta era oferecido ali na selva, pelas formigas, com legiões infinitas de seu exército se batendo em choques, comparáveis com as guerras humanas.

Aváorab afastou a graciosa palmeira açai, abaixou-se lentamente, resolveu gapuiar. Apanhou a pedrinha para amarrar na linha, quando deparou com duas formigas pertencentes a formigueiros inimigos. Se encontraram, procuraram evitar-se, sempre manifestando um recíproco temor que se transformava em verdadeiro medo, na mais fraca, quando a inimiga pertencia a uma espécie mais potente e agressiva.

Quanto ao choque delas o velho cacique já sabia. Quando isso ocorria entre as "tropas", mais ou menos numerosas, a união fazia a força e furiosas lutas, realizadas. Os combatentes agarravam-se corpo a corpo, largavam-se, agarravam-se novamente, caiam no chão cada um usando suas terríveis mandímbulas que cortavam sem piedade, patas, antenas, partes da boca do adversário, procurando decapitá-lo. Mas nem as mais terríveis mutilações conseguiam deter o ardor dos lutadores que continuavam atacando até o fim.

Quando terminava a guerra silenciosa e sangrenta, o campo de batalha estava cheio de pernas, antenas, mandimbulas, corpos horrivelmente mutilados, outros tantos indícios da crueldade dos choques, da ferocidade da luta entre os adversários...

Os olhos do velho guerreiro subiam do solo, vagarosamente, quando sentiu que o tambaqui estava puxando a linha.

Aváorab representava o terror dos brancos, que não sabiam que ele estava vivo e tão velho. Seu nome, uma lenda. Ainda possuia a fama de terrível guerreiro. De matador implacável. Quando na verdade não passava de um pobre homem carregando o peso dos anos e vivendo de lembranças.

O novo convite para uma aproximação com os homens brancos não agradava ao experiente chefe de tribo. Para ele o branco acabava sempre transformando o índio em gado humano tangido pela miséria. Isolados como estavam eram fortes. Civilizados, seriam espalhados em pequenos grupos, destituidos da pujança do passado, perseguidos e incompreendidos por parte da população branca. Nesse estado, não deixavam de ser diminutas "ilhas humanas", cercadas de inimigos por todos os lados.

Por isso tudo, tinha decidido visitar seu amigo de longa data e trocar idéias a respeito; afinal ele era um simples guerreiro, a sabedoria toda estava com o pajé.

Na entrada da caverna, o cacique parara no lago para pensar, antes de entrar. E por ali ficaria algumas horas mais...

Quem ensinava e mostrava as verdades à aqueles dois anciões da tribo, significava mais um mistério da selva assombrada. O sábio pajé, o poeta e filósofo, além de médico, a tudo aceitava resignado, mas o cacique mostrava-se inconformado; um contestador, lutador, que seria assim até o fim da sua vida. Porque vira mais injustiças, do que ninguém; como chefe dos guerreiros assistira de perto e sentira na própria carne, todas as maldades.

Tudo o que o cacique contava para os componentes da tribo era correto. Afinal estava ali a testemunha ocular da história.

Dos 3 a 4 milhões de índios que existiam na época do Descobrimento, não restavam mais do que 150 mil; de mamando a caducando, de integrados a arredios. E 95 tribos com 35 línguas diferentes, desapareceram, somente no período que se estendia de 1900 para cá. De 1940 em diante, o número de munducurus baixou de 19 000 para 1 200; de 4 000 carajás, sobravam 400; dos 10 000 cintas-largas havia somente 500 sobreviventes. Os silvícolas cresciam para trás. Os civilizados matavam um milhão de índios por século...

E o velho cacique, um defensor da família e da tribo, é que levava fama de mau. A ele restava o título de perverso assassino.

O experiente chefe acumulara conhecimentos que passavam do seu avô para o pai, além de experiência própria no dia a dia, em sua longa existência. Lutava para fazer valer o seu direito, nunca reconhecido, desde os primeiros anos de invasão branca.

O índio era um ser humano, não um animal como julgavam os espanhóis e portugueses, roubando suas mulheres, vendendo seus filhos, desfazendo-lhes o lar, dai a luta entre o índio e o civilizado que vinha de longa data.

Forte, criado sem roupas ao sabor das intempéries, vivendo seus hábitos primitivos, o índio passava o dia caçando, pescando e plantando, tranquilo, sem a exaltação e a inquietude do civilizado. Adaptava-se aos costumes da civilização, se preciso fosse, e com prejuizo para ele. Usava com desembaraço qualquer material e ferramenta, mas não gostava do trabalho do civilizado, embora trabalhasse tanto quanto ele. Os passatempos favoritos dos nativos eram as festas, as danças e as lutas. Sua inteligência, normal a sua índole pacífica, salvo quando se tornava vítima da maldade do civilizado, que no fundo invejava sua vida tranquila, sem relógio para controlar o dia, sem contas para pagar no fim do mês.

Porém, toda essa fortaleza de saúde, abria-se às doenças logo que entrava em contato com o civilizado. O que para o civilizado era simples resfriado, para ele significava morte certa, transmitindo os germes aos demais da tribo. O mesmo sucedia à índia, criatura saudável, corajosa, endurecida no trabalho doméstico, que ia desde carregar lenha até plantar. Dedicada ao lar e carinhosa com os filhos. Mulher que ao dar à luz, as vezes sozinha e na mata, banhava o filho, lavava-se e voltava com o recém-nascido no colo, transformava-se também num ente frágil, sucumbindo ao contato com simples grïpe do civilizado. Isto considerando a melhor das intenções, o que não acontecia com frequência. Pois a maldade dos brancos em relação aos silvícolas era uma constante e vinha de longe...

Todos conhecem, hoje em dia, a triste figura feita pelos espanhóis, perante a dignidade e a cortesia dos incas. Loucos pelo ouro, cansados e febrís, os espanhóis massacraram um povo, cujo governo estava tão próximo da perfeição quanto se podia desejar no mundo de então.

Nossa história mostra que a ferocidade do índio veio com a civilização. Pedro Alvares Cabral foi recebido com cantos e danças festivas. D. Pedro Fernandes Sardinha acabou na ponta das flechas. Não foram portanto os índios os iniciadores das hostilidade sangrentas. Acusados de ferocidade, não fizeram aos civilizados a centésima parte do mal que destes receberam.

Logo depois, as tropas que periodicamente saiam em busca de nativos para escravizar, tinham o costume de colocar armadilhas no caminho dos selvagens e não poucas vezes envenenaram suas águas!

Alguns colonos portugueses, diabolicamente, dependuravam nas matas, camisas e outras peças de vestuário infeccionadas, pertencentes a alguns doentes da varíola, a fim de alastrar a peste entre os selvagens. Conseguindo com isso levar a mais cruel das mortes às populações indígenas.

Os índios por sua natureza pouco resistente ao desenvolvimento de certas doenças e pelo péssimo costume de procurar a água corrente, os rios, onde supunham apagar o calor interno proveniente da febre, morriam rapidamente. Devido a esse hábito prejudicial de entrar na água quando febrís, todas as febres assumiam carater maligno, causando grande mortandade entre eles.

Essas raças ingênuas foram exploradas e difamadas. As perseguições, morticínios e roubos que sofreram. Começando com a ingratidão e a barbaridade dos portugueses, porque os índios receberam bem os europeus, somente depois que viram o carater deles é que os repeliram. As atrocidades praticadas por civilizados em velhos e crianças indígenas, os aprisionamentos (eram caçados com cães), desonra e profanação de suas mulheres, fizeram com que o índio detestasse, ou pelo menos desconfiasse de todo homem branco...

Em volta do lago, o velho cacique Aváorab continuava gapuiando e meditando. Conhecia bem todos os métodos de extermínio dos brancos não só porque seus antepassados contaram, mas principalmente porque tinha escapado de algumas ciladas e nos combates se saira bem.

Um deles, mais recente, ele lembrava bem. Tinha ainda as cicatrizes que sobraram das balas. Não fosse o conhecimento do pajé com as ervas que curavam e ele não estaria mais ali rememorando e remoendo o ódio. Esse favor devia ao amigo de muitos anos, que mais de uma vez, o socorreu...

Lembrava que os criminosos brancos foram se aproximando do lugar em que o grupo de silvícolas estava acampado, apanhando sementes de palmeiras como babaçu, inajá, uricurí, tucumã. Os "civilizados" estavam bem armados, enquanto os índios só tinham algumas flechas, poucas, para a caça e estavam desprevinidos até de alimentos, pois na região os animais estavam escaceando.

Nas mãos dos brancos seguiam metralhadoras, seis pentes de balas de trinta tiros cada, facão bem grande, cinco revolveres, uma carabina e um mosquetão, além de farta munição.

Os brancos tinham viajado dias, quando avistaram fumaça. Começaram então a caminhar com cautela porque segundo eles "índio era bicho perigoso". E ficaram na tocaia, jogando na boca, punhados de farinha-dágua, vendo os silvícolas fazerem uma choça com ripa de paxiúba onde cobririam com folhas de palmeira buriti. Enquanto as mulheres velhas e moças preparavam as raízes cozidas, cuspindo tudo dentro de um pote aguardando a fermentação. Fermentação que eliminava as bactérias proporcionando bebidas alcoólicas e cristalinas. A mastigação repugnava aos espíritos civilizados, mas era no meio da mata a única maneira de conservar também a massa do agutiguepá por algum tempo. Alimento extremamente nutritivo que continha quatro vezes mais amido que a batata e quando fresco, um legume muito leve, de agradável sabor...

Os brancos escondidos passaram a fumar nervosamente a "rainha da floresta", a maconha, trazida por um deles, bem acondicionada, passando o toco de cigarro de boca em boca.

– Atira nu chefe. O otro é meu – murmurou um.

– Que chefe?

– O véiu cacique, ali na pedra.

– Certu...

O cacique recebeu o primeiro tiro e ferido foi ao solo tentando se arrastar para a mata de palmeiras. Começou a metralha.

– Quem morreu, morreu. Quem não morreu, correu!... – Gritava o branco com a metralhadora ainda fumegante nas mãos...

Três índios abandonaram o tapui – choça de palha – e desapareceram na mata de açai, paxiúba, buçu...

Enquanto uns doze ou treze ficaram caidos. Um indiozinho de três a quatro anos que de pé mamava na mãe, ficou paralizado de pavor. A índia correu, o menino passado o minuto imóvel de susto, correu imediatamente em direção da mãe, como a pedir que o salvasse. A cena foi rápida.

Cansada e ferida a índia foi ao chão. O pequeno índio abraçava a mãe e chorava, enquanto a mulher estática olhava para o chão adivinhando que não podia mais correr daquela situação. E nem via que as armas estavam apontadas para ela. Paralizados os dois soluçavam.

– Chico, esta muié a gente leva pros padre...

– Padre não, intão pro Ataide, que paga. Se padre quizé bugre, que venha buscá no mato, como nóis faiz.

– Chico, num pensa judiaria. Esta muié é nova e bunita, a gente leva intão pro Amorim.

– O Amorim também si quizé muié vem buscá no matu. Quem quizé qui si arrisque...

Afastando raízes e cipós com as passadas largas, metendo a bota em tudo rapidamente, Chico pega uma perna, Ramiro pega na outra. E a índia é pendurada de cabeça para baixo numa sucupira. Chico tira o facão da cinta afiado com capricho.

– É marvadeza, Chico. É locura.

– Quieto.

E abriu a índia como quem abria um porco. A criança nem correu, aterrorizada com a cena. Mataram o indiozinho a bala...

Um deles ainda tirou uma fotografia, para ficar de lembrança.

E Aváorab é que tinha fama de guerreiro implacável, sanguinário matador de brancos...

O cacique sabia que a população branca no Brasil não era hostil aos índios. Apenas um pequeno número de "civilizados" de todas as cores, brancos, negros, amarelos e vermelhos, usavam de todos os meios para afastar os "selvagens" de terras férteis ou ricas em minérios.

O velho e cansado guerreiro, puxava mais um tambaqui e lembrava outra luta. O episódio do "Capão da traição", no baixo Xingu, acontecido com os jurunas. Nesse lugar os índios que auxiliavam no avanço das seringas, convidados para uma festa de "confraternização" foram massacrados sem piedade pelos brancos, no meio da festa.

O mesmo acontecendo com os caiapós, da região, que certa feita foram "presenteados" com barricas de farinha envenenada, morrendo muitos na ocasião. Uma expedição somente organizada para isso subiu o rio Arinos, carregada com presentes e alimentos para os "beiço-de-pau". Os gêneros alimentícios estavam misturados com arsênico e formicida!

No dia seguinte muitos índios morreram, enquanto os brancos espalhavam o boato de que os silvícolas teriam sido vitimados por uma epidemia...

E o cacique Aváorab é que tinha fama de ruim.

Proprietários de terras em Pedro Afonso, mataram cem homens da tribo craós, famosos pelas mulheres bonitas que possuiam.

Em Aripuanã, aviões jogaram dinamite sobre os cinta-largas. Aos maxacalis e canelas, donos de terra deram aguardente enquanto atiradores assalariados assassinaram os índios bêbados. Os nhambiquaras, foram ceifados por fogo rápido de metralhadora. Os pataxós, exterminados por meio da varíola propositadamente alastrada. E para desocupar as terras dos tapaiúnas, deram-lhes um presente mortífero: açúcar misturado com arsênico!...

O guerreiro Aváorab tinha fama de mau, quando na verdade apenas defendia sua gente e terra. Que também pertenciam aos antepassados. Não se conformava com a atitude dos brancos, agora chegavam ao ponto de convercer índios meio civilizados a lutarem contra outros nativos, irmãos de raça. Um deles contava:

– Andamu, andamu muito. Rasto... Só treis cinta-larga, ondi istão os otro? Fiquei escuitano. Devem está pertu. E agora gritu de galinha, muitos. Agora sim cheguemu. Escuitei um gritu: Uh! Uh! Uh! Vamu todus atirá; vamu matá tudo. Tudo sumiu. Só ficô galinha, só porco do mato. Ahahaha: Porco do mato que criaro. Pah! (tiro). Uem, uem, uem (grito de porco). Eu digu bom dia! Peguei maleita estô fraco. Sai gente da maloca. A moça me viu armado e correu. Eu atirei e num acertei. Começa a luta. Cinta-larga muito bravo, mata seringuero. Eu também antigamente como cinta-larga era índio muito bravo...

E o nativo agora não sendo mais índio, nem civilizado, prosseguia:

– Tudo silencio. Amigo ficô atráis de pau grosso. Chefe barbudo mais atráis. Eu fiquei no sujo, no chão. Deitado no chão escuitei uma criança chorá ahahahah! O galo cantô cócócóró. Depois vieru duas muie, uma véia e uma moça.

Vieru devagá. Companhero meu pódi matá tudo, home apareceu. Companhero meu atirô oh, caiu. Otra moça correu. Eu também. Eu digo. Eu e amigo. Otro mais atráis, e seringuero preto também. A moça gritô ui-ui-ui. Um índio cinta-larga jogô frecha, defendê muié. Eu atirei nele, pah! Também companhero meu, Chegô chefe barbudo nosso, papapapa, piripiripipi (metralhadora) muito perigoso. Morreu tudo!... Chegamu mais perto. Muié feia morta. Num tem dente. Dente acabô. Ahahaha, iguá sapo. Seu cabelo branco, não preto. Chegamu de vagá. Roça nova em vorta. Tudo prantado. Regadu com sangue. Hihihihi! Chefe barbudo nosso, muito contente, ri e fuma, ri e fuma "rainha da froresta", muito, muito...

O homem branco não se contentava em "depenar" a mata em busca de borracha, castanha, cacau, baunilha, pimenta, cravo e canela, noz de pixurim, plantas aromáticas, plantas medicinais como a poáia (raíz da ipecacuanha), palmitos, pau-rosa e outras madeiras. Nem peles e couros de animais; aves e peixes, insetos. O tempo agora de ouro e diamantes, além de outros minérios como a cassiterita, chegando até o urânio... E o índio representava um entrave.

Depois do massacre, o "civilizado" chefe barbudo falava através do rádio, com a sede da poderosa empresa interessada nas terras. Enquanto no ar um Cesna atirava mais munições e alimentos para os expedicionários, "heróis vingadores das almas cristãs"...

Pena que não haviam pego o famigerado, o terrível exterminador de brancos, cacique Aváorab...

O velho lutador largou a linhada na beira do lago. Andando lentamente, a lenda de cem anos de guerras dirigia-se à gruta onde o pajé esperava a morte.

Aváorab pretendia agora seguir o exemplo do sábio: esperar a morte na gruta. Lenta e resignadamente, já que os novos não os ouviam mais. O cacique jamais seria a favor da aproximação com os brancos, porque a seu ver os civilizados não prestavam. Deram muitas provas disso. Enquanto os mais novos estavam interessados na paz como única maneira de sobreviverem.

Pajé e cacique cumprimentaram-se. Pretendiam conversar muito na caverna repleta de morcegos. Falavam com calma, pois teriam o resto da vida para isso...

Porém, não precisaram de muitos dias, para chegarem a uma conclusão.

Os dois velhos juntando 200 anos de vida resolveram fazer um pacto: aliar a valentia do cacique com a sabedoria do pajé e passar para um outro ser, a fim de que continuasse a defender a tribo contra a invasão dos brancos civilizados.

Ao som do canto trêmulo e suave dos grilos, começaram a cerimônia, com demorado aperto de mão. Ao apertar a mão do valente cacique, cujo braço estava repleto de ferimentos de batalhas travadas, o sábio pajé deixou aparecer a marca de nascência, na forma de asterisco, que possuia no pulso, na parte interna do braço esquerdo. Uma mancha de sangue; natural, com contornos bem delineados; obra artística como se executada pelo melhor artesão da tatutagem...

Em seguida, partiram para eliminar toda forma do **dohase**.

Todas as doenças para o índio, tinham uma única causa, por mais variadas que fossem as suas manifestações, o **dohase**. Que poderia ser traduzido por malefício, como muitos dentre os civilizados acreditavam no quebranto, mau olhado, mandinga, macumba.

O índio não tinha muita higiêne, nem cuidados preventivos contra os males do corpo e ocultava a sua doença o mais possível. Nada sabia da ação químico-biológico do organismo e dos venenos que sobre ele agiam. Seu espírito lógico exigia uma explicação para os fatos; estava certo que nos efeitos existiam uma causa proporcional. Como existiam as forças manifestadas na natureza, admitiam haver forças ocultas capazes de reproduzir os mais variados e estranhos fenômenos.

Combatiam as dores com as plantas que conheciam. E combatiam bem, porém, para ele, as doenças eram provocadas sempre, pelo espírito malévolo dos homens que invejando o seu semelhante, procurava fazer-lhe algum mal. Para tanto podiam servir os mais variados objetos tornados maléficos por magia: um emaranhado de cabelos, um pedaço de pano, pau, pedra, metal, osso, espinho e muito comumente uma ponta de cigarro, e até simples pensamento. Os objetos maléficos agiam quando colocados no caminho do indivíduo, dentro da sua maloca, enterrados no seu terreiro, ou lançado ao seu porto ou na sua canoa...

O calor dos heróis foi embora. As luzes dos dois velhos amigos, que os acompanharam por mais de um século, finalmente apagaram-se.

Quando deram conta do desenlace manso e recolhido, a aldeia toda se alvoroçou no clamoroso pranto da nação, aos dois importantes membros que acabavam de findar.

A floresta toda parecia ter sido comunicada. Da coruja ao jabuti. Da lontra ao bôto. Do mais simples acará no lodo, ao imponente gavião, nas alturas.

Enquanto numa das tabas, nova luz estava para surgir...

Para o pai, a mãe fazia o papel da terra em que germinava a semente. O índio acreditava ser o homem "quem punha o ovo; a mulher apenas o incubava, durante a gravidês".

O parto na tribo não despertava atenção nem cuidados. Era considerado uma ação fisiológica da mulher, como qualquer outra. A parturiente trabalhou pela manhã, à tarde teria a criança e no dia seguinte retornaria ao seu trabalho, como se nada de anormal tivesse acontecido.

Com toda a calma foram retirados o machado, o facão e outros objetos de metal de dentro da maloca, bem como os homens, eles não podiam assistir ao parto. Ficou apenas a índia que ia dar a luz e a mulher para auxiliá-la; no caso sua irmã que resolveu a última hora não deixá-la sozinha. Ninguém a impedia disso. A ajudante passaria a ser uma espécie de madrinha...

Nascida a criança, o cordão umbilical foi logo cortado com lasca de taquara e em seguida o bebê foi levado ao rio para seu primeiro banho. Na maloca, o novo pajé, esperava para soprar o recém-nascido com a fumaça do seu cigarro a fim de espantar qualquer mal para a criança. Como preventivo contra doenças marcaria o rosto do menino com pequenas e curiosas manchas vermelhas da substancia mágica carajuru.

A sorte do bebê foi ter nascido sem defeito físico, pois do contrário seria sufocado pela mãe. O mesmo aconteceria se fosse gêmeo. A razão do crime, que a mãe não poderia criá-los com todo o trabalha que lhe cabia. Além disso, quanto aos gêmeos, o marido achava que apenas um era seu filho...

A mãe índia não só teria que cuidar do bebê como servir ao marido cuidadosamente, já que ele considerava o filho, somente como um pedaço seu. O velho conceito da ligação do pai com seu herdeiro, como sendo o próprio pai que se reproduzia. O ventre da mãe, "apenas um saco no qual o homem depositava o embrião".

Salvo os casos raros de parto difícil, a mãe retornava logo aos cuidados da casa. O marido porém, se considerava em dieta e punha-se de repouso e resguardo, de determinados alimentos, alimentando-se apenas de mingau, evitando peixe. O macho deitava-se, não tomava sol, não saia de casa, por vários dias, até quando caia o umbigo de recém nascido. De acordo com seu pensamento, qualquer cansaço, dor ou sofrimento do pai recaia sobre aquilo que descendia "exclusivamente" do macho.

Esse resguardo dos homens, baseado em antigas tradições. Um ato simbólico para confirmar a paternidade e não "uma estravagância para justificar a preguiça do índio". Só se recusavam ao chôco, ou **ecó-ucô**, como eles chamavam, se suspeitassem que o filho não era seu. Fazia parte de uma série de cerimônias a que se submetia o silvícola, a fim de livrar o filho de perigos. É verdade que ele exagerava, chegando as vezes ao grotesco, de gemer e se contorcer!

Mas não se tratava de um fato só amazônico, o costume dos índios substituirem a parturiente no leite. Desde a antiguidade, entre os trácios, os citas, os íberos, os bascos etc., se fazia isso. E Marco Polo o encontrou no Turquestão Chinês. Não eram portanto os silvícolas da Amazônia, os primeiros homens que ficavam na cama, enquanto as esposas enriqueciam a prole...

Lá fora galos-da-serra reunidos dançavam para cima e para baixo e cantavam. Pareciam anunciar o que ia surgir na maloca.

O nome dado pelo pai tanto podia ser de um objeto ou animal. Uma circunstância qualquer do momento, ou certa particularidade notada na criança, inspirava o nome. Com a mentalidade realista do índio podiam surgir nomes belos e poéticos, como também ridículo e até indecorosos. Muitas vezes o nome da criança era escolhido em atenção ao objeto que ela estava pegando no momento em que o pajé a viu, para apresentá-la ao sol; ao gesto que fez; a palavra que disse. Como se o próprio sol lhe desse o nome. Isso explicava quando se procurava a significação dos nomes indígenas, a surpresa de encontrar significados dos mais estranhos.

Na confusão de folhas apodrecidas, raízes e cipós; mandiocas, bananas e ovos de tartaruga tracajá, nasceu Baroáva, cujo significado podia se traduzir como "formiga de cabeça grande", e que picava o forte bebê na hora em que o pajé o erguia, ante sorrisos dos pais. No pulso direito do garoto estava o mesmo sinal gráfico em forma de estrelinha: o asterisco que o falecido e sábio pajé tinha no pulso esquerdo.

E ninguém na hora percebeu, ser Baroáva o nome de trás para frente do cacique, velho guerreiro morto.

Agora sim as letras na posição certa, formavam um nome que queria dizer alguma coisa...

HERANÇA INDÍGENA

O uso daquele tipo de cogumelo representava a herança indígena de um dos componentes da tribo. Grupo que mantinha firme decisão de não ter contato amistoso com brancos. Previam que se tal acontecesse eles teriam o mesmo destino dos kreenakárores, e outros que depois de contatados, tornaram-se inúteis, afastados de seus costumes e tradições porque o contato com a civilização tornava-se fatal para os princípios tribais.

Cada frente de atração usava técnica diferente, de acordo com a tribo. E o padre belga como estava sozinho resolveu executar a seu modo uma velha técnica de aproximação com o grupo tribal, manter os índios em suas malocas, não indo ao seu encontro ali porque eles poderiam aceitar como afronta. Os silvícolas já tinham trucidado duas expedições, o solitário branco conhecia as histórias dos massacres, como sabia também que os nativos não queriam nenhum tipo de contato com civilizados.

O uirapuru cantava na mata fechada. A acauã com inveja do canto que todos paravam para ouvir, voôu mais longe...

O misterioso e seco estrangeiro deu voltas e mais voltas em torno da aldeia cercada por verde capão de mata-matá e morototó, sempre procurando uma brecha para o encontro com os arredios, fora de suas moradias. Até que o Tuxáua – queria dizer chefe, cacique – deu permissão para receberem em paz o branco solitário que vinha rondando a tribo já há algum tempo e insistentemente.

Estava mesmo só e desarmado, em nada podia ameaçá-los, a não ser através de moléstias. Por melhor que fossem as intenções, havia o risco da transmissão de doenças epidêmicas (sífilis, catapora, uma simples gripe), do qual os índios não possuiam anti-corpos. Um resfriado, poderia dizimar tribos inteiras. De qualquer maneira, iam arriscar.

Laurence, que pouco se sabia de sua vida, dessa forma viu facilitada a missão e partiu para o imediato contato, com muita festa na tribo pela chegada do branco. Embora este silencioso, sempre mantivesse atento a espera de um massacre. Não era assim que eles agiam? Após a festa, vinha o falecimento de maneira brutal, a bordunada...

Mas para aquele civilizado louro o Tuxáua já havia estudado outro tipo de morte, menos violenta. Seria lenta até demais...

A recepção foi animada. Regada à várias bebidas onde entravam desde o **abatiuim**, preparado com milho cozido, tendo leve sabor de rústica cerveja, até o **cauim** que tanto podia ter sido feito com a fermentação da mandioca, pequi, banana, ananás e outras frutas.

A comida não agradara ao estranho que mesmo assim não a recusou. O cardápio horrível para um civilizado, composto de lagartas de determinadas borboletas, larvas de besouro da palmeira, chamado "bicho de côco", larvas do "bicho da taquara" e do "bicho do jacaracatiá" – espécie de mamoeiro selvagem.

Laurence que além de padre era entomologista, optou pelo "bicho da taquara" entre os inúmeros tira-gostos servidos pelos selvagens. Seu paladar combinava com o de outro europeu, famoso, o francês Saint Hilaire, autor da frase: "Ou o Brasil acaba com a saúva, ou a saúva acaba com o Brasil!", que experimentou, no passado, o sabor da larva do "bicho da taquara", achando-o excelente.

Finalizando a refeição com dose do **caapi**, nome de um cipó, de onde se extraia narcótico usado pelos nativos.

Os índios pareciam muito alegres com a chegada do visitante tanto que o Taxáua logo convidou o belga para uma experiência reservada em sua maloca, com a herança indígena, o uso do cogumelo. O que foi imediatamente aceita pelo branco.

Laurence colocou na boca um pedaço, mastigou e enguliu a estranha massa formada pelo tipo de cogumelo alucinógeno.

Confortavelmente instalado; sentado na esteira, apoiando as costas num dos troncos da macaúba revestida de folhas da palmeira jacitara, que escoravam a maloca, o padre dirigiu o olhar no gavião-real que parecia flutuar no alto quase junto das nuvens.

Imediatamente sentiu a sensação de desdobramento. Viu-se mergulhado em suave penumbra. Seu corpo todo foi invadido por um torpor invencível e analizando melhor suas sensações, constatou uma ligeira dor, muito fraca como se fosse leve picada na altura da nuca. Passou a mão pensando ser algum pium que o havia tocado. Estava bastante lúcido.

Imediatamente surgiram pontos coloridos em sua mente, depois tudo começou a se deslocar lentamente. E o branco passou a recordar seus estudos de religiões antigas, não experimentou nenhuma surpresa ao penetrar numa gruta de mármore e encontrar-se rodeado por uma água azulada que deixava entrever imensas estátuas.

Essa passagem dava acesso a vasto tunel abobadado, iluminado por lâmpadas de cores vivas. Inúmeros rostos verdes, amarelos e róseos, como máscaras de carnaval, faziam caretas horríveis, mas Laurence conseguia afastá-las todas. Foi então que se viu na presença de fabuloso tesouro.

Não há verdadeiro paraíso sem tesouro – pensou Laurence – seja ele indú, babilônico, islandês, grego, chinês ou hebráico. E tal como descreveu o profeta Ezequiel: estava revestido com todas as pedras preciosas: o topázio, a ágata e o diamante; o berilo, o ônix e o jaspe; a safira, a esmeralda e o ouro...

Tesouro guardado por aves do paraíso amazônico. Mantinham sentinela, surucuá, xexéu, anambé, japiui, patativa, jacamim, acauã...

A essa suntuosa visão sucedia uma fila de encantadoras estátuas mas não estáticas e descoloridas e sim adoráveis criaturas claras, vivas, provocantes, alinhadas ao longo da parede e parecendo sustentar a abóbada com suas frágeis e bem desenhadas mãos. Laurence manteve-se ali extasiado por longo tempo, observando tudo com calma, embalada por suave música de harpa que vinha do além, acompanhando o canto maravilhoso do uirapuru.

O belga deixou a gruta e passou a subir no alto de uma montanha, sem sentir o menor cansaço; andava como um garoto, mas com seus movimentos parecendo flutuar. Chegando no topo avistou o jardim do Eden, repleto de maravilhas; magníficas árvores, pés de manacá e suas flores amareladas misturavam-se às róseas da planta vizinha, de fontes límpidas e sua volta cercada de flores admiráveis de todas as cores e formatos.

Conheceu ali a felicidade eterna da inocência e tendo ainda o conhecimento do bem e do mal. Segundo a Bíblia, a compreensão universal de todas as coisas, fossem boas ou más.

Um simples pedaço de cogumelo mágico dado pelo índio fazia o civilizado continuar impressionado pelas reminiscências das religiões universais. – Todo verdadeiro paraíso – dizia Laurence para espanto dos selvagens que o cercavam e curiosos da reação do branco com pedaço da "herança do índio" – pertencente a uma deusa. Foi assim que o deus Sol babilônico tomara o paraíso de Gilgamesh à deusa Belili: e que o paraíso indu de Kali passara às mãos do deus-pai Indra. Entre os escoceses e os irlandeses antigos o reino paradisíaco de Tirnanoge era governado por uma deusa de vários nomes. Terra onde não havia nada, senão a verdade; não havia idade, nem decadência, nem trevas, sem tristeza, não havia inveja, ódio ou arrogância...

O padre Laurence aos poucos foi voltando a realidade. Tinha na lembrança, como uma viva viagem, a experiência com o cogumelo e espantou-se como o Tuxáua conhecia aquilo. Em seguida o índio explicou que o conhecimento vegetal havia sido passado do avô para seu pai, e deste para ele, como uma herança selvagem.

Mas, o civilizado especializado em insetos, espantou-se ainda mais com aqueles índios feiticeiros da Amazônia, que não eram só guiados pela ilusão e pela fraude. A matéria médica utilizada por eles tinha genuínas propriedades medicinais. Conheciam o valor terapêutico da erva mate e do guaraná. Obtinham o sono usando a flor da datura, que continha o princípio ativo da **escopolamina**. E usavam bem a folha do ipadu, a coca deles, como medicamento. O ipadu era um dos 250 tipos do arbusto coca, cujas folhas através de laboratórios os civilizados transformavam na droga cocaína.

Conheciam os mesmos vegetais que os índios mostraram em 1750 à La Condamine, raízes e folhas do timbó, que atiradas na água, tonteavam os peixes, tornando La Condamine o descobridor europeu do alcalóide conhecido como **rotenona**, hoje largamente empregado como inseticida. E não era somente o timbó que eles conheciam. Usavam também açacu, cunambi, tingui, e outras folhas, cascas e cipós que cortados e amassados na água atordoavam o peixe (que podia ser apanhado com as mãos) mas não envenenavam suas carnes.

Muitas vezes o uso excessivo desses tóxicos silvestres, a grande quantidade de alcalóide concentrada em lugar pequeno, desses venenos vegetais, contaminavam a área e em lugar de apenas atordoar os peixes, ocasionava grande mortandade. Mas quase sempre usavam a dose certa.

Aqueles índios feiticeiros da Amazônia, eram descendentes dos mesmos que mostraram á Spruce, em 1849, a aplicação da casca da árvore quina, e onde seguiu-se a descoberta do alcalóide quinino contra a febre. Mostraram também a ipecacuanha que muitas vezes curou a disenteria de Spruce e conhecida há séculos pelos selvagens. Enviada a ipecacuanha para a Europa em 1672, transformou-se num grande remédio contra a disenteria.

Os silvícolas preparavam o curare, massa preta e venenosíssima colocada na ponta das flechas. O mesmo curare, em que os índios mergulhavam suas flechas quando desejavam paralisar animais ou inimigos, o padre e entomologista Laurence sabia que hoje era substância usada nos mais adiantados hospitais, para relaxar músculos de pacientes submetidos a intervenções cirúrgicas e em vítimas de poliomielite e tétano.

Assim, uma imensidade de remédios que os naturalistas revelaram ao mundo, dádivas preciosas para a humanidade sofredora, foram ensinadas pelos índios daquela região, que também sabiam fazer uma pessoa sofrer, como pretendiam com aquele padre belga que ousara invadir seu território...

O tempo foi passando e os nativos achavam interessante a reação do homem de cabelos loiros que cada vez mais se interessava pelo cogumelo, agora chamando de "alimento dos deuses". Os silvícolas não entendiam nada quando o padre passava a falar de religiões antigas. de deuses, de todos os seus estudos passados, sob o efeito do alucinógeno, apenas suas reações divertiam os nativos. Além do que era homem bom, ensinava muita coisa aos selvagens não aceitando nada em troca. Sua atitude, diferente dos demais que o Tuxáua conhecia, e bem. Mas assim mesmo o mau cacique jurara que faria aquele branco pagar por todos. Iria comer em sua mão, com todo estudo e civilização...

Nas copas e troncos das andirobas e apuizeiros, as cigarras começaram a música no momento em que a ave caraxoé pousou.

Naquele dia a cerimônia seria diferente, o Tuxáua pegou nas mãos de Laurence e segurou firme enquanto um outro índio colocava ao mesmo tempo, pedaços iguais de cogumelos na boca dos dois que permaneciam de mãos dadas. O Tuxáua queria mostrar que ambos poderiam ter a mesma visão, o que o branco achou fantástico e não perdeu tempo para iniciar a experiência inacreditável.

Laurence passou a ver, surgindo por sua mente, um rio repleto de peixes, que iam do pirarara ao candiru. Tamboatás, piramutabas, tucunarés, piranhas, muçuns, acarás-açu, pirambóias. Rodeado por flores e árvores magníficas carregadas de cipós grossos, enquanto borboletas voavam e entre elas uma curiosa e não assustadora serpente aérea. Em seguida o civilizado viu algo que distinguiu como sua alma de forma azul, ligada ao rio por um filete de água cristalina. A nascente do rio tinha a forma de um cogumelo, com uma cabeça dentro.

Naquela nascente alguém explicou que estava escondido o deus dos mistérios. As pedras em volta tinham formas conhecidas, como sapos cuja água jorrava pela boca. Entraram numa gruta debaixo da água, onde morava uma concha tendo na entrada uma cruz cujas quatro pontas terminavam na forma de cogumelo. Ali dentro pequenos homens chamados espíritos dos cogumelos, eram anõezinhos azuis que dirigiam as nuvens das tempestades através do céu, com seus raios...

Terminada a cerimônia, Laurence pôs-se imediatamente a concretizar suas experiências. Largando das mãos do índio pediu que ele desenhasse o que vira no sonho, ou na visão a dois. O Tuxáua apanhou um pauzinho e mostrou um rio, através de duas linhas paralelas e sinuosas. Dentro desenhou alguns peixes bem visíveis. Em seguida exibiu as flores que margeavam o rio e as borboletas no ar. A nascente do rio tinha a forma de um cogumelo, bem como as pedras em volta representadas por sapos, sem curiosamente esquecer do detalhe de que a água saia pelas suas bocas indo cair no caudaloso rio...

O padre e especialista em insetos, ficou impressionado. Exatamente a visão que tivera. Só estava faltando ali na areia, o colorido por demais belo e composto de cores nunca imaginado pelo civilizado.

O Tuxáua não parou ai. Fez uma gruta, e em seguida desenhou a concha que ali habitava, sem esquecer também o detalhe da cruz na entrada, com as quatro pontas terminadas na forma de cogumelos...

Laurence ia falar alguma coisa, quando o Tuxáua interrompeu-o para terminar o desenho que mostrava agora, ou pelo menos tentava, pequenos homens com os braços esticados por onde saiam riscos como raios em direção do céu...

O civilizado estava cada vez mais impressionado com a experiência que ele julgava o máximo em matéria de fantástico, quando o índio levantou-se como quem queria proporcionar visão panorâmica do trabalho e para finalizar completou o quadro com um detalhe, que quase fez o padre cair de costa: junto ás borboletas, ele desenhou uma serpente voadora!...

Aquela cobra com asas ficou o dia inteiro na cabeça de Laurence que não havia meio de entender, com todo o estudo que possuia, como podia funcionar aquilo. Duas pessoas pelo simples fato de terem as mãos dadas, e engulidos pedaços de cogumelos, terem as mesmas visões...

Nova experiência havia sido marcada para a noite seguinte, que foi inciada com flagelação, para surpresa do padre.

Dois jovens passaram a se chicotear mutuamente, procurando suportar as surras de galhos secos. Enquanto um chicoteava à vontade, o outro de braços abertos, recebia as chicotadas, esperando a vez de passar de paciente a algoz. E assim foram formando duplas de chicoteadores.

Em seguida, todos os que foram surrados passaram a tomar tóxicos aspirados em pó ou dissolvidos em água em clister. No meio da dança que logo iniciaram, as velhas preparavam os tóxicos enchendo um tubo com pó, passando-o a um dos dançarinos. Este aplicava uma das extremidades do canudo em uma das narinas do companheiro e soprava pela outra, ou recebia uma seringa de borracha cheia de tóxico dissolvida em água fria, e no meio da dança aplicava o bico da seringa no companheiro fazendo desaparecer todo o líquido.

O efeito do clister produzia uma embriaguês feroz. Quer de uma forma ou de outra, os efeitos, horríveis e tão violentos, que muitos deles caiam sem sentido e um deles morreu sufocado!

Os que resistiram continuaram a dançar, como se nada houvera acontecido com o companheiro esticado no terreiro. E assim prosseguiram com o uso bárbaro até começar a raiar o dia.

As lindas mariposas **urania leilus** saiam aos bandos anunciando o dia que ia surgindo.

Mal o dia começava, o Tuxáua tentou através de gestos e de um pouco de português, mostrar ao belga que ele teria um controle das visões, se quizesse. Laurence como em tudo que o cacique dizia, achou interessante tentar o que ele achava incrível.

Mas o que não era impossível e logo tornado possível, naquela selva assombrada?

Novas preparações foram feitas. – Sobre o que você quer ter visão, agora? – Deu a entender o chefe índio.

Enquanto o padre pensava em alguma coisa e corria os olhos pelos lados como em busca de algo interessante. Quando deparou com pequena aranha de longas patas, que vivia em lugar úmido e sombrio sob as folhas. Isso mesmo, porque não aproveitar suas experiências com algo que lhe dizia respeito? As primeiras visões tiveram ligações com seus estudos eclesiásticos, porque não agora com os pequenos bichinhos? Além de religioso ele não era um especialista em insetos, um entomologista? Como padre não destacava dos demais, mas como estudioso dos insetos, tornara-se famoso na Bélgica; um nome respeitado em toda a Europa. Não poderia através da visão, acrescentar algo mais em seus estudos, que o método tradicional? Já que estava ali com um mestre que não se encontrava nos melhores centros da Europa, nos mais adiantados do mundo, o que custava tentar?...

A sua frente, via-se um interessante exemplar para estudo. A minúscula aranha pertencia a espécie dos opiliões, tipo raro no mundo animal da classe de aracnídeos que apresentavam parte do abdomem soldado ao cefalotórax. Imediatamente Laurence prendeu a minúscula aranha em suas mãos, enquanto o Tuxáua colocava um pedaço do cogumelo mágico na boca do civilizado. A reação foi instantânea.

Sua mente imediatamente foi transportada para enorme caverna na mata fechada de açacuzeiros e maçarandubas, onde artrópodes de longas pernas podiam parecer aranhas, mas seus hábitos alimentares, seu mecanismo de defesa e sociabilidade faziam com que se colocasse aparte, como uma espécie única entre os aracnídeos.

Ali estava na úmida caverna da fechada selva amazônica, um dos maiores conhedores de insetos do mundo, transformado no tamanho das criaturas que tanto havia estudado. Que mundo curioso!

Quanto não dariam os estudiosos de todas as faculdades, para estar em seu lugar? Laurence faria de tudo para se prolongar o mais que pudesse naquela situação privilegiada junto dos opiliões, as aranhas pernalongas. Do tamanho deles, sem que eles o percebessem.

Todos conheciam os insetos, pois não havia porão de uma só casa em que eles não habitassem, embora poucas pessoas soubessem realmente algo sobre os opiliões.

Por ser o porão um pouco úmido, essas criaturas tomaram conta dele e observamos que possuem algumas características fora do comum.

Por alguma razão, os despretensiosos insetos existem desde épocas obscuras, espalhadas no mundo inteiro. provavelmente, quando os primeiros dinossáuros se aproximavam dos charcos para beber, um acontecimento comum era esses bichinhos sairem do seu caminho para não serem pisados.

Os opiliões já estavam na Terra quando o dia tinha 20 horas de duração e o ano era de 400 dias e viram passar pelo menos 250 milhões de anos. Provavelmente são tão velhos quanto as aranhas. Dificilmente são mencionados nas classificações como insetos, o normal é virem no ramo dos aracnídeos. Pode-se concluir de tudo isso que o opilião não é exatamente uma aranha de pernas longas, ou que não é realmente uma aranha, embora por toda a parte seja geralmente chamada de aranha.

A notoriedade da aranha é devida às suas presas inoculadoras. O opilião também as tem, mas geralmente estão viradas contra sua parte de baixo e não inoculam veneno. O êxito de sua sobrevivência não é devido ao fato de possuir armas iguais às das aranhas e escorpiões.

Poderiamos comparar os opiliões com insetos de asa, mas é muito difícil compará-los com moscas, vespas e mariposas, pois que estas são mais recentes e entraram em cena há apena 150 milhões de anos, pouco mais ou menos. Indiscutivelmente, porém, as moscas são mais eficientes devoradoras de restos do que os opiliões, mas isso raramente faz com que se afastem de seu recinto ecológico.

Os besouros com sua couraça são mais antigos que as moscas. Também venceram na corrida para a sobreviência, mas não passavam a dianteira dos opiliões. Por outro lado, as libélulas estão em declínio. E elas tiveram que se transformar para se adaptar a novos ambientes. Suas asas não lhes deram grande vantagem sobre os opiliões.

Estes foram capazes de competir com seres relativamente mais recentes e todos eles equipados com armas modernas de ataque e defesa que evoluiram na última centena de milhões de anos aproximadamente. Conseguiram também conservar à frente de seus antigos competidores, aranhas escorpiões e baratas.

O que os habilitou para sobreviver? Antes de mais nada, os opiliões são onívoros, quer dizer, comem tudo. Ao contrário das aranhas, os opiliões não sugam suas vítimas. Comem a parte dura e o resto.

Contudo, tem uma grande fraqueza: não conseguem se sustentar num ambiente seco. Uma aranha sobrevive num lugar seco, sustentando-se do suco de mosca. Com os opiliões não acontece o mesmo...

O que impressionava o entomologista Laurence, era a riqueza de detalhes na sua visão e o fato sensacional de nada estar distorcido, como nas vezes anteriores onde entrava muito a fantasia. Ali naquele estudo, tudo real, com a vantagem de que ele via os opiliões grandes como e fossem insetos gigantes e no seu próprio **habitat**, sem nada criado artificialmente pelo homem. Laurence até percebeu uma artimanha dos opilões para sobreviver.

Em ambientes secos eles se conservam agrupados, um junto ao outro. E Laurence descobriu uma bola deles, talvez uns 70 mil, numa forquilha de um galho mais próxima do sol. As pernas dos opiliões estavam dobradas sobre as costas de modo que pareciam um chumaço de pelos. O entomologista observou que o cacho de opiliões retinha a umidade do galho da mesma maneira que um tufo de pelos.

Notável como as experiências podiam ser feitas mentalmente com tamanha perfeição. Para saber como um opilião achava seu companheiro Laurence mentalizou uma separação deles numa distância de uns 50 metros. Os opiliões removidos de seu agrupamento e transportados para longe, à distâncias diferentes, retornaram sem maiores dificuldades.

Aparentemente, o cheiro deles atraia os companheiros. Quando o entomologista Laurence mentalizou que vários opiliões fossem jogados na água, eles adquiriram e despreenderam um cheiro forte e diferente, semelhante ao da casca de noz. E o estudioso dos insetos observou então que aquele cheiro característico não era usado só como arma de defesa contra aranhas e outros insetos predadores, e sim, também para atrair outros opiliões.

Agora de perto, pois estava do tamanho deles, Laurence pôde observar como no mundo dos artrópodes, os opiliões são desprezados. A maioria dos predadores não os incluía no seu cardápio. Nem um gato que Laurence mentalizou atacá-los, que normalmente mata e come aranhas, grilos e gafanhotos, se aproximou dos opiliões. E nem mesmo a aranha comeu os opiliões quando Laurence tentou alimentá-la...

Em tamanho natural, cara a cara, quanto aprendeu o entomologista. Laurence viu mais uma vez de perto como o opilião usa seu cheiro de maneira bastante curiosa. Este é uma mistura de substâncias químicas chamadas **quinonios** e essa mistura é quimicamente instável na água. Em consequencia o opilião espera até ser atacado e então mistura os **quinonios** com a água de sua boca. A mistura é feita por baixo de seu corpo e o resultado são duas gotinhas de cheiro.

O inseto esfrega as patas na mistura e depois suja com ela o atacante. Seus movimentos são feitos com grande precisão, de maneira que gasta pouco do seu cheiro e pode manter a distância uma quantidade de inimigos, como formigas, por exemplo. Os opiliões são muito econômicos e variam a quantidade da mistura com a gravidade do ataque.

Para a produção, os opiliões necessitam de condições úmidas e também de água, para seus processos digestivos. As fêmeas não tem uma bolsa de ovos como as aranhas. Em vez disso, a fêmea do opilião introduz seu longo ovipositor nos solo brando ou na madeira apodrecida, simplesmente deixando ali uma fornada de ovos. Seu ovipositor é caso único, pois que nenhum inseto aparentado de perto com ele possui coisa semelhante.

O opilião difere da aranha também num outro detalhe: não comem uns aos outros. Particularmente a fêmea não ataca e devora o macho depois do acasalamento, como o faz a aranha. Isso talvez explique a falta de geral interesse por essas criaturinhas.

Há um certo fascínio no canibalismo e na morte violenta e o comportamento animal que copia as virtudes do homem desperta pouco interesse. Sabemos da vespa caçadora que paralisa sua presa, e da larva que se alimenta do inseto paralisado e vivo e sentimos uma sensação de horror. O opilião coopera entre macho e a fêmea e talvez por isso não interessa tanto. É o testemunho vivo do valor da cooperação feita da maneira certa e na hora certa. Talvez ele seja simplesmente um exemplo da importância da vida social para os animais.

O entomologista observou também que embora os opiliões jamais devorem uns aos outros, os machos podem atacar as fêmeas quando há excessivo número delas. Não são pois nem melhores, nem piores do que as aranhas cujas fêmeas podem matar e devorar o macho imediatamente depois do acasalamento. Os códigos morais são apenas para os homens...

O bando de anus-pretos puseram-se em movimento. Voavam também o carão e a araçari.

Laurence voltou ao normal quando terminou o efeito da droga. Esfregou os olhos como se tivesse tido um sonho. A sua frente permanecia o fiel índio Taxáua, observando suas reações e controlando para que tudo fôsse bem.

O especialista em insetos não sabia como agradecer o cacique pela cooperação. A aula ao vivo tinha sido de grande importância para a ciência. Laurence pôde ver de perto, como em nenhum laboratório ou escola, do mundo, as cenas reais que muito beneficiaria a Entomologia – parte da Zoologia, que estuda os insetos.

O Tuxáua olhava com atenção enquanto o belga anotava, que podemos aprender lições sobre a sobrevivência da espécie, estudando o comportamento dos insetos, como aqueles de longas pernas. Adotando uma dieta onívora, usando o cheiro como arma de ataque e cooperando com os demais de sua espécie, o pequenino opilião mostrou de perto ao homem da ciência, porque foi bem sucedido na luta pela sobrevivência, pelo menos nos 250 milhões de anos...

Os dias iam passando, as experiências quase se tornavam diárias e algumas vezes várias por dia.

O ex-civilizado padre Laurence não mais fazia a barba, não tomava banho e quase não se alimentava. Com apenas uma cabaça de água, ovos de tracajá, permanecia imóvel. Não mais percorria a floresta virgem ou atravessava cataratas. Não mais adentrava matas tão densas que as árvores causavam escurecimento logo depois do meio dia, como era de seu gosto, no princípio, enamorado que ficara da selva.

Quando não estava parado pelo uso da droga, parecia alma penada; andava feito alucinado na aldeia atrás do Tuxáua como um cachorrinho, para que lhe desse nova porção do mágico cogumelo. O uso intensivo da droga e os fantasmas engendrados por ela estavam deixando o padre louco. E cada vez mais ele procurava a perfeição, ora as imagens do Paraíso, ora a origem do Universo, no cogumelo alucinógeno.

Mas na verdade não era só o cogumelo que entrava na composição das drogas sonhadoras servidas ao padre pelo índio. O branco tornava-se cobaia humana do nativo que agora experimentava com ele várias plantas no selvagem laboratório, da qual faziam parte as banéficas angelim, urucu, pinhão-branco, ipecacuanha, jaborandi, caraguatá. Plantas medicinais salvadoras como as samambaias, a capeba, os emplastos de mastruço capazes de deixar espantados os melhores químicos, farmacologistas, botânicos, bioquímicos e cientistas do mundo...

A maioria das substâncias conhecidas por suas propriedades alucinógenas tinha origem do Novo Mundo e, em destaque, a região compreendida entre a Amazônia e o México. Há séculos que eram encontrada em fungos ou vegetais superiores da região. Entre as substâncias mais conhecidas havia o famoso **peyotl**, dos astecas; cactus produtor da **mescalina**, os fungos produtores da **psilocibina** e outra plantas alucinógenas mexicanas.

O padre belga via agora de perto que a região amazônica deixava de ser apenas mistério ou aventura, e sim enorme campo de estudo de espetaculares plantas, cujos efeitos mereciam ser devidamente descritas e analisadas à luz da ciência. Rica e exuberante sua vegetação não era apenas ornamental, e sim composta principalmente por espécies medicinais, grande número de plantas tóxicas e alucinógenas. E agora que o civilizado havia entrado no segredo, valia a pena conhecer seus efeitos, para então possibilitar um controle adequado.

Na história dessas plantas chamava logo a atenção do belga um fato que devia ser ressaltado, o dominio do Tuxáua. Ele fazia uso há muito tempo e não perdia o controle. Não havia dependência. Um mistério que intrigava o padre europeu.

Laurence sabia que entre os povos antigos, aborígenes, os incas, os astecas, as plantas tóxicas eram rigorosamente controladas. Pessoas sob sua infuência passavam a ser consideradas detentoras de poderes supranaturais ou divinos. Por isso, reservadas exclusivamente para uns poucos escolhidos. Dentre eles estavam os pajés, os sacerdotes e outros. Mesmo o simples manuseio ou processos de fabricação, restritos, tudo no sentido de evitar sua popularização...

O padre antes de ir para a Amazônia, estudara muito a região, e conhecia até a lenda, de que os índios amazonenses escolhiam para preparar o curare, as mulheres mais velhas da tribo, que geralmente morriam durante ou logo após a fabricação da droga. Modo hábil de manter o segredo no preparo do veneno. Mas ali o Tuxáua era quem preparava, na sua frente, sem mistérios. O cacique seria um privilégio que lidando com todas as drogas conhecida não viciava-se nunca? Ele experimentava de tudo; conhecia todos os vegetais tóxicos e manuseava também as plantas alucinógenas, e como não se tornava um dependente?

Mais um enígma da selva assombrada, que o branco procurava decifrar com seu conhecimento proveniente de estudos nos maiores centros civilizados...

Laurence experimentara quase todos os tipos de tóxicos da região, durante sua estada na tribo.

O **caapi**, o mais comum. A planta alucinógena **Banesteria caapi** crescia no Alto Amazonas incluindo países vizinhos, onde era conhecido pelos nomes de **yagé**, **huanto** ou **ayahuasca**. A indigestão de composição de suas folhas determinavam perturbações psíquicas semelhantes às observadas com o LSD.

O termo **yagé**, introduzido pelos incas tinha um significado muito sugestivo: sonho azul. Por isso seu uso só era permitido aos sacerdotes e anciões quando oficiavam os ritos religiosos. Da mesma forma que a composição especial feita de cogumelo só permitida ao Tuxáua da tribo, que agora dividia seu uso com o branco visitante.

O padre vira também o uso na tribo, da **Piptadenia peregrina**, conhecida entre eles por **paricá** e nos paises vizinhos por **cohoba** ou **nopo**. Árvore muito parecida com o angico vermelho. Sua semente contém um poderoso princípio ativo, a **dimetiltriptamina**, que quando injetado, os efeitos se fazem sentir em dois a cinco minutos. Durante o período alucinatório ou euforizante, semelhante às viagens produzidas pelas drogas modernas, cerca de quarenta a cinquenta minutos de duração.

Aqueles índios para espanto do civilizado Laurence, fazia uso também da **Prestonia amazonicum**, outra planta da região, da qual preparavam bebida inebriante. Tão potente que apenas 50 miligramas já determinavam manifestações tóxicas evidentes num homem adulto...

De todos, o padre experimentava um pouco, para sentir suas sensações. Anotava e vibrava com as descobertas. A cada dia nova planta alucinógena, um novo tóxico, lhe era apresentado. Assim fez uso da casca da viróla, árvore alta, esguia, de casca escura que permitia fabricação de um preparado unicamente utilizado pelos pajés e pelo privilegiado índio Tuxáua, porque além das alucinações, provocada intenso suador bem como horripilante agitação. O feiticeiro ou quem o usasse deveria ficar com aspecto demoníaco, suficiente para atemorizar os membros da tribo...

O entomologista chegou a experimentar **toé**, planta muito parecida com a popular e também tóxica saia branca, rica em substância alucinógena.

O ex-civilizado já havia perdido o controle totalmente. Devido, as inúmeras experiências com as plantas de predominante ação neurológica, causadoras dos mais variados efeitos, Laurence parecia um autômato, a exibir distúrbios psíquicos, alucinações auditivas e visuais, agitação psicomotora, além de acentuada vermelhidão da pele. Andava como boneco, com enorme secura na boca e dilatação nas pupilas.

Quanto mais ele se dedicava aos testes com a composição de cogumelos mais as imagens eram aperfeiçoadas. Já não havia, as destorções do início, nem as fantasias, tudo agora de realidade palpável. Não tinha mais as confusões religiosas do começo das experiências, nem coloridas serpentes voadoras e multicores borboletas, enquanto sapos de pedra jorravam água pela boca no caudaloso rio da alma...

Tudo agora estava no seu devido lugar. Pelo menos assim pensava o belga Laurence, já completamente dependente da droga que o nativo fornecia em doses pequenas e controladas, como ração.

O Tuxáua nunca deixava o branco sozinho quando sob a ação do tóxico e também nunca permitia que o civilizado apanhasse a porção que queria. O meticuloso índio quem orientava quanto a quantidade a ser ingerida. E ele mesmo Tuxáua, era quem colocava a porção da composição em que entrava o cogumelo e outras drogas, na boca da sua cobaia humana.

O padre europeu, o grande sábio dos insetos, da Bélgica e do mundo, perdido ali naquele pedaço de selva amazônica, não passava de brinquedo nas mãos do selvagem.

Laurence cabisbaixo, tratava o cacique como a um Deus, seu senhor. O índio, um fenômeno; ao mesmo tempo cacique e pajé daquela tribo, um químico, um cientista das matas, com profundo conhecimento adquirido não se sabia como. Usando todo tipo de droga, além de não se tornar dependente, era uma fortaleza de saúde. Esse gigante e super-homem impressionava o padre. Como não perdia a força? Haveria algum antídoto que tomava?

E a ele que o civilizado estudado e viajado, ajoelhava-se à toda hora, tanto do dia quanto a noite...

A única coisa que Laurence não largava, e mantinha com certa disciplina, sua mochila, onde mais nada constava do que poucas anotações, e assim mesmo já todas desorganizadas. Seu cérebro não acompanhava as descobertas que a cada instante se renovavam.

O índio colocava pedaços da substância de vários vegetais, mas cuja base entrava o cogumelo alucinógeno, na boca cercada de pelos loiros, de Laurence, como se estivesse dando pedaços de carne a um cão peludo e amarelado.

O que restava do homem civilizado, transformado num trapo humano e sujo, que nem mais sentava como gente. Ficava meio deitado e meio apoiado no tronco da árvore, implorando pela ração sem a qual não podia mais viver. Seus olhos amarelos, exageradamente escancarados ficavam fixos perdidos no horizonte...

Nessa lenta agonia, prosseguiam as experiências em que Laurence ia ao fundo do mar, onde todos os monstros marinhos eram exibidos com clareza, bem como suas vidas e costumes, acompanhadas de perto; ao espaço cósmico, e seus coloridos e fulgurantes planetas, onde de forma clara, mostrada a pluralidade dos mundos habitados...

O Tuxáua, maioral da tribo, cuidava de tudo. Orientava não só na simples feitura da **mará** – vara de empurrar a canoa, onde os índios enfrentavam as arrais e os poraquês, como até na complicada construção do **mutá** – um girau, palanque armado sobre o qual os nativos esperavam a caça passar, para abatê-la.

Meticuloso, orientava a plantação da maniva, a planta da mandioca, em que os galhos, as mudas, eram colocadas uma por uma, sobre a terra mal cavada, onde antes haviam posto fogo, para eliminar o mato. Tudo sem a menor ferramenta. Na Amazônia, só a raiz é conhecida como mandioca.

Positivamente o chefe dos silvícolas era o homem mais ocupado da tribo. Acompanhava inclusive, na preparação do **niopó** ou **paracá**, rapé muito usado pelos indígenas feito com as sementes da árvore paricá...

Até que um dia, na ausência do muito ocupado Tuxáua, que a tudo controlava na aldeia, inclusive a porção de tóxico administrada ao branco, Laurence desesperado, invadiu a maloca-farmácia do cacique-pajé a procura de tóxico.

Aos gritos assustou a cauré que lá fora pôs-se a voar, levando também mutuns-poranga e jacutingas. O homem alucinado, não achando sua ração de tóxico, que o Tuxáua preparava na hora, pegou a primeira coisa que encontrou: uma super dose do **caapi**, "bebida que enche de bravura o homem" segundo a primeira lição da cartilha do Tuxáua.

Por si só, o narcótico estraido do cipó **Banesteria caapi** que continha alcalóide de fenol, era capaz de produzir poderosas reações no sistema nervoso, junto com a massa tóxica a base de cogumelo alucinógeno, que o padre acabou encontrando, levou-o a um estado deplorável.

Com a fartura encontrada, Laurence enfiava tudo quanto cabia na boca, rapidamente, pois aquela seria sua máxima experiência.

Os efeitos da grande quantidade misturada com o **caapi**, inicialmente foram os de sempre. A sensação de desdobramento, na calma penumbra onde seu corpo foi invadido por geral amortecimento, com ausência de dor, onde apenas num ponto recebia fraca agulhada, na altura da nuca, como pequeno choque. Os pontos coloridos surgiram, primeiro fracos como se viessem da linha do horizonte, até ir se aproximando com as cores aumentando de intensidade. Finalmente a entrada no paraíso artificial; local encantado de um Édem ilusório. Onde não era proibido coisa alguma. Tudo permitido, inclusive experimentar o fruto da Árvore da Vida, que o tornaria semelhante aos deuses...

Laurence foi transportado para o deserto da Judéia onde seguia as pegadas de Cristo. Sua última pesquisa, descobrir pacientemente o caminho percorrido pela prodigiosa personalidade de Jesus, nos próprios lugares em que ele vivera, propagando a luz e colhendo sofrimento...

Sozinho no deserto arrastando suas sandálias pelas escaldantes areias sob causticante sol, aquele homem loiro e barbudo foi sumindo no horizonte...

Quando o Tuxáua voltou, encontrou o homem branco caido na picada da mata, com a cabeça quase enfiada no mururé – uma planta aquática que tomava conta do lago, tendo o urubu-rei de plantão.

Pegou no pulso e encostou o ouvido no peito esquelético de Laurence. Estava morto. Abriu a mão do cadáver e com muito custo tirou dali um pedacinho de papel, onde se via um homem loiro e barbudo pregado na cruz. O índio notou que os lugares dos ferimentos no corpo do homem crucificado, no pequeno papel e no corpo de Laurence eram iguais. As marcas de lança e dos pregos nos pulsos, e o mesmo sinal da coroa de espinhos, na cabeça salpicada de sangue...

ESTRANHA MATÉRIA

Selva assombrada é a fascinante e dominadora Amazônia. Gigantesco manto verde que além de riquezas, oculta o inexplicável...

Na cidade cuja rua principal ficava repleta de flores amarelas das iguaxigubas, é que foram se encontrando os ex-militares vindos de várias partes do mundo.

Vieram os norte-americanos, os alemães, os gregos e até um inglês acompanhado de estranho grupo de vietnamitas, para o importante projeto no sertão brasileiro.

Chegando aos poucos, munidos de documentação falsa, para não despertar atenção das autoridades cuja fiscalização nesse sentido não era rigorosa. Mas em todo caso não convinha facilitar.

Dali é que saiam as notícias sobre os enígmas das florestas, ocultismos amazônicos; as aventuras incompreensíveis e assombrações, além de todas as notícias milionárias. Como aquela da Serra do Natal, a 40 quilômetros da rodovia Perimental Norte, no Estado do Amazonas, junto a uma cachoeira de 400 metros de altura, a cachoeira das Andorinhas, onde um incalculável depósito natural de diamantes permanecia intacto. E não havia ninguém, nenhum explorador, aventureiro ou garimpeiro andando por lá. Enquanto que o diamante e o ouro do rio Maú, uma imensa jazida, em Roraima, estavam sendo exploradas por grupo de escafandristas.

E mais, havia urânio nas margens em toda a região do rio Majari, em Roraima, a nordeste do campo central. Não só urânio, existia também molibdênio, cassiterita, xelita. Tudo de muito valor, além de jazidas inexploradas de ouro e diamantes. Naquela cidade que mais parecia um mercado persa; sabiam inclusive das jazidas inexploradas de diamante e ouro do território de Rondônia, na região do rio Vilhena e do rio Machado. E que na Amazônia estava uma das maiores reservas de petróleo do mundo, apesar dos desmentidos de alguns que recebiam para isso...

Não sendo atoa que a região despertava cobiça de muitos. A estranha cidade onde contavam secretas histórias das impenetráveis matas, impenetráveis também à razão humana...

Era Macapá, capital do território do Amapá.

Como estranho também ouvir naquela cidade brasileira, pessoas nas ruas, a conversar em francês, discutir no mesmo idioma, devido a vizinhança da Guiana Francesa, que com seus carrões e possantes motocicletas, a própria Paris, analizada do ponto de vista macapense.

O mais estranho ainda, o contraste gritante. O fato do território do Amapá possuir a maior reserva de manganês do mundo (30 milhões de toneladas só comparáveis às reservas do Gabão), enquanto sua capital, Macapá, nem ônibus transporte coletivo possuia. Apenas um punhado de taxi existia para servir os "marajás" burocratas federais que ganhavam altos salários; o resto do povo andava a pé ou de bicicleta naquele total isolamento por falta de estrada que ligasse o Amapá aos outros Estados. Com o resto do país, o território só tinha mesmo em comum o oceano Atlântico...

Naquela torre de babel cabocla, além do português e muito francês, falava-se um pouco de inglês, de vêz em quando. Eram os norte-americanos que pagavam vultuosas somas pelas toneladas de minérios que extraíam anualmente, embora o povo reclamasse que grande parte desse lucro não revertia em benefício do território "ao menos para comprar uns poucos ônibus"...

A língua espanhola entrava também não só por alguns representantes de países vizinhos, como pela rádio de Havana.

Cuba invadia nítida e massificantemente o Amapá, com as gravações de velhos discursos de Fidel Castro, com chiado e tudo. Outras línguas usadas porém em menor escala, trazidas por aventureiros de todas as partes do mundo.

Operários qualificados ou não, bem como grande número de mulheres que mal sabiam cozinhar iam embora para Caiena, na Guiana Francesa. Esses brasileiros, sobretudo as empregadas domésticas, acabavam viajando para Paris, levadas pelas ricas patroas francesas. Apesar de todas as dificuldades para a imigração, imposta pelo governo local, era grande o número de brasileiros que conseguiam escapar para a Guiana Francesa, todos os meses. Bastava atravessar a fronteira para praticamente deixar a "selva" e encontrar todo o conforto da cidade adiantada. Com grande possibilidade de conhecer a Europa, o que fazia com que as crioulas brasileiras transformadas em viajadas empregadas domésticas, esnobassem na volta ao Brasil:

– Patroa, em Paris, não é assim...

Macapá era isso. Curicacas, jaçanãs, socós, ciganas e pipius misturando-se no ar por sobre as copas das quarubas, taxizeiros e sorveiras. O povo tinha a fortuna de minérios a seus pés, principalmente manganês em quantidade enorme e não tinha nada. Quando chegou mais um forasteiro em busca de riqueza fácil e rápida:

Tratava-se de um desertor da Força Aérea da Venezuela, chamado Velasquez, em busca de aventura que lhe rendesse muito, pilotando seu pequeno avião particular.

O venezuelano sabia que o Brasil tinha assinado um acordo nuclear com a Alemanha, e que numa das cláusulas do acordo dava à Alemanha 20% das suas reservas conhecidas de urânio. Sabia também que só o centro do campo brasileiro de urânio possuia cerca de 150 quilômetros quadrados e que estava localizado na região da serra do Tocobirem, cortado pelo rio Uraricoena, no extremo norte do território de Roraima, região também chamada de Surucucu...

O aventureiro Velasquez sabia que a partir do centro do campo de urânio, havia um veio riquíssimo, a sudoeste, contornando a fronteira do Estado do Amazonas com a Venezuela, na região das serras de Curupira e Tapirapecó. O piloto venezuelano tinha em seu mapa, a indicação que ao sul do centro do campo do valioso minério, havia um outro veio em direção à serra do Apuaú, voltando ao território de Roraima.

Velasquez só não arriscava o número de toneladas, porém dizia:

– É muito, muito. Grande quantidade...

O aventureiro venezuelano não entendia como o governo brasileiro não colocava sob supervisão do Estado, ou não estatizava de vez, toda a riqueza do solo amazônico acumulada em milhares e milhares de anos. Se o governo controlasse melhor, e encontrasse todo o petróleo que Velasquez sabia também onde estava, o Brasil seria o país mais rico do planeta.

Os árabes possuiam "apenas" petróleo. O Brasil possuia além do precioso líquido negro, minérios atômicos, ouro e diamantes!

O venezuelano tomara conhecimento do grande levantamento que seus patrícios tinham feito, com foto-radar em toda a fronteira de seu país com o Brasil, onde havia sido constatado que os minérios estratégicos e as pedras preciosas estavam definitivamente do lado brasileiro, como dádiva da natureza. E estava disposto a partir logo para a luta em busca da tão almejada fortuna...

Só, que quando chegou à uma das áreas ricas em urânio, ficou meio decepcionado com o que viu. Não que ali não existisse o "tesouro enterrado" que ele esperava encontrar. Sua surpresa foi que o **dossiê**-super-secreto, não era tanto assim, pois antes dele já tinham chegado vários grupos estrangeiros, e pelo visto, com a mesma finalidade, embora todos disfarçassem suas reais missões.

O grupo de norte-americanos, comandados por um tal Benson, rotulava sua tarefa de "missão religiosa a fim de traduzir a Bíblia para a língua waicá", dos índios do mesmo nome, pertencentes ao grupo yanomane, quando na verdade exploravam minérios de alto valor, como ferro, níquel, cromo, platina, bauxita e em especial a cassiterita, em grande quantidade. Ali a pesquisa de urâno era feita com assiduidade, bem como também de manganês, o que acabava enriquecendo a "missão religiosa" com alguns quilos de ouro em pó, durante as pesquisas além de muitas pedras acumuladas com o passar dos meses.

Suas "Bíblias" eram contadores **geiger** e seus "instrumentos de catequese", aparelhos de soldagens elétricas, canos de aço, escafandro, lanchas, torre mecânica para serviço de profundidade, grupos geradores etc.

O "corpo missionário" composto de geólogo, mineralistas e químicos, pois além da exploração de minérios, os modernos piratas, montavam, também as escondidas, uma fábrica do que eles chamavam de defensivo agrícola, quando na verdade não passava do mortífero veneno Kepone.

Os "missionários", aliás, "**missioneros**", pois além de tudo, ao falar com os nativos brasileiros usavam a língua espanhola, já tinham feito a cidade e até campo de aviação, no longínquo trecho da selva amazônica, praticamente impenetrável pelo chão e pelo rio...

De Macapá, partiram todos os aventureiros para a "Cidade da Esperança" que os norte-americanos haviam construido, cercada de virgens florestas onde ricas reservas de minérios estratégicos adormeciam. E que se um dia fossem devidamente controladas pelo governo brasileiro, em pouco tempo todas as dívidas do país estariam pagas. Mas, os estrangeiros como sempre os que mais desfrutavam da privilegiada situação. Principalmente o "pastor" Benson, chamado de "Jim das Matas".

O venezuelano Velasquez rapidamente voltou à sua terra (evidentemente às escondidas, disfarçado), quando viu os tipos que teria de enfrentar naquela selva nada hospitaleira. Recrutou o que havia de pior por lá, pondo logo seus companheiros à par do que observara. A região não era solitária de tudo, como ele pensava, inclusive de gente. Encontrou cidade montada, composta de vários grupos exploradores, que pagavam **royalt** aos norte-americanos, seus fundadores, para co-habitá-la.

Os homens de Velasquez teriam que conviver com os "missionários protestantes batistas" norte-americanos que "compatibilizavam exploração de riquesas com salvação de almas", composto do grupo pioneiro e mais poderoso, pelo menos no dinheiro. De um lado. De outro lado estava o grupo de alemães, comandados por "Panzer", gigante gordo de quase dois metros. Elemento de má catadura, cuja cara feia ainda era emoldurada por cicatriz que atravessava quase de orelha a orelha, providente de um tiro que o pegara de raspão.

Vinha depois o grupo grego chefiado por "Niarchos", usando lenço colorido na cabeça e um argola num dos lóbulos da orelha. Para ser a figura de um pirata bastariam uma perna de pau e pano preto cobrindo um dos olhos.

Finalmente o último lote de estrangeiros, ainda mais excêntrico. Composto de um inglês chamado MacMillan, mercenário de várias guerras comandado por bando de vietnamitas. MacMillan ao chegar ali tivera a mesma surpresa de Velasquez. Pensava encontrar o lugar deserto, mas os norte-americanos como sempre, já tinham pensado antes que ele.

A idéia do inglês consistia em instalar no local (justamente por cima do urânio), uma cidade. Ele, testa de ferro de um grupo poderoso, tentara mesmo, oficialmente, propor às autoridades do país, a formação legal de uma cidade na região, e oferecera inclusive um financiamento para o projeto, de 500 milhões de dólares.

Os habitantes da estranha cidade da selva seriam todos sul-vietnamitas refugiados, num total de cerca de 100 mil. Como o projeto, com toda a razão, tinha sido recusado pelas autoridades brasileiras, o mercenário inglês, tentava agora fazer a cidade por sua conta e risco, mesmo sem o consentimento oficial do governo.

E se não fosse para todos os vietnamitas refugiados que pretendia levar para lá, seria pelo menos para ele e seu punhado de homens de olhos puxados compostos de vietnamitas do Sul e do Norte; estes últimos eleitos os melhores guerreiros em selva. Afinal a cidade clandestina já existia, no lugar exato que ele queria, sem conhecimento de autoridade, bastava só dar tempo ao tempo e tudo aquilo seria seu reinado...

Os demais habitantes da "Cidade da Esperança" eram caboclos brasileiros levados para lá de avião e alguns índios waicás, locais, cujas mulheres lindas, de peles bronzeadas e corpos bem feitos, faziam a alegria dos forasteiros compostos de traficantes e modernos corsários dispostos a tudo estragar.

O único ponto de ligação com a civilização passou a ser através de Macapá, para os bandos de aventureiros cada qual lutando por si, tangidos pela ganância do ouro, das pedras preciosas, indo até os minérios atômicos, conforme a especialização e o requinte das quadrilhas internacionais.

Velasquez foi à Venezuela e voltou com tudo remodelado. Inclusive veio fardado com a desajeitada roupa roubada quando desertara da Força Aérea de seu país. Muito vivo, ele percebera que todos na selva criavam tipos. Desde o "Jim das Matas", sempre de roupa caqui e chapéu de explorador; passando pelo gigante "Panzer", de boina cor de vinho e vasta cicatriz no rosto; o grego com lenço colorido na cabeça e argola numa das orelhas; o inglês, com com roupa de campanha feita de tecido malhado para disfarce, enquanto seus homens vietnamitas usavam bermudas; Velasquez seria mais uma figura exótica naquela cidade.

Muito baixinho, cabeçudo, moreno, quepe grande enterrado na cabeça coberta de fartos cabelos pretos, e um vastíssimo bigode cujas pontas caiam abaixo da boca onde brilhava um dente de ouro. As botas pretas de cano longo, davam a impressão que o venezuelano era composto somente de quepe e bota, sem o corpo. É que na pressa de fugir roubara um quepe grande demais para ele, assim como gandola e a calça. Na verdade tinha roubado até o posto, pois tenente, trouxera a farda de coronel do batalhão aéreo!

Como quase todos na "Cidade da Esperança" usavam um tipo de uniforme, Velasquez estava disposto a usar farda de coronel, até que o tecido acabasse...

Estavam chegando espantando maguaris e cajubins que ciscavam no rústico aeroporto. Guaxes, pipiras e até um galo-da-serra levantaram vôo com o barulho.

O avião, agora um enorme Douglas, também roubado, e que trazia dentro empilhado, um pequeno exército de 50 homens da pior espécie, encontrados na Venezuela. Suas "tropas" suavam em bica dentro do aparelho e esbarravam até no manche nas mãos do piloto cujos olhos permaneciam fixos procurando a pista rústica ladeada de troncos semi-queimados, que de cima para baixo era difícil de enxergar.

O piloto venezuelano viu finalmente com alívio quando na massa compacta de árvores jutais, ucuúbas, catauaris, a pequena cicatriz aberta na intrincada selva amazônica. Tinha 200 metros de comprimento por 10 de largura. Dentro do avião ninguém respirava bem enquanto as rodas não esbarrassem no chão. Mas tudo foi mais ou menos rápido. O aparelho roubado da Força Aérea venezuelana passou por cima das copas de cajazeiras indo finalmente descer calmamente e correr até o fim da pista do campo da "Cidade da Esperança".

A decolagem não chamava a atenção, mas o pouso, principalmente de um avião como aquele, era sempre visto como sinal de concorrência, divisão de lucros, a mais naquela brutal aérea de disputa. A não ser que fosse composto por homens de ciência, mas mesmo assim teriam que pagar **royalt** ao "Jim das Matas" que não perdoava nem cientistas. Autoridade, o último em quem pensava. Nunca tinha aparecido nenhuma naquele fim de mundo cercado de guaxingubas cacauis.

De fato o "pastor" Benson, foi o primeiro a largar a areia preta, grossa e pesada, recolhida de centenas de garimpos daquele trecho da Amazônia, e dirigir-se ao estranho avião para "dar-lhes boas vindas". Antes o "Jim das Matas" tomou um bom copo de sua bebida predileta extraida do milagre da criação da região amazônica: a "árvore de vaca", que produzia um líquido branco adocicado semelhante ao leite de vaca, tanto no aspecto quanto ao sabor.

Seria mais alguém interessado na areia preta? A cassiterita, minério considerado estratégico por todos os países industrializados do mundo, porque dela se extraia o estanho, metal importante na composição de aços finos e em quase toda a espécie de lata para embalagens.

O "pastor" levou um susto quando viu sair do avião aquele homem fardado. – "É autoridade" – pensou – "E vai nos dar trabalho". – Mas logo se refez do susto quando reconheceu de perto que não se tratava de fardamento brasileiro...

– Viemos trazer o progresso para esta região inóspita – falou alto o venezuelano aventureiro, desconhecendo que só se faz desenvolvimento verdadeiro quando se respeita a natureza.

Benson procurou colocar o "coronel" Velasquez a par do regulamento da cidade, e desde que o "caçador", conforme se apresentou o venezuelano, cumprisse as determinações impostas por ele. Nada impedia de ficar ali juntamente com seus homens. Os animais seriam caçados por Velasquez e pagos por cabeça capturada, além evidentemente de um **royalt** geral pago por mês, pelo fato de usufruirem de uma cidade já construida e com relativo conforto. No que o "caçador e exportador de animais selvagens" concordou plenamente. Mais um mentiroso a ingressar na comunidade.

O falso pastor passou a mostrar como funcionava a coletividade, da mesma maneira que foi exibindo entre outras coisas ao mais recente morador da cidade, o seu trabalho de "passar a Bíblia para o idioma indígena" indo até a a construção da fábrica do terrível Kepone rotulado de agente químico para purificar a região infestada de moscas, bichos-de-pé, formigas, carrapatos, aranhas, escorpiões, lacraias... Quando na verdade testavam o poder mortífero do pesticida proibido em quase toda parte do mundo.

Droga maldita semelhante ao DDT, o Kepone, composto de hidrocarboneto de cloro, não se dissolvia no meio ambiente e podia provocar tanta tragédia que ia da esterilidade, incapacidade permanente, até o câncer!

Uma das maiores companhias químicas dos Estados Unidos, estava enfrentando diversos processos por causa do Kepone e podia ser punida criminosamente não só pela contaminação do meio ambiente como de seus operários que nunca puderam recuperar-se completamente, depois de ter manipulado o terrível veneno. Daí a transferência para aquele lugar deserto da Amazônia, onde as experiências pelo menos estavam livres das autoridades; nesse setor não havia o menor controle. E com simples pagamento de **royalt**, como se estivessem fabricando Coca-Cola.

Igual ao proscrito DDT, nos Estados Unidos, mas usado em larga escala nos outros países, inclusive no Brasil, causando graves danos aos pássaros, o Kepone se instalava no tecido adiposo e se infiltrava no processo de alimentação. Tinha efeito cancerígeno sobre os animais e os cientistas temiam o mesmo em seres humanos. Aplicado nas folhas matava os insetos, nos pássaros que ali se alimentavam dos insetos, que por sua vez se alimentavam das folhas borrifadas com inseticidas, agia como verdadeira pílula anticoncepcional. Os pássaros passavam a por ovos sem casca, ou com a casca fina e não geravam mais filhotes!

O veneno por onde passava causava estragos irrecuperáveis. Os resíduos do inseticida eram facilmente arrastados pelas águas matando os peixes e os ventos se encarregavam de ir contaminando toda a fauna e flora, numa cadeia tal, que acabava atingindo o organismo humano. O Kepone tratava-se de uma droga tão poderosa, que só podia ser destruída quando exposta aos ráios ultra-violetas ou altíssimas temperaturas. Ninguém sabia ainda como retirá-la das águas ou dos leitos dos rios e nem os cientistas conheciam seus efeitos a longo prazo.

Desenvolvido para matar formigas e baratas, o Kepone como seu irmão mais antigo o DDT, naquela cidade perdida na selva ia aos poucos se infiltrando no rio e nas matas a maneira que as experiências se processavam. Havia as vezes vasamento no sistema de eliminação de detritos da fábrica e o Kepone afluía em maior quantidade para o rio, envenenando as áreas de pesca dos habitantes da "Cidade da Esperança". Os peixes amanheciam mortos e os responsáveis comandados pelo "pastor" Benson, o "Jim das Matas" da região não sabiam como, nem quando, poderiam conter a contaminação...

Um dos norte-americanos com as mãos trêmulas, tinha sido levado ao chefe. No principio tremia ligeiramente para logo depois, de modo violento balançar o corpo todo.

Ficou sem trabalhar, praticamente inutilizado. Alguns de seus companheiros foram hospitalizados com as mesmas características dos operários que iniciaram a fabricação nos Estados Unidos do veneno e que em seguida tinha sido suspensa.

O "pastor" Benson não viu outra alternativa, senão usar os nativos para poupar seus patrícios.

Os caboclos passaram a tremer o tempo todo envenenados pelo perigoso produto químico, cada vez mais industrializado no trecho da selva, nunca controlado por autoridade.

Aqueles que conseguiam se recuperar voltaram extropiados para o trabalho enquanto os outros passavam a perambular tontos pela cidade, tremendo como se tivessem visto curupira, maligno habitante das matas, ou caapora, outro dos gênios do mal, fantásticos seres que acreditavam morar nas florestas.

Os índios eram os mais fortes às reações do veneno. Largavam a fabricação do **itapuá**, arpão curto e forte para pesca, nem mais teciam o **japá**, esteira feita com as folhas das palmeiras, para se dedicar ao Kepone.

Apenas a mulher de um deles estava mal, para morrer; justamente quem mais manipulava a poderosa química. A vítima do Kepone além de tremores, tinha falta de memória, língua travada e fortes dores no fígado. Alguns homens nas ruas não conseguiam caminhar, arrastavam-se simplesmente, na cidade que estava ficando tragicamente poluída pela composição mortífera...

O único nativo que não sentia os sintomas do mal de Kepone, era Furgênço, caboclo aleijado de um braço, encarregado de reabastecer a despensa do "pastor" Benson com sua bebida favorita.

Furgênço tinha muita prática em extrair o líquido. Abria com um golpe de facão uma incisão no tronco da grossa árvore vermelho-escura, de casca lisa, de onde tirava-lhe aproximadamente meio litro de líquido branco como leite. Bebia um pouco e o resto reservava ao patrão que o tomava puro, dissolvido em água, ou misturado ao café dando o mais saboroso dos cafés com leite.

Tratava-se do **Brosimum galactodendrum**, vulgarmente chamado de "árvore de vaca", "árvore de leite", ou **palo de vaca**, na Amazônia espanhola, que o caboclo ia buscar num pântano; alagadiço repleto do capim aquático matupá que tomava conta das águas.

O leite da borracha não era o único que corria na Amazônia e quando os nativos mostraram mais aquele segredo da secular floresta, aos olhos inexperientes do "pastor" Benson, teve quase a aparência de um milagre. Tornou-se dali em diante a bebida predileta do "Jim das Matas".

Benson alegava que não, mas o Kepone já tinha sido encontrado no sangue de uns vinte e cinco habitantes da cidade da selva, e mesmo em outras pessoas que não costumavam comer peixes de onde a indústria despejava restos, os resíduos do veneno, também davam sinais alarmantes...

Entre vôos de poucos jacamins, anambés, arapapás e araçaris, a vida prosseguia na "Cidade da Esperança", cada grupo com sua missão e os norte-americanos com o dinheiro de todos. "Por enquanto..." – Diziam os outros estrangeiros, cada um mais ganancioso, apenas esperando o momento oportuno para o ataque.

O grupo de alemães sob o comando do gigante "Panzer" se encarregava do transporte. Todos os aviões pertenciam a eles, com excessão do Douglas, trazido pelo venezuelano Velasquez, que já tinha sido orientado nesse sentido. O aparelho que trouxera ele e seu pessoal, não podia mais ser pilotado por Velasquez. O vôo ali era monopólio das "tropas" alemãs.

E como todos eram ex-militares, a disciplina dos quartéis deveria ser mantida a qualquer custo, para o bem geral. Não havia hierarquia, general misturava-se a coronel, sargento ou praça, naquela "legião estrangeira da selva", mas a área de operação de cada grupo, excencial que fosse respeitada. Caso contrário seria a decretação da "guerra mundial".

Na verdade, para os pilotos, o transporte do minério, além de ouro e pedras preciosa, era apenas uma parte do negócio arriscado em que viviam. Outra igualmente rendosa, levar para à selva, materiais e alimentos sofisticados ao trabalho e a sobrevivência. Com exceção da madeira e da palha usada nas toscas construções dos nativos, tudo mais chegava de avião. Já que pelo ar era a única maneira de se atravessar a poderosa muralha verde de florestas impenetráveis composta de sucuúbas, andirobas, itaúbas, sorveiras e mongubeiras. Porque o único rio que servia a região de árvores centenárias, estava repleta de pequenas quedas-d'agua, além de habitado por jacarés, arraias e piranhas.

Até jipes e tratores para a conservação da pista do único campo de aviação, além de pequenos caminhões para o transporte de minérios e lanchas, eram desmontados e carregados para a infindável mata, através de aviões.

Os pilotos alemães sempre comandados pelo gigantesco loiro "Panzer" tinha seus próprios mapas, pois os mapas oficiais da região continham muitos erros grosseiros, não serviam. Por eles não chegariam a "Cidade da Esperança" facilmente. Em alguns lugares quando o tempo estava ruim precisavam voar baixo, rente às árvores para não perder as referências, enquanto desenhavam novos mapas, assinalando tudo, rios, clareiras, para tornar seus mapas cada vez mais per feitos, naquele trecho chamado por eles de "terra onde somente havia dois tipos de gente: aventureiros e necessitados"...

O bando de gregos, cuidava do comércio local. Que ia da venda de galinhas, bodes, cabras leiteiras, às roupas e alimentos; refrigerantes e até querosene. Comércio mais para explorar os nativos que não tinham recursos, porque as "elites estrangeiras", possuiam luz elétrica fornecida por seus próprios geradores, comiam caviar, bebiam uisque escocês e vinhos franceses; não mexiam em querosene nem encostavam em bodes. Quando muito, adquiriam dos gregos somente o leite das cabras para cortar a ressaca.

O álcool era proibido em alguns lugares. Nas "missões onde ensinavam e faziam a versão da Bíblia" e exploravam muita cassiterita, os "pastores" norte-americanos não consentiam que os nativos bebessem e portanto não permitiam a comercialização do álcool. O que por sua vez, também não era difícil para os gregos que escamoteavam as garrafas de pinga em sacos de feijão, arroz ou farinha. Até em barricas de peixe seco as garrafas eram enfiadas. Pacienciosos, os gregos chegavam a furar os ovos, esvaziá-los e em seguida enchê-los um a um com cachaça. Trabalho de paciência e tempo, que eles tinham de sobra...

MacMillan e seu grupo de vietnamitas dedicavam-se ao "estudo de Arqueologia", e entre um "estudo e outro" encontravam seus diamantes e um veiozinho de ouro; enquanto na verdade estudavam como os outros, um meio de ficar com toda a cidade.

Dos "aventureiros e necessitados" que os pilotos alemães citavam os estrangeiros evidentemente pertenciam ao primeiro ítem, quanto aos necessitados, representavam os nativos, formados por índios mais ou menos aculturados da região e caboclos levados para lá, que completavam o quadro de habitantes da "Cidade da Esperança".

Os caboclos cuidavam da lavoura, plantando milho, batata-doce, feijão, arroz, mandioca, amendoim, cana, etc., quando não trabalhavam na indústria de inseticida Kepone.

Enquanto os índios caçavam, pescavam, ou se ocupavam também na fábrica, suas mulheres auxiliavam na indústria ou funcionavam como empregadas domésticas para patrões sem esposas, nunca deixando de confeccionar seus cigarros cujas folhas finas para servir de envoltório, eram extraídas da tauarí. Bem como não descuidavam nunca do tucupi – caldo da mandioca, usado como molho, tanto para o peixe como para a carne de caça, encontrados com facilidade. Apesar do avanço do veneno Kepone, indicado pela fuga dos beija-flores-de-rabo-redondo, de-orelha-azul, de-gravata-vermelha e outros que desapareciam aos bandos...

Assim procedia o quadro de habitantes: cada grupo com suas tarefas, quando chegou a equipe de língua espanhola.

– Nada quero com minérios! A mim somente interessa o comércio de caça e pesca!...

Foi logo afirmando o metiroso Velasquez, como se a inverdade ali fosse novidade.

Com exceção dos nativos, puros, a falsidade tornava-se

uma constante naqueles ambiciosos homens; justamente os que mais estudos possuiam, vivência haviam adquirido e mais experientes tinham se tornado. Só não eram realmente pastor, arqueólogo, caçador e tudo mais que falavam uns aos outros. Uma coisa, fato consumado, o pequeno exército de 50 homens venezuelanos do "coronel" Velasquez, vinha para terminar de vez com a festa dos norte-americanos que levavam a parte do leão, através de seus **royalts** cobrados em tudo e para tudo...

– Isto aqui não, não é colégio de freiras! Dizia Velasquez a seu lugar-tenente, enquanto ajeitava a calça muito grande. – Os norte-americanos e o grupo liderado pelo inglês, como são mangas do mesmo pano, mantém forte amizade. E esperam com o tempo ficar com tudo que os outros conseguiram acumular! Descobri onde os gregos guardam o ouro em pó, e em pedra, que trocam com suas miseráveis mercadorias! E sei que os alemães são inimigos dos gregos e que além de voar, acumulam também seus tezourozinhos!... Pesquisam e extraem urânio e outros minérios atômicos, além de diamantes! Só precisamos descobrir onde guardam as preciosidades! Vamos tratar de fazer amizades com os alemães, que possuem o único meio da gente sair daqui, depois, zap! – Fez Velasquez imitando que cortava o pescoço deles.

O motivo da briga entre alemães e gregos, consistia em que estes queriam ver os germânicos trazendo bugigangas, coisas inúteis para a selva, enquanto os alemães preferiam lotar seus aviões na volta, com tambores de óleo e gasolina.

Todos poderiam viver bem se não fosse a ganância desenfreada e a fábrica que semeava a morte naquela floresta secular. Ninguém os encontrariam já que a "Cidade da Esperança" não constava em nenhum mapa oficial. Mas a irracional destruição, que estavam prometendo transformaria o sonhado paraíso num deserto, em pouco tempo..

O bando venezuelano passou a cooperar furiosamente para isso. Pôs-se em ação dedicando-se a caça realmente enquanto não surgisse a oportunidade que o chefe tanto falava. Afinal não foi por isso que ele deserdara da Força Aérea de seu país? Não era a troco de toda a fortuna acumulada que seus homens tinham vindo?...

Jaulas enormes foram montadas, e grande área de antigas

maçarandubas transformada num gigantesco zoológico, para a alegria dos gregos que mais faturariam com os novos fregueses, o mesmo acontecendo com os alemães com relação ao transporte, e aos norte-americanos que de todos tiravam dinheiro, já que se intitulavam donos da cidade.

Como se não bastasse a fábrica de Kepone, o inseticida maldito que a tudo destruía, era o princípio do fim para os animais daquela região, antes privilegiada. Três as causas do fim dos animais. Quebra de sua cadeia alimentar. Destruição de seu nicho ecológico e extermínio pela caça profissional. Os animais entravam em processo de extinção quando a regeneração da sua espécie era mais lenta que a mortandade. Esse desequilíbrio entre regeneração, mortalidade e mortandade podia ter várias causas, mas todas elas agora causadas pelos grupos estrangeiros reunidos.

Existiam espécies muito específicas de animais, cujo tipo de alimentação era bem restrito. Ao se destruir sua fonte de alimento pela caça, pelo desmatamento, ou também por regeneração lenta, o animal entrava em extinção. Havia também, como no caso da anta, da paca, do bugio; animais de grande fragilidade ecológica, que tinham baixa procriação, longo tempo de cria, e eram infelizmente de grande porte, por isso facilmente caçáveis.

Quando esses animais tinham seus lugares onde viviam e de onde extraiam seu alimento, invadidos por caçadores ou pela civilização, começavam a desaparecer. E havia finalmente os animais que desapareciam por serem alvos de caça comercial. O que acontecia com os animais perseguidos pelos 50 homens do venezuelano Velasquez, que a tudo aprisionavam ou atiravam. Logo, principalmente a onça pintada, o lobo guará, a lontra e a ariranha estariam praticamente extintos a curto prazo em torno da "Cidade da Esperança". por causa do alto valor das suas peles.

Os bichos assim iam sendo mortos, com o aproveitamentos de seus couros, ou encerrados no grande zoológico pelas "tropas" venezuelanas. Os 50 homens de Velasquez extinguiam os bichos levados não só pela ganância como pela sede de sangue. Os recrutados, todos bandidos e como não tinham inimigos em quem atirar saciavam-se mesmo nos pobres animais.

Algumas aves de diferentes espécies viviam juntas nos

enormes viveiros. Na prisão misturavam-se rolinha com jacu-verde e macuco. Araponga com galo-da-serra; mutum-pinima, jacu-guaçu e jacutinga. Arara-cinza com ararinha-azul; papagaio, ararajuba, tiriba, chauá, cuiu-cuiú e chorão.

Separados em outros locais ficavam socó-boi, ganso-do-norte, pato-mergulhador e flamingo. O mesmo acontecendo com o gavião-de-penacho que em gaiolas próprias juntava-se ao gavião-real e gavião-pega-macaco. Enquanto em cela menor amontoavam-se pássaros e beija-flores das mais variadas espécies. Centenas e centenas. Bicudo, choquinha, tietê-coroa, anambé-vermelho, crejoá, papa-formiga, pavó, sabiá-castanha.

Nos cercados das águas, jacarés-de-papo amarelo esperavam a morte, o mesmo acontecendo nas celas vizinhas com as tartarugas e peixes-boi.

Enquanto as jaulas mantinham tristes macacos que iam do uaracari-branco, uaracari-vermelho, uaracari-preto, ao cuxiu-de-nariz branco, ao bugio. Os animais separados, não mais lutavam pela liberdade a não ser um gesto ou outro de revolta da altiva onça-pintada. Enquanto o cachorro-do-mato de orelha curta, o cachorro-do-mato vinagre, em outra jaula deitavam-se desanimados com tanta crueldade e a amedrontada ariranha encolhia-se toda.

Observados com ar apalermado, da jaula em frente que continha em primeiro plano preguiçoso tamanduá-bandeira, preguiça-de-coleira, tatu-bola, tatu-canastra, talvez agora mais do que nunca sentindo o efeito do Kepone, mortífero agente quimíco poluidor já espalhado naquele pedaço da selva, onde viviam juntos e livremente outrora, o veado-campeiro, o cervo-do-pantanal, a lontra, o mico, o mono, o sagui-da-serra, o ouriço-preto...

Os homens de Velasquez mantinham jaulas repletas de bichos, enormes gaiolas lotadas de pássaros de todas as espécies e aquários cheios de peixes que iam dos jaraquis aos jandiás, porque os poucos aviões dos alemães não davam conta. E grande a mortandade entre os animais presos, que não podiam ir para longe do mortífero Kepone...

Partiram então para o outro tipo de destruição, os da língua espanhola. A das matas em busca de madeiras de lei, de fácil exportação. A venda das gigantescas reservas de madeira nobre renderiam bilhões de dólares. O mogno era a principal no mercado internacional vindo depois andiroba, freijó, macaúba, pau-amarelo, sucupira e acuuba, todas em grande quantidade no local.

Em pouco tempo os venezuelanos como formigas humanas destruiriam tudo com suas derrubadas irracionais...

O "Jim das Matas", Benson, praticamente dono da cidade, não estava gostando do andamento da coisa, da atitude de Velasquez. Por isso pedira a ajuda do inglês MacMillan. A reunião entre o **gangster** norte-americano e o mercernário inglês, que também não aprovava a atitude do "gringo" de fala espanhola, durou algumas horas.

Nela foram ventiladas as destruições das matas seculares agora com perigo para toda a comunidade, pois não só tiravam as madeiras de lei, até castanheiras e seringueiras eram derrubadas, inutilmente. E tudo num sonho megalômano, pois Velasquez não tinha condições jamais de tirar montanhas de madeiras das sumaumeiras, ingazeiras, guaxingubas, itaúbas, sucuubas, acumuladas, por via aérea, e mesmo seus animais, quando os poucos aviões tinham coisas muito mais importantes e valiosas para tirar dali.

Além de tudo Velasquez parecia que estava enlouquecendo, pois não é que iniciara a construção de um enorme navio de madeira para tirar o que acumulara na selva!...

A idéia da "Arca de Noé", foi a gota que faltava para a água entornar. Como iria o louco venezuelano descer o rio cheio de quedas dágua com aquele trambolho?...

A falta de memória era uma das caractéristicas do mal de Kepone...

Nova reunião foi então marcada. Desta vez participaram um representante de cada colonia; os chefes evidentemente. Falariam pela ordem de chegada, dos grupos, na "Cidade da Esperança", sendo que a palavra inicial foi feita pelo "pastor" Benson, idealizador e criador da comunidade, que agora encontrava-se sem muita esperança de sobreviver. O "Jim das Matas" tomou um copo de leite vegetal, e fazendo questão de mostrar que era dono de quase tudo, fez um apelo, na presença de todos, para que Velasquez parasse com a matança e aprisionamento de aves, peixes e animais, porque não havia meios de transportar tudo aquilo, tendo material mais importante para sair dali, como, diamantes, ouro e outros minérios. Além disso os poucos animais que sobraram, fugiram para muito longe e jamais apareceriam por aqueles lados.

Com a caça e a pesca escassas, só faltava a destruição das florestas para a vida ali, que sempre fôra a de um verde paraíso sonhado por todos, tornar-se um inferno avermelhado e deserto.

– Nossos aviões não estão aqui para transportar pedaços de paus e tico-ticos!... – Berrou o "pastor" espantando piuns e mutucas, que a essa altura já havia perdido a calma e revelado toda a sua alma de **gangster** além da violência de guerreiro da Coréia e Vietnã! – Ou Velasquez desiste de tudo ou será expulso da comunidade!...

O venezuelano tremia ao responder. E contestando o norte-americano, garantia:

– O que acabará com toda a forma de vida na "Cidade da Esperança", é a maldita fábrica que a todos envenena, e sendo sua estrela principal o monstro Kepone, que irá deformar a região, não sobrando nada!...

Todos pareciam estar contaminados pelo Kepone na sala de reunião, pois ouviam-se lamentos e gemidos.

Quanto mais nervosos ficavam mais aumentavam os suores, as dores no fígado, tremores. Os problemas foram trazidos a tona um por um. Desde a destruição pelo inseticida, até que , enquanto havia floresta havia a assimilação do dióxido de carbono e a resultante purificação do ar. A absorção de calor com baixa condutividade desse mesmo calor. A boa e perfeita distribuição das águas, a preservação dos solos, a conservação dos locais preferidos dos animais. A produção de alimentos e abrigo para animais selvagens, o desenvolvimento das reservas de madeira, a proteção contra as massas de ar frio e o equilíbrio térmico nas regiões mais quentes. Esses benefícios estavam desaparecendo na "Cidade da Esperança", em plena e exuberante mata amazônica.

Os venezuelanos, amazônicos, não percebiam que uma vez destruídas, aquelas florestas eram irrecuperáveis?

E que destruição das florestas acarretaria conseqüências graves e em pouco tempo?

Não viam a região sendo dizimada e que as poucas matas morreriam porque estava sendo perdido o equilíbrio natural?

Perguntava o "pastor" Benson, mais calmo após tomar vários copos do leite vegetal. O "Jim das Matas", inteligente idealizador da cidade, parecia ser o único saudável da reunião. Pelo menos não aparentava suores, tremores, nem demonstrava que seu fígado doesse.

Embora inicialmente suportáveis, a modificação do clima, a alteração dos rios, a perda da qualidade da água, a modificação ou o desaparecimento da fauna das proximidades, a extinção dos animais terrestres selvagens da mesma área, seriam a morte lenta de todo ser vivente que habitava naquelas paragens.

A floresta tropical que até o momento fornecera quase tudo para aqueles homens poderia também enterrá-los. A terra nua exposta à ação do sol, do vento e da chuva, desprotegida e a mercê da erosão, seria o fim. E os habitantes, autores do vandalismo seriam as próprias vítimas da destruição.

Sem abiuranas, cacauís, cajuaçus; sem palmeiras piaçaba e muriti, sem cipós, grandes troncos, folhas, aquilo seria um deserto de areia e giganteco túmulo de todos...

A reunião que fôra marcada com fins pacíficos não terminou assim. Com Velasquez tremendo cada vez mais, suando e com fortes agulhadas no fígado, gritava que o fim de todos seria aquela maldita fábrica de venenos. Outros, também trêmulos e sentindo dores, quanto mais nervosos ficavam, gritavam e faziam ameaças.

De repente, tudo foi bruscamente interrompido, cada representante indo para junto de seu bando, em alas da cidade, ante o olhar atônito dos nativos que não tinham representante na reunião e fora do prédio, viam o corre-corre sem saber do que se tratava.

Para aumentar a espectativa, na grande touceira de taquaruçu, algumas arrebentavam pelo calor parecendo tiros...

Rapidamente os ex-militares usaram suas táticas de guerra.

Cada grupo procurou armar-se e atacar à sua maneira. Surpreendentemente, Velasquez e seus homens conseguiram o apoio dos alemães. Desta maneira estava cortada a única ligação daquela cidade da selva, com o ponto civilizado mais próximo que era Macapá.

Por terra a viagem seria impossível já que a mata, impenetrável e cheia de feras, principalmente onças. Os únicos aviões existentes eram o grande Douglas de Velasquez, e os outros pertencentes ao grupo alemão liderado pelo gigante "Panzer".

Aliados, agora formavam a "Força Aérea", capaz não só de atacar como de fugir, se necessário fosse, numa emergência. O rio serpenteante de quedas-d'água, outra muralha a dificultar a saída dos inimigos.

O grupo venezuelano além de numeroso, o mais armado; com a desculpa de caçadores profissionais acumulam quantidade enorme de armas e munições, além disso eram todos bandidos fichados em seu país, sagüinários saqueadores.

Inicialmente Velasquez aprisionou o dono da cidade. Cercou com tropas a "missão religiosa" de Benson. O "Jim das Matas" e seus homens nada puderam fazer, nem mesmo fugir, como o astuto aliádo, MacMillan e os homens que embrenharam-se nas poucas matas para dali partirem ao ataquc, já que ele e seus acompanhantes eram especialistas em guerrilha.

Velasquez até ali havia mostrado melhor preparo de guerra. Sua primeira vitória tinha sido o pacto com os alemães formando a única força aérea, o que lhe dava pontos a favor. O aprisionamento do ex-**gangster** norte-americano, principal figura da cidade, fôra outra conquista. E já partia para a terceira.

Até cadeia Velasquez havia construido em tempo recorde. Usava para seus homens, quando alguns deles bebiam demais e punham-se a brigar no povoado. Se bem que a idéia inicial, era para trancafiar mesmo os figurões da cidade quando estourasse a revolta.

O venezuelano enxotou uns poucos bêbados que ali estavam por indisciplina e jogou o falso pastor norte-americano e seus patrícios.

Ato contínuo foi completar a terceira vitória, dirigindo-se a sede da "missão" onde eram guardados em cofres fortes todos os dólares correspondente aos **royalts** pagos pelos habitantes da "Cidade da Esperança", nas mais diversas formas.

O mesmo acontecendo com as montanhas de minérios, principalmente cassiterita que o "Jim das Matas" acumulara desde a fundação da cidade, já que os aviões não davam conta do transporte. Junto das montanhas de areia preta, pesada e valorosa, Velasquez colocou vários guardas.

Os poucos gregos comandados por "Niarchos", que comercializavam na cidade, já não se dava bem com os alemães, com a vitória destes se recusaram a obedecer. Foi o suficiente para que o bando venezuelano que andava atrás do ouro em pó e em pedra, dos gregos, caçasse-os por toda a cidade, matando-os na frente dos apavorados nativos, que não estavam entendendo o porque da atrocidade...

Os índios e caboclos, como sempre muito dóceis e obedientes, aceitavam resignados. Para eles tanto fazia trabalhar para um ou para outro patrão. Em compensação ninguém tocava neles porque nada possuiam de valor material, tinham somente virtudes humanas, que ali não contavam. Um bando de rotos e enfraquecidos, nas mãos daquela gente estranha na língua e nos costumes.

As mulheres fatalistas como os maridos, mansamente permaneciam em suas malocas tecendo a peneira urupema, mastigando a fruta guajará...

Faltava pouco para ser finalmente concretizado o sonho de Velasquez desde que vira a cidade de perto. Agora nos melhores aposentos pertencentes ao prisioneiro Benson, olhava no espelho grande do quarto confortável.

Mãos nos quadrís, botas longas, farda em desalinho e suja, além de desbotada pelo constante uso sem troca, ali estava o ditador da selva. Mais um dos muitos sujos militares que perambulavam pela América Latina, de Strosner a Pinochet. Velasquez estava começando, um dia se igualaria aos canalhas assassinos, causadores de tantos arbítrios e atrasos às suas nações...

Velasquez senhor de incalculável fortuna. Seu golpe fôra perfeito digno de um futuro ditador de sucesso.

Os nativos conforme ordens do "coronel" venezuelano, destruiram completamente à pancada o único aparelho de rádio-transmissão. E caso alguma mensagem tivesse sido enviada antes pelo norte-americano pedindo socorro, os alemães tinham espalhado tambores de gasolina, por toda a pista do único campo de aviação, o que dificultaria a descida de qualquer aparelho.

O venezuelano vibrava porque sua revolução rendera muito mais do que esperava. Ouro, pedras preciosas, minérios, animais, madeiras, casas, cidades... Tudo era dele. Jamais alguém alcançaria sua fortuna; montanhas de preciosidades do mais alto valor. E pensar que conquistada tão rapidamente, num único golpe genial...

Foi a partir daí, que Velasquez se deu conta. Lembrou-se de algo mais a completar. Começou a tremer, e a sentir a maldita dor no fígado. Era ela. Sim a causa da sua doença, de todo o seu mal, a desgraçada indústria de inseticida, cujo veneno não matava somente os insetos daninhos, acabava com tudo nas matas...

Alucinado reuniu seus homens e rapidamente com dinamite mandou a fábrica de Kepone pelo ares!

Com enorme alegria dos pobres nativos que aplaudiam e gritavam, no que foram acompanhados de vivas por todos. Iniciaram então uma festa onde não faltariam uisque escocês, champanhas francesas e assados intermináveis bem no estilo do pessoal de língua espanhola.

Travestidos de Zapatas e Pancho-Villas comemoravam a vitória da "revolução" e a destruição da maldita droga, arremessando seus chapéus para o ar, lançando uivos e prolongados gritos...

Os vietnamitas escondidos no pouco de mata de marupá e marrãozeiro que escapara do machado, em volta da cidade, escutaram a explosão. Enquanto o chefe MacMillan expunha seus planos de ação. O inglês e seus homens pareciam também contaminados pelo mal de Kepone. Alguns sentiam tremores. O chefe tremia muito, mais do que todos.

Dentro de suas táticas de guerrilhas, em primeiro plano constavam os incêndios, como maneira de causar o cáos. Desde a "Arca de Noé", navio que os homens de Velasquez estavam tentando construir para tirar mais depressa madeira e animais, até os aviões e as casas. Depois, os ataques de surpresa; contínuos e desgastantes, que acabariam minando as forças mais poderosas.

O venezuelano substimara o inglês e agora iria ver o seu verdadeiro valor.

MacMillan que passara grande parte de sua vida lutando como mercenário em guerra dos outros, entregaria a sua luta assim tão facilmente?

Velasquez não tardaria em conhecer a astúcia e a maldade de guerrilheiro, tão comentadas em várias partes do mundo. Suas táticas constavam nos melhores manuais de guerrilha. Seus planos, todos aproveitados nas vitoriosas batalhas em que participou.

O inglês conhecia bem as florestas, lutas e armadilhas.

O mesmo acontecendo com os homens que o seguiam. Seus comandados vietnamitas, os do sul nem tanto, mas os do norte, eram cosiderados os melhores lutadores de selva, do mundo.

A MacMillan não faltava experiência, veterano que fôra das campanhas do exército colonial da França na Indochina e na Argélia. Construiu sua reputação como mercenário na rebelião do Congo, nos anos 60, onde ficou famoso por imprimir extraordinária ferocidade às suas tropas.

Depois vieram o Iemen do Norte, Biafra, Angola, Vietnã. Até que cansado de perambular de guerra em guerra, decidiu-se instalar num lugar tranquilo para enriquecer. E melhor ainda, porque não tornar-se dono desse lugar, simplesmente? Quem melhor do que ele e sua equipe, para lutar?

Até que chegou o gringo Velasquez para atrapalhar seus planos...

Todos se xingavam de gringos e eram realmente. Os únicos que não mereciam esse nome, os nativos, que agora sem a disciplina imposta pelo "pastor" Benson, viviam bêbados e dia inteiro "comemorando a revolução", a explosão da fábrica, como motivo principal.

Uma bebedeira perpétua, incluindo na farra vários homens de Velasquez, que a todo instante davam vivas à revolta, até quando dormindo.

Os venezuelanos na verdade não bebiam de alegria. Estavam desgostosos. Atingidos pela doença de Kepone todos, e alguns achavam que estavam demorando muito para sair daquela selva maldita.

Por onde começaria o guerrilheiro, senão fazendo guerrilha?

O que devia prever Velasquez, que assim não o fizera. Seus bandoleiros de fala espanhola, enfraquecidos pelo mal de Kepone, e bêbados constantemente, já não serviam nem para sentinelas.

Dominar os guardas dos aviões foi fácil demais para os homens de MacMillan, pois quem não tremia e suava pela doença, dormia que até roncava, acompanhado de garrafas de uisque escocês, do grande estoque que parecia infindável.

Numa rápida operação, não dominaram os guardas simplesmente. Todos foram mortos; degolados no silêncio da noite...

Se os planos de Velasquez tinham sido bons no início da revolução, as táticas guerrilheiras de MacMillan foram arrazadoras. O inglês com requinte maquiavélico atingira inclusive a "menina dos olhos" do venezuelano, seu enorme navio de madeira.

Controlados pelo relógio do chefe, os ataques foram simultaneamente desfechados. Todos os barris de óleo e gasolina derrubados na pista, os aviões do pequeno campo de pouso na selva, incendiados com a própria gasolina!

Tanto os angares como a pista puseram-se a arder num fogaréu só, impossível de ser apagado, enquanto aviões e o que restavam deles, explodiam sem parar!...

Para maior perfeição do ataque, os vietnamitas haviam soltado os animais presos. Libertaram inúmeras aves e fizeram explodir os diques onde milhares de peixes estavam aprisionados.

Incendiaram a montanha de madeira acumulada, composta de milhões de paus de cumaru, mongubeira, ucuuba. A confusão foi geral!

Os homens de Velasquez não sabiam se cuidavam de pegar animais, peixes, ou se apagavam o fogo inclusive dos aviões e da "Arca de Noé". No meio da revoada baixa da passarada, corriam juntos, ou encontravam-se com feras que procuravam o mais escuro da floresta, fugindo do fogo e das contínuas explosões que pareciam o fim do mundo...

Agora seriam elas por elas.

Todos teriam que lutar em terra até o fim. Ninguém mais tinha o privilégio de voar, a não ser as aves que uma vez em liberdade desapareceram para longe daquele lugar sujo e violento.

Velasquez havia perdido o quepi. Totalmente abatido e desmoralizado reunia o que restava de seu pessoal para um balanço da situação que agora se mostrava diferente, bastante desfavorável para ele. Enquanto os ágeis vietnamitas como formigas haviam desaparecido nas matas de onde vieram, tomando fôlego para novas investidas.

Surgiu a trégua temporária, como por encanto. Parecia que todos tinham que respirar fundo para dar novos rumos as suas lutas.

O frustrado ditador da selva percebeu que não chegaria nem a Pinochet, quanto mais a Estroisner. Fôra curta sua permanência no poder. Precisaria de mais homens, mas onde arranjá-los? Só tinha poucos aliados.

Cada vez mais doente Velasquez gemia de violentas dores no fígado e tremia muito; estava ameaçado de perder tudo o que havia conquistado. Seus poucos homens feridos e contaminados também pelo mal de Kepone já não demonstravam ser tão corajosos. Os comandantes perdiam o moral; a tropa destroçada e numa só investida do inimigo...

Velasquez e seu aliádo o alemão "Panzer", bêbados, foram vistos pelos comandados em atitude que os desmoralizavam. Abraçados os dois pateticamente puseram-se a chorar como crianças. O loiro gordo e alto, e o moreno baixo e magro nem ao menos procuravam disfarçar o estado de espírito que estavam possuidos.

Os poucos que restavam das "tropas" germano-venezuelanas, aproveitavam o momento de folga para beberem mais.

Os aliados de Velasquez eram agora homens totalmente nulos, naquelas matas e o venezuelano só não os matava, porque precisava de gente para lutar contra MacMillan. Os arrogantes germânicos que se vangloreavam afirmando que pertenciam às tropas de elite; da "Força Aérea", passaram a "pés redondos, de poeira" da infantaria. O chefe "Panzer" (perdera a boina cor de vinho) urrava feito fera mas não podia contar para Velasquez o que realmente acontecera, senão o sul-americano fuzilava-o ali mesmo; na hora.

O grandalhão alemão não se envergonhava de chorar. Na hora da batalha todos perderam a mania de fazer tipos de durões. A ordem era sobreviver de qualquer maneira. O grego já vinha morrido sem o lenço colorido na cabeça. Seu corpo fôra encontrado destroçado pelas explosões. O venezuelano perdera o quepi e a dignidade por chorar de medo na frente de seus comandados, o mesmo acontecendo com o alemão. E o norte-americano Benson esquecido no fundo da cela suja, não portava mais seu capacete de "Jim das Matas".

As lágrimas de "Panzer", as mais sentidas. No maior sigilo os alemães tinham preparado tudo. Encheram os fundos falsos de seus aviões, inclusive do Douglas, de Velasquez preparado também para a operação, de pedras de ouro e diamantes, além de sacos de ouro em pó, um dia antes do incêndio e as consequentes explosões...

Dai o choro desesperado de "Panzer" que viu seu plano falhar quase no último minuto, quando deixaria aquele madito lugar para sempre! Com a explosão dos aviões, tudo fôra pelos ares! As riquezas dos alemães, e o pior, suas esperanças de sairem daquele inferno transformado quase num deserto e repleto de escaramuças, onde a morte surgia de minuto em minuto.

O desânimo era geral nas tropas que todas as noites, em pontos diferentes recebiam as visitas de MacMillan e seus terríveis vietnamitas. Quando não, novos incêndios nas enormes pilhas de madeira que ainda restavam tornando-se fumegantes por dias e dias. Estragos maiores eram dirigidos aos seres humanos: assassinados a faca, os doentios venezuelanos cada vez mais escassos.

No que restava de seu quartel general, Velasquez tremia sob o efeito do mal de Kepone e de raiva, lembrando as madeiras tão duramente acumuladas, queimadas. Os animais soltos. Casas incendiadas e seu navio que de quase pronto virara cinzas. Suas tropas, reduzidas a vinte e poucos homens, doentes como ele e como o chefe, constantemente embriagados. Seus aliados depois que passaram para a "infantaria", deixaram de ser tropas especiais e acabaram também contaminados pela doença.

Fora da cidade, embrenhado no que restava de selva, MacMillan estudava o golpe final; de misericórdia, agora que seus homens equilibravam-se com os do inimigo. Um balanço geral da situação foi exposto a seus vietnamitas fiéis. Pouco faltava para eles tomarem a cidade definitivamente. E tinham que ser rápidos como das vezes anteriores, seus comandados também como o inglês, estavam sendo minados pelo mal de Kepone.

MacMillan explicou que os gregos não mais existiam, na cidade, caçados que foram pelo homens de Velasquez interessados em suas fortunas. Os gregos foram mortos e seus valores divididos entre os venezuelanos e alemães, que por sua vez haviam perdido nos incêndios dos aviões. Existiam apenas os norte-americanos prisioneiros. Seus tradicionais aliados, mas como até ali tinham lutado sem eles seria bom que permanecessem presos. Uma vez terminada a luta, os norte-americanos para conseguirem a liberdade, teriam que se sujeitar às ordens do inglês.

Na prisão, o "pastor" Benson continuava junto de poucos norte-americanos. Mas ele, o único a quem o fiel caboclo

Furgênço levava diariamente a dose de leite de árvore. Para os outros as mulheres indígenas preparavam o beiju.

O inglês e os vietnamitas teriam que liquidar os poucos venezuelanos e alemães tomados pelo pavor, que passaram a beber de alegria no início da revolução, de desgosto no meio e agora de medo...

Numa noite de forte temporal dos trópicos, o escolado guerrilheiro MacMillan, que havia minado as tropas inimigas por dias e noites com infernais investidas, que alemães e venezuelanos nunca sabiam de onde vinham, partiu para a confortável casa onde se encontrava Velasquez.

O ataque final seria consumado. Definitivo, do tudo ou nada. Contando com menos de vinte homens guardando vários pontos da cidade, apenas oito permaneciam como guardas do chefe venezuelano, quando este foi atacado duramente pelos vietnamitas encabeçado por MacMillan.

Velasquez foi surpreendido confortavelmente deitado na cama, com duas belas índias, e ali mesmo inapelavelmente fuzilado pelo feroz MacMillan...

O que restou das tropas venezuelanas entregou-se.

Os homens nem ligaram muito para a morte de seu "coronel", fracos que estavam pela doença e há tempo com vontade de voltar para sua terra. Conseguiram o que Velasquez prometera; riqueza. Mas o chefe cada vez queria mais e mais como enlouquecido, nunca saindo com seus homens daquele purgatório de suores, tremedeiras e dores no fígado...

MacMillan tornou-se senhor da situação. Comandante de todos. Dono de tudo. Reuniu o pessoal restante para novo estudo da "Cidade da Esperança". Que agora seria composto de meia duzia de alemães doentes entre eles "Panzer" que não mandava nem nos seus patrícios. Uns doze ou treze venezuelanos imprestáveis também pelo mal de Kepone e da cachaça, já que o uisque escasseara. Uns dez norte-americanos enfraquecidos pela prisão; debilitados pela doenças, que foram libertados juntamente com Benson. Além de poucos caboclos e índios brasileiros.

Sob o controle do novo chefe geral, inglês, ninguém mais precisaria mentir na "Cidade da Esperança". Caíram todas as máscaras e patentes militares. Não havia mais arqueólogo nem pastor, falsos. E sim, um único dono de tudo chamado MacMillan; o resto passaria a trabalhar para ele.

O objetivo comum agora seria descobrir um meio de se comunicarem com alguém de fora da cidade presa na selva; um jeito de sairem dali.

A fala do inglês parecia fraca, quando chegou a tremedeira acompanhada de forte dor no fígado. MacMillan fazia careta e curvava-se enquanto o suor escorria pelo rosto...

Dos poucos habitantes que restavam, quase ninguém havia conseguido escapar da contaminação do Kepone, o **frankestein** químico. As exceções pareciam ser o norte-americano Benson e o caboclo Furgênço. Unicos que demonstravam sinais de saúde.

A explosão da fábrica foi ainda muito pior para o que sobrou da cidade da selva. Tornou a situação agravante porque voôu todo o estoque do pesticida que como poderoso monstro invisível a tudo atacava inclusive envenenando o solo, que já dava sinais de sua presença. A terra chegou a tremer várias vezes. Fenômeno que nunca havia acontecido antes.

Embora criado pela mão do homem, ninguém era capaz de controlá-lo. O pesticida que envenenara no princípio apenas as pessoas que as fabricavam e aquelas que habitavam nas proximidades da fábrica, passado seus efeitos a atingirem as águas onde envenenavam os peixes, assim como as matas, os animais, agora atinga a tudo. A explosão elevou o Kepone às nuvens e seus efeitos cairam sobre a região desprotegida pela devastação das matas, como chuva malígna. Cercou a "Cidade da Esperança" com seus monstruosos efeitos, que nenhuma forma de vida, fosse a mais baixa, podia sobreviver...

De repente, passando os ligeiros tremores de terra, do solo surgiram aquelas coisas que não eram vegetais nem animais...

Num raio de alguns quilômetros do local da explosão do criador do monstro Kepone, estranhos fenômenos começaram a ocorrer. Surgindo da terra, pequenas massas gelatinosas semelhantes a água-vivas, conhecidos animais marinhos, multiplicavam-se cada vez mais com espantosa velocidade!

Os índios cambaleantes ajoelharam-se e chamaram por seus deuses; os estrangeiros blasfemavam, enquanto sertanejos rezavam desesperados.

De princípio, pequenas e transparentes, as formas íam se agitando até tornarem-se corpos avermelhados, e sua superfície, cheia de borbulhos, tendo o seu interior uma cor que chegava ao negro. As estranhas matérias, quando os borbulhos estouravam, deixavam cair um líquido vermelho, da espessura do sangue humano.

Os poucos habitantes gritavam com a cena horripilante. Mas estavam enfraquecidos pelo mal, apenas levantando a cabeça, conservando-se deitados no solo.

O fundador do império da selva, o único que corria de um lado para o outro com disposição.

O norte-americano Benson parecia não estar atacado pela doença, mas preocupado com a perda da cidade que havia projetado, agitava-se como um possesso. Corria desorientado enquanto as estranhas formas iam se avolumando rapidamente de tamanho e tragando tudo que encontrava pela frente. Chegando em pouco tempo a atingir e mesmo ultrapassar as copas das mais altas árvores que sobraram do massacre...

Um só morador escapou do inferno e com saúde. Atirando-se rapidamente na água. Era Furgênço, o caboclo encarregado de apanhar o leite vegetal para o "pastor". Seria o **Brosimum galactodendrum**, vulgarmente chamado de "árvore de vaca", cuja seiva tinha composição semelhante à do leite animal, de onde o caboclo tirava a dose diária para si ou para o patrão, um antídoto do veneno Kepone?...

Apoiado num tronco, Furgênço pensou, "se é pra morrer aqui, dessa forma sufocado por essa coisa monstruosa, prefiro morrer no rio". Amarrou-se todo num tronco feito rústica jangada, e desceu a corredeira, mesmo sabendo que iria enfrentar violentas quedas d'água...

Levou vários dias para chegar à Macapá.

Mas conseguiu seu intento são e salvo, onde relatou os fatos, sobre as estranhas massas gelatinosas e transparentes. A "coisa" como ele passou a chamar o fenômeno, tragou todo o povoado. Viu de longe, a altura da sufocante massa. Ninguém que ficou, escapou. O único como ele, que poderia sair daquele inferno, enquanto a forma estava pequena, era o fundador do lugarejo, mas preferiu ficar ali, tentando recuperar sua fortuna...

Repentinamente Furgenço não quiz mais fazer declarações a amigos. Nem à jornalistas e polícia. Permaneceu mudo.

Para alguns cientistas que o ouviram, tratavam-se de bactérias com capacidade de reprodução nunca vista. Uma nova mutação. Fenômeno raro, mas possível. Porém, não nas condições descritas pelo caboclo que ainda trazia um pedaço de massa estranha entranhada no seu braço aleijado. A matéria examinada não se assemelhava a nada conhecida na face da terra...

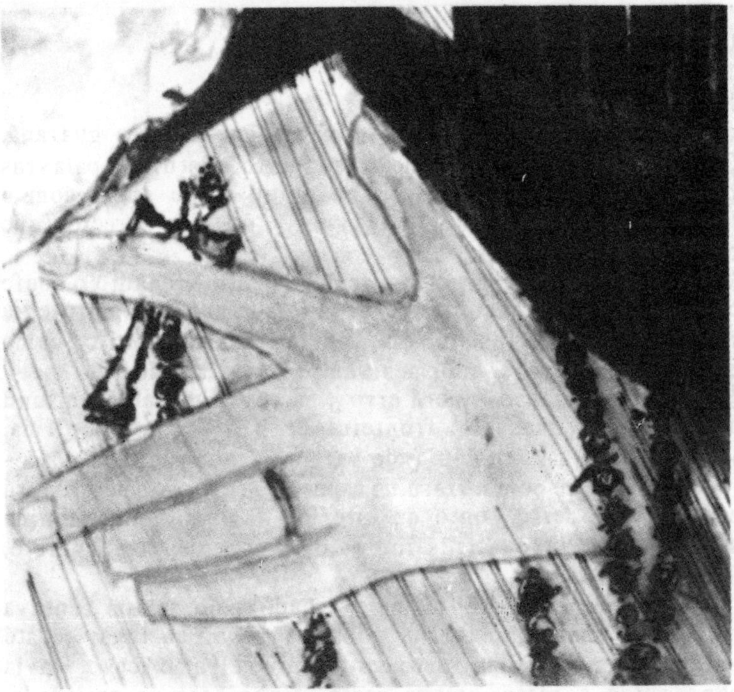

KALIUND, O CAÇADOR

Estava escurecendo e o rato-coró como fazia todas as noites, numa dolorosa monotonia, repetia alto as sílabas do seu próprio nome. Único exemplar de rato sem rabo, que levantou celeuma, entre zoólogos do mundo, que não admitiam esse roedor sem cauda...

Os quatro exploradores encontraram finalmente um lugar limpo para acamparem. Alívio esse achado, após dias de tormento, seguindo lamacento rio infestado de mosquitos pium, com atmosfera quente e úmida. Agora aproximavam-se as regiões onde deveriam concluir a operação "Quatro estrelas".

Kaliund empenhara tudo naquela expedição que iria ser sua derradeira aventura. A falta de meios causara-lhe grandes demoras, mas finalmente agora havia bastante dinheiro. Um grupo de jornais e várias associações tinham adiantado soma suficiente para a viagem.

A princípio os nativos que o acompanhavam pensavam

que o estranho procurava a cupana, que dava o guaraná. Depois notaram que o velho estrangeiro misturava palavras por falta de conhecimento. Confundia a ave guará com o lobo guará? O que era afinal Água-A, ou algo parecido que o caçador procurava?...

Os nativos preparavam o acampamento enquanto o chefe branco ajeitava o mosquiteiro, peça importante que o protegia não só quanto a insetos que o incomodavam muito, como contra os morcegos, enormes vampiros da região.

"Desta vez não haverá erro", escreveu na saída Kaliund a um amigo, quase na fronteira do Brasil com a Bolívia. Do território de Rondônia ele partiu para um mundo desconhecido sempre com a frase na cabeça: "Desta vez não haverá erro". E em certo ponto do interior da escaldante e úmida selva conseguiu que três índios o acompanhassem: Yaretê, Tavam e Potossi.

O velho Kaliund, já meio arcado pelo tempo tentava mais uma vez cumprir sua missão: chegar ao lugarejo até então desconhecido no vasto continente sul-americano. Havia conseguido a pista, estava certo, tinha base na realidade, não como das outras vezes. Não poderia falhar.

Essa cidadezinha, julgava Kaliund, continha as "Quatro estrelas" e era no mundo, o único homem que as poderia encontrar. Somente ele. Agora com os recursos conseguidos e a pista segura, definitivamente certa.

Para seus acompanhantes, o velho Kaliund não adiantava dar muitas explicações. O bastante, tentar com poucas palavras e mais na mímica, que eles o levassem até o tão desejado lugar.

Dos três índios, Yaretê era o único que falava português perfeito, mas tanto Yaretê como Tavam e Potossi não entenderiam mesmo o motivo real, o ideal daquele ancião maníaco e obsecado. Os nativos não compreenderiam porque entre eles o máximo que poderia acontecer em matéria de guerra era encontro de flechas e tacapes. Mas com o velho Kaliund não. Viera da Europa onde sempre vivera e conhecera toda a crueldade de uma guerra feita por "civilizados"...

A noite estava calma, no acampamento o homem branco parecia incansável; quando não mexia em papéis, admirava antigas fotografias. Aqueles rostos por demais conhecidos, mas mesmo assim ele olhava, uma, duas, cada vez mais. Até que não resistiu e passou a contar aos nativos da expedição que olhavam nada entendendo. O velho queria desabafar com alguém, tanto o tempo que viajava pelas matas, sem trocar idéia e respeito.

Kaliund era um caçador de nazistas.

Aqueles rostos pertenciam aos "Quatro estrelas", dai o nome da operação: "Martin Bormann, Walter Rauff, Heinrich Muller e Josef Mengele!

E talvez no próprio lugarejo perdido na selva, que procuravam, encontrassem também alguns "peixes miudos", mas as vedetes eram as quatro figuras importantes do nazismo.

Outros considerados entre "peixes pequenos" e "peixes grandes", por demais conhecidos pelos "pescadores", que sabiam tanto suas localizações como situações. Apenas esperavam a oportunidade. Alguns condenados a morte, por côrte militar, pela tortura e desaparecimento de líderes da resistência, viviam como ricos homens de negócios, por vários países da América do Sul. Estavam naturalizados em outros lugares, com nomes falsos, bases sólidas, de forma que todos os pedidos de extradição feitos pelos europeus, eram ignorados por governos sul-americanos. A única maneira de enfrentá-los seria "mano-a-mano" como pretendia o velhote, mas jamais cansado, Kaliund.

Para os caçadores de cabeças ou de manchetes em jornais, nenhum criminoso de guerra era tão atraente quanto o maléfico ajudante de Adolf Hitler, chamado Martin Bormann. Depois que, em 1945, ele desapareceu do abrigo subterrâneo de Hitler, em Berlin, na noite anterior ao suicídio do ditador nazista.

Bormann tinha sido assinalado cerca de quatrocentas vezes. O caçador Kaliund controlava todas as anotações, ora o nazista era visto vivendo como recluso na selva amazônica, ora disfarçado como falso monge num convento da Itália. Todas as pistas tinham sido xecadas pelo implacável perseguidor que agora sim, estava no caminho certo...

Um longo silvo que culminava com espécie de gargalhada, desviou o pensamento do caçador de nazistas. Os pássaros madrugadores começando o dia. Bem perto, o rio desabava em enormes cataratas, cujo rugido podia ser ouvido a vários quilômetros de distância. Abaixo das cataratas inúmeros lagos formados e nos rochedos de quartzo que se enfileiravam à sua margem viam-se esculpidas estranhas figuras, enquanto embaixo as águas haviam baixado e mostravam enroscados a uns paus, metade do esqueleto. Restos do que foi um ser humano, devorado pelas terríveis piranhas.

Kaliund, Yaretê, Tavam e Potossi, partiram para mais uma etapa da aventura. As pistas, as histórias que Kaliund ouviu, algumas vezes de caboclos, outras de índios, intensificavam a sua convicção de que, não longe dali ficava o local, cujo achado iria causar assombro ao mundo inteiro.

Tavam, membro de remota tribo guerreira, dizia não ter medo, apesar de falarem que aquele lugar era assombrado, se Kaliund quizesse ele o levaria para mostrar uma cidade muito mais importante onde tinha ouro e pedras. Muito maior localizada entre montanhas. E numa dessas, grandes, magníficas, via-se alta coluna encimada por um cristal cuja luz era tão deslumbrante que os olhos humanos não a podiam fitar de perto...

Mas nada comovia o vivido e persistente Kaliund. Sua missão: a de encontrar o lugarejo onde viviam as "Quatro estrelas"...

Pequena parada para o repouso rápido se fazia necessário.

Potossi índio escolhido para cuidar da caça na expedição, aproveitou para rápida saída em busca de alimentos como mel e palmito. Penetrando logo na área que parecia ideal. Pedaço da mata onde bandos de flamingos cor de rosa e alegres papagaios de verde brilhante se misturavam no ar com araras azuis e alaranjadas, salpicadas de borboletas multicores. Magnífico lugar em cujas águas juntavam-se peixe-boi, aruaná, acaçu, boto-vermelho, jaraqui, mas o índio não tinha sido feliz na pesca. No meio de tanto peixe excelente ele só conseguiu uma pirarara e um piraiba. E o chefe tinha pressa não havia mais tempo para outra coisa.

Não que os peixes não prestassem para a alimentação. O pirarara chamado também de "bagre assassino", peixe de couro, quando grande atingia mais de um metro e meio, aspecto de bagre e "especialista" em puxar com enorme bocarra os calcanhares de quem inadvertidamente nadava nos rios de águas mornas. Peixe basicamente necrófilo, arrastava sua vítima para o fundo do rio e aguardava o apodrecimento das carnes. Vivia em todos os rios da Amazônia; sua enorme boca não possuia dentes apenas serrilha, que agarrava com energias musculares prodigiosas.

A particularidade do pirarara, sua carne possivelmente carregada de enxofre, tansformava a pele de quem a comia, num amarelo impressionante!

Apenas por isso a carne do estranho peixe era desprezada por todos que havitavam a região, não que ela fosse venenosa. Sua gordura, usada pelos índios, tinha o poder de transformar as cores originais das aves. Os nativos usavam-na para converter as penas verdes dos papagaios em penas vermelhas...

O velho Kaliund se contentava com pouca coisa como alimento. Mascou algo tomou uns goles de água fresca, e mais uma vez pegou as fotos, depois de remexer na mochila entre papelada e anotações.

Havia 50 por cento de possibilidade de que Bormann ainda estivesse vivo. Ele deixou o refúgio de Hitler a procura de amigos. Usando trajes eclesiásticos fornecidos por um bispo austríaco, alcançou a Baviera e, daí transferiu-se para o Norte da Itália, a fim de visitar, em Merano, sua esposa gravemente enferma. Após a morte da mulher, Bormann refugiou-se num mosteiro dominicano em Bolzano, esperando a oportunidade de fugir para a Argentina.

Na Argentina Bormann tinha tido guardado uma fortuna em dinheiro, pedras preciosas e ouro, este em grande parte retirado dos dentes de pessoas que tinham sido mortas nas câmaras de gás dos campos de extermínio.

Bormann mandara esse tesouro para a Argentina por um submarino alemão, antes do fim da guerra. O fugitivo nazista finalmente alcançou a Argentina em 1948, com a ajuda de alguém importante que usara seus contatos no Vaticano para arranjar-lhe um passaporte ironicamente tirado sob um nome judeu: Elieser Goldstein.

A quadrilha que o ajudou a construir um novo lar, extraiu do mais procurado criminoso de guerra, cerca de 200 milhões de dólares...

Dos quatro expedicionários da selva, Kaliund foi o único que comeu peixe. Os tres índios preferiram jejuar. Infelizmente o outro peixe pescado por Potossi, também não entrava no cardápio dos nativos. Tratava-se do piraiba, grande peixe adaptado ao sistema hidrográfico da bacia amazônica, que veio do mar como vieram o bôto, o peixe-boi, a tartaruga. Os nativos tinham o piraiba como peixe também amaldiçoado como o pirarara. Achavam que o piraiba provocava coceiras, feridas, etc. Entretanto os cientistas negavam tudo, não só achando o piraiba sadio, como superior aos melhores tipos de escamas. Indicado pelos médicos, chegando a figurar na alimentação de convalescentes como uma das mais puras iguarias.

Declarado inofensivo como alimento pelos sábios, por que não conseguia esse atestado vencer o tradicional escrúpulo do nativo? Era possível que a repulsa não decorresse de motivos higiênicos e profiláticos, e sim religiosos. O piraiba devia ter sido totem, no tempo das primeiras tribos. Como o totem (planta ou bicho) representava divindade que não se comia, é provável que a repugnância de ingerir esse peixe, viesse de uma crença que o tornava tabu. Figurando o animal como deus, desde épocas remotas (não queria o índio comer o ancestral, o patriarca do clã, o maioral da tribo, semente de seu povo), teria permanecido intocável até os nossos dias...

A figura daquele velho, agora de pele amarela, contrastando com a cor de canela dos tres índios, tornava Kaliund fantasmagórico a caminhar sobre o verde da mata.

O ancião sabia tudo sobre os nazistas. E procurava manter sempre em forma a memória, naquela selva inóspita, cruel, cercada de perigos por todo lado.

As belezas iam desaparecendo, a maneira que se aprofundavam nas matas fechadas e sombrias de guariúbas. Onde estavam os cantos maravilhosos dos pássaros? As flores das mais variadas espécies acariciadas por beija-flores de vôos graciosos? Alegres macacos-prego brincando ao lado de bandos de papagaios verdes e vermelhos; xexéus, araçaris, tucanos e araras maravilhosamente coloridos, enquanto as cigarras enchiam a selva com seus ruidos? Por onde caminhavam, mais parecia um túmulo. Gigantesco cemitério verde...

Kaliund não podia esquecer nada, porque o dia do encontro com as "Quatro estrelas" estava breve. Nem o silêncio irritante, os mosquitos e as formigas; as abelhas silvestres e as vespas; os carrapatos, bernes e bichos-de-pé, as sanguessugas, atrapalhariam seus planos.

Nem o calor abrasador, a umidade sufocante que a tudo destruia em pouco tempo parecendo penetrar na alma. As chuvas torrenciais da mata tropical, nem os rios caudalosos e cachoeiras, as florestas impenetráveis, de pau-santo, marupá, peroba. Por onde passou o grupo "Quatro estrelas" ele também passaria. Havia diferença, o grupo tinha ido por via aérea com todo conforto, fazendo paradas em seus campos e camuflando-os em seguida, mas não tinha importância, Kaliund iria a pé. Até o fim do mundo verde, mas encontraria os quatro nazistas mais procurados nos cantos do planeta...

A expedição chegou à lugar estranho, mata compacta de cedro-vermelho e achuá. Fechada até mesmo para os índios Potossi, Tavam e Yaretê, grandes conhecedores da selva. A pequena distância jazia uma região inteiramente inexplorada. Aquilo sim era o "inferno verde", cuja exploração tinha acendido a imaginação de tantos pioneiros e místicos. Kaliund tinha em si um pouco de uns e de outros. Homem cujo espírito prático baseava-se em dados, em verdades, porém sua imaginação era ardente como a de um místico. As verdadeiras pistas, as pesquisas, os estudos deram-lhe os meios financeiros para a exploração, da qual seus sonhos constituiam o verdadeiro motivo.

O caçador de nazistas anotava em seu diário: "Apesar do conhecimento dos tres nativos que me servem, erramos o caminho duas vezes. Caindo em regatos lamacentos repletos de sanguessugas, ou dando voltas e voltas, saindo no mesmo lugar. Fato comum aqui na selva, dizem os nativos". E citava também os choques que recebera na água lodosa onde habitava o peixe-elétrico, poraquê, que em cada descarga fazia o civilizado gemer de dor.

Kaliund, o estranho na região, evidentemente era o que mais sofria, constantemente atormentado por carrapatos que pareciam devorá-lo centímetro por centímetro.

Alcançariam um ponto onde deveriam acampar em calma, pelo menos um dia. Nada de caminhada nas 24 horas, principalmente para tratar de um pé de Kaliund, infeccionado. Enquanto os nativos que conheciam tipos de ervas medicinais como jacarandá-carooba, malva, tarumazeiro, procuravam colocar-se em forma o mais rápido possível. Os índios sabiam do valor do jejum ao combate a certas doenças e usavam plantas vomitivas no combate a outras.

Os nativos usavam massagens, fricções, cataplasmas, emplastros e ventosas. Yaretê usava com ótimos resultados, ventosas feitas com chifre. Aspirava pela sucção, através de orifício praticado na extremidade. Enquanto Potossi usava as mandíbulas das formigas para prender as bordas de um corte na pele, substituindo a costura.

O engenhoso silvícola empregava estranha técnica de rústica cirurgia. Diferente prática de sutura com material fornecido pelas formigas, que deixava o velho e calejado Kaliund, boqueaberto.

Potossi fazia os insetos morder as duas bordas que juntadas, retirava o tórax e o abdome da formiga, deixando apenas a cabeça, prendendo as bordas do corte, bem juntas. Assim era comum encontrar aqueles tres índios, na luta diária, com sua ferida em bom caminho de cicatrização, presa por várias cabeças de formigas saúvas, substituindo a costura.

Enquanto o outro "farmacêutico da selva", Tavam, lavava suas machucaduras com o cozimento da casca de manaiara. E já tinha mastigado em jejum as folhas de caaroba, que colocadas sobre as feridas tiravam todo o carater malígno. Ao mesmo tempo em que apanhava umas cascas de carapanaúba, muito amarga, que substituía o quinino contra as febres...

A idéia fixa de Kaliund, na hora do repouso vinha com revigorada força. Onde mais uma vez Bormann comandava o sinistro quarteto.

Nas anotações, Kaliund lia o ponto em que Martin Bormann vivia confortavelmente na Argentina durante sete anos como uma espécie de Poderoso Chefão de outros refugiados nazistas. Mas, em 1955, Peron perdeu o poder e Bormann passou a não se considerar mais seguro. Fugiu para o Brasil e depois de pouco tempo, para a Bolívia, levando vida errante. Ora num país, ora no outro, tentando sempre despistar.

As fotos que Kaliund pega e examina, não deixa a menor dúvida de que é ele. Numa, Bormann está num cabaré de quinta categoria da América do Sul, em outra, o fugitivo nazista posa como sacerdote e oficía, segundo os dados de fontes seguras, em batizados, casamentos e funerais. E segue o rosário de fotos e dados sobre o mais importante criminoso de guerra. As vezes como fazendeiro no Chile, outras lidando com madeira no Paraguai.

Kaliund sabe a idade de Bormann, que como ele, ultrapassa a casa dos setenta anos; sabe sobre a amante do nazista, uma chilena e até sobre os quatro filhos que ela lhe dera. Bem como as luvas de plástico que Martin Bormann usa, a fim de que suas impressões digitais nunca possam ser levantadas...

Na expedição a novidade era que Tavam, após rápida recuperação das feridas e escoriações, havia desertado!

Por medo ou por qualquer outra razão que somente ele poderia explicar, o silvícola acabou desistindo da empreitada, e o pior, ao fugir acabou levando parte das armas, munições, mantimentos e toda a puçanga – remédio caseiro.

E talvez por vingança, porque não necessitava daquilo, roubou o mosquiteiro do velho e arcado Kaliund...

Mas nada mudava os planos do senhor sonhador e inquebrável, que agora sem mosquiteiro sua vida se tornara um inferno, quase intolerável, por causa da praga dos insetos. Dia e noite os caminhantes assaltados por enxames de insetos, dos quais os menores, quase invisíveis, os terríveis mosquitos piuns picavam como fogo. Havia carrapatos aos milhões. Formigas, vespas e abelhas, sem nenhum sistema de proteção. Como se não bastasse a perseguição implacável dos insetos, o pobre homem branco tinha sido picado por mamangava, cuja carga de toxina o fizera urinar sangue...

Contudo, Kaliund permanecia esperançoso de cumprir a espinhosa missão: completar a operação "Quatro estrelas".

"Espero sair desta região dentro de mais alguns dias", escrevia em seu diário. Ainda mais que não contava com o auxílio de Tavam, o desertor, e os outros dois guias indígenas restantes, já estavam fartos daquilo, presos em infindável mata de grossos cipós imbé.

O que era natural, não tinham ideal e nem mesmo sabiam o que iam fazer no tão almejado lugarejo denominado Água-A, e como seriam recebidos. Foram com o civilizado em troca de dinheiro, presentes e armas e pelo menos até ali, apesar dos pesares, tinham sido fiéis. Mas mesmo assim pecisava muito tato senão eles largariam tudo do jeito que estava. O que seria o mesmo que decretar a morte de Kaliund. E o velho queria morrer somente após cumprir a espinhosa missão.

Nova parada, agora com maior frequência pois Kaliund notava que o descontentamento dos guias cada vez mais se acentuava. Estavam ansiosos por voltar e o velho durão não estava disposto a facilitar-lhes o regresso com a missão pela metade. No tratamento com os selvagens necessitava jeito, cuidado e acima de tudo paciência, o que não faltava para o infatigável Kaliund, que apesar da idade parecia um super-homem.

Yaretê procurava imbaúba, para de sua raíz extrair água. Não tomava de cacimba, porque em cova ou poço que se juntava o líquido, podia haver raízes venenosas propositadamente colocadas dentro. Outros índios poderiam ter envenenado a água a fim de matar animais. Yaretê olhava também os rastros dos animais que as vezes levavam até as proximidades de riachos e lagos e mesmo o cantar da saracura, ao entardecer, indicava existência de água por perto. Os olhos e os ouvidos do silvícola estavam atentos, quando descobriu bom pedaço de cipó-dágua, também conhecido por cipó de caçador, sempre cheio de líquido, o que foi sua alegria. Correu para avisar os companheiros, mas estancou ao olhar para o outro índio, que dormia fora do horário combinado.

Potossi repousava calmamente, parecendo sonhar que estava ocupado apanhando a entre-casca da tururi, para fazer a **toré** – trombeta da tribo. Ou que placidamente preparava o **trocano** – tambor de guerra.

Mas o sono não era normal. Ao acordar sacudido que fôra por Yaretê, Potossi custou a levantar-se. Sentindo mal olhou para o companheiro índio como a pedir socorro. Em seguida rastejando e vomitando, se dirigiu ao chefe Kaliund. Com muito custo conseguiu ficar de pé e cambaleante procurou apoio para o corpo fraco.

Os sintomas eram de hepatite; primeiro uma sonolência, depois agitada e uma sucessão de vômitos terríveis. O nativo expelia um líquido pastoso e preto, não identificado. Seria uma forma malígna de hepatite? Pensou Kaliund, procurando socorrer Potossi, de qualquer maneira.

– É a febre negra!... – Gritou Yaretê. – Já matou muitos dos nossos...

Kaliund sabia na região, que em anos de estudos, os dados conseguidos não representavam muito satisfatórios, ainda que a febre negra tivesse despertado interesse de pesquisadores e cientistas.

Quase certa, sua transmissão ser por um virus que devia atacar especialmente o fígado. Mas não se sabia nem quem era o intermediário, que tipo de virus ou qual o seu metabolismo. E o pior, não havia remédio que curasse o mal se o paciente entrasse em fase de vômitos: daí até a coma e a morte seriam necessárias menos de 48 horas...

Do estado de coma ao falecimento foi conforme o previsto, questão de horas. O corpo de Potossi enrijeceu antes do fim, foi o suficiente para os dois restantes da expedição largarem-no evitando todo e qualquer contato, apesar de Kaliund saber ser improvável que a doença fosse transmissível...

A expedição já tão sem recursos estava agora composta de somente dois elementos. Yaretê nascido e criado na selva não estranhava muito mas o velho europeu, caçador de nazistas, estava um trapo e a saúde abalada como nunca.

Os espinhos rasgavam-lhe as carnes, os insetos picavam-no sem trégua. Formigas tocandira e fogo, moscas e mosquitos, borrachudos, lambe-olhos, pólvora, bizogós, que perseguiam, ferroteavam, insistiam, grudavam, enquanto os minúsculos piuns inoculavam o ácido fórmico.

A fome e a sede rondavam os dois e o nativo já não tinha disposição para caçar nem procurar um simples cipó de água, tal o desânimo e o cansaço.

Apesar da fraqueza, o índio notou um ou outro gafanhoto e ficou preocupado. A maneira que avançavam o número de insetos ia ficando maior. Foi crescendo junto da preocupação de Yaretê...

O mal que antes era suposição foi confirmado.

Não tardou muito para uma das piores pragas chegar. E por onde passava deixava desolação, miséria, penúria.

A massa compacta de insetos e a voracidade dos gafanhotos, aterradora. Milhões e milhões num enxame devastador e espantoso a percorrer distâncias incríveis tinha vindo como a fúria de um vendaval.

Imediatamente os gafanhotos entravam pela boca, enroscavam no cabelo do velho que prosseguia impassível em sua caminhada enquanto o vigoroso Yaretê dava socos no ar, de desespero e aflição. Urrava de boca fechada; praguejava em pensamento e ao mesmo tempo clamava pelos seus deuses para que acabasse com aquela provação.

Parecido com o caminhar num deserto enfrentando tempestade de areia. Devia ser calmo, lento, como se nada em volta acontecesse de anormal, como fazia Kaliund.

Mas o péssimo estado de saúde do europeu não colaborava. A fraqueza apenas permitia que ele andasse a curtos passos, amassando os insetos aos montões, sem nada falar.

Já o nativo criado nas matas, mais vigoroso não se conformava e esperneava alucinadamente.

Os insetos não picavam, mas aos milhões mexendo-se sobre a pele, cabelos; entrando pela pouca roupa que ainda restava dos dois; no chão, no ar, era enlouquecedor e nojento demais.

Os caminhantes viam a paisagem transformar-se. Árvores exuberantes pouco depois apresentavam tristemente seus galhos nús voltados para o céu.

Os gafanhotos voavam em média 15 quilômetros por hora e venciam distâncias incríveis. Como minúsculos aviões em sua forma de voar, tinham dois pares de asas, o externo, que o mantinha rígido e o interno, que vibrava com extraordinária rapidez, mantendo e sustentando a propulsão...

Os violentos murros do índio Yaretê continuavam derrubando centenas de insetos de dez centímetros de comprimento e que pareciam de aço. Davam saltos prodigiosos elevando o seu corpo até um metro de altura, como um homem a saltar vinte metros sem o menor esforço.

Os dois expedicionários sem parar suas caminhadas escorregavam na viscosidade dos minúsculos corpos esmagados pelos pés descalços do nativo e pelo que restava das botas do abatido e febril Kaliund, sempre em silêncio. Barulho mais forte, só proveniente de gritos abafados, gemidos e tapas de Yaretê.

Os vôos dos nojentos insetos chegavam a cobrir o sol e o barulho de lixa foi passando. A densa mataria ficou sem a folhagem, em questão de horas pela passagem do exército do mal.

A desolação, a destruição e o arrasamento total em volta dos dois homens, que apenas agradeciam a natureza por não ter feito aqueles insetos asquerosos e pegajosos, portadores de peçonha como escorpiões e marimbondos...

Nada conseguia interromper a determinação do caçador de nazistas nem a vontade do índio em colaborar. Praga, febre ou loucura, chuva torrencial da selva tropical, sol escaldante, nenhum problema haveria de desanimá-los.

Kaliund fez sinal para o índio parar. Apoiou-se no companheiro. O velho deitou-se e arrastando a mochila que não largava nunca, pôs-se a folhear novamente fotografias e anotações, enquanto pequenos habitantes daquela estranha terra olhavam para ele e pareciam rir de satisfação. Empanturravam-se com os gafanhotos.

Um era o pipa, tipo de sapo amazônico, cujo nascimento diferia dos demais: durante a reprodução a fêmea depositava os ovos sobre a pele das costas. Cada ovo por sua vez, afundava na pele até desaparecer, ficando as costas da fêmea cheia de furos circulares, que fechados por secreções locais, formavam pequenas bolsas onde os sapinhos se desenvolviam.

Dois outros batráquios interessantes eram companheiros do pipa, e também de Kaliund e Yaretê naquele inferno verde.

Os companheiros do cenário amazonense: o sapo-boi, que parecia mais gordo e grande, devido a fartura de gafanhotos e o sapo-cunauaru. O primeiro curioso, por encher a mata com mugidos semelhantes aos do touro. E o segundo, pelo ninho de secreções adoríferas que fabricava. Ninho de resinas cheirosas, que ao ser queimadas no quarto das jovens caboclas das selvas brasileiras, lembravam essências aromáticas...

Nas anotações do velho europeu, perseguidor implacável, chegava a vez do segundo dos "Quatro estrelas".

Juntamente com a foto estava sua ficha: Walter Rauff, 68 anos, antigo coronel das SS, que antecipou as câmaras de gás canalizando os canos de descarga para dentro dos caminhões cheios de vítimas. Foi o responsável pela morte de 97 mil pessoas por tal processo na Bielo-Rússia, na Ucrânia, na Polônia e na Iugoslávia...

O terceiro homem de ouro do nazismo era Hienrich Muller, de 72 anos, chefe da Gestapo no Terceiro Reich. Durante anos acreditou-se que Muller fôra morto durante o cerco de Berlin pelo exército russo. Mas, em 1963, um promotor público, em Berlin Oriental, mandou abrir a suposta sepultura, encontrando nela ossos de três diferentes homens e nenhum que correspondesse à estatura de Muller.

E finalmente o currículo da quarta estrela do nazismo, Dr. Josef Mengele, de 61 anos, a quem a pequena Anne Frank, em seu diário, chamou de "anjo do extermínio", tristemente famoso por suas experiências médicas em Auschuitz. Era ele quem separava os que iam para as câmaras de gás daqueles que seguiam para os campos de trabalhos forçados.

Mengele conseguiu passar pelo crivo dos aliados após a guerra e viveu com relativa paz em sua cidade natal de

Gunzburg, na Baviera, até 1953, quando seus crimes começaram a vir à tona.

Fugiu para a Argentina e exerceu abertamente a medicina em Buenos Aires, em 1959. Quando o governo da Alemanha Ocidental obteve seu pronunciamento e começou a tratar de obter sua extradição, Mengele fugiu para o Paraguai. Ali, sob a proteção do ditador general Alfredo Stroessner, assim como Bormann tinha a proteção do outro ditador Juan Peron, na Argentina, viveu numa propriedade estritamente guardada, transformada em refúgio de antigos nazistas localizado nas proximidades da fronteira do Brasil.

Atravessando-a Mengele esteve em São Paulo várias vezes, sempre em visitas a amigos, em propriedades tanto na capital como no interior, compradas com a finalidade de dar proteção aos nazistas.

Gozava da nacionalidade paraguaia sob seu próprio nome e frequentemente, deixava o Paraguai para encontros com sua riquíssima família, a despeito do prêmio estabelecido por Israel e pela Alemanha Ocidental para sua captura: 70 mil dólares.

Com sua cabeça a prêmio cada vez mais alto, Mengele resolveu ficar em São Paulo, com documentos falsos, viajando muito pouco...

Mas seria o dinheiro que levava o velho e obstinado Kaliund até o inferno atrás daqueles homens?

Seria o europeu um caçador de recompensa? Uns diziam que não. Afirmavam que Kaliund era um pobre judeu que tivera sua filha assassinada pelos nazistas. Ou então, diziam outros sobre o caçador que virara lenda, seus pais e sua mulher judeus, como ele, é que tinham sido colocados em vagões e levados para lugar desconhecido, enquanto Kaliund lutava na guerra e nunca mais tinham sido encontrados...

Os papéis e as fotografias voaram das mãos trêmulas do velho.

O bote da surucucu em direção a Kaliund fez com que ele, num instinto de defesa se atirasse de costas, enquanto a venenosíssima serpente amazônica passasse rápido como uma flecha.

A cobra novamente preparava outro impulso em sua direção, e o explorador nem uma arma tinha mais para se defender bem como a seu companheiro que não conseguia enxergar o réptil...

– Cuidado olha ela ali, ali!... – Gritava inutilmente Kaliund para Yaretê, enquanto o índio parecendo não ver caminhava em direção da cobra.

Kaliund gelou. Notou a aflição do nativo que apalpava os paus da mata. Mais uma preocupação para o maltrapilho e fraco homem de mais de setenta anos. Seu companheiro de jornada não estava enxergando!...

– É o maldito rio da minha aldeia que acaba comendo os olhos das pessoas... – Lamentava-se com dificuldade para andar, Yaretê. Na verdade em sua aldeia, mais de cinco por cento dos adultos eram cegos, provenientes da cegueira que vinha do rio. Mas a mesma intuição que ligou a cegueira ao curso da água zombando dos médicos quando estes diziam que o rio não tinha nenhum poder sobrenatural e que a doença era obra de um verme transmitido por borrachudo que se reproduzia nas águas agitadas. Um inseto à toa, menor do que uma mosca e um verme que ninguém via, faziam todo aquele mal?... Era difícil para os nativos acreditarem naquilo. E o mistério doloroso do rio continuava para os índios.

Oncocercose, o complicado nome da doença que deixara Yaretê irremediavelmente cego!...

Estranho nome, sem dúvida, que se explica pela pomposa denominação que os cientistas deram ao verme **Onchocercus volvulus**. A cegueira uma de suas manifestações, certamente a mais grave; a mais comum era o aparecimento de nódulos nos tecidos da pele. Esta infiltrava-se e endurecia com o tempo envelhecendo precocemente. Uma terrível comichão acompanhava o processo e as vezes era tão violenta, que levava algumas criaturas ao suicídio.

A doença atacava também os gânglios linfáticos, provocava inchaços vários no corpo e até elefantíase. Muitos órgãos internos eram atacados pelo verme e podiam adoecer. A doença aos poucos minava as forças dos indivíduos levando-os à morte...

A mata estava abafada. O velho Kaliund passava de orientado a orientador, guiando como podia seu companheiro indígena que nunca mais voltaria a enxergar.

A selva fechava os raios do sol, fazendo com que os dois homens perdidos caminhassem como autômatos, sem noção de dias e horas. O tempo deixava de ter qualquer significação. Tanto durante o dia, naquela catedral verde, quanto a noite; o calor, o mesmo, terrível, sufocante.

Uma estufa perfeita por onde passavam; pisando sobre um chão de tauá – argila vermelha carregada de óxido de ferro. Cheirava a mofo, de folhas apodrecidas, sem um vento sequer, tornando o ar mais pesado, sufocante, irrespirável, quando o cego Yaretê pressentiu algo. Pediu silêncio ao velho companheiro transformado em guia e perguntou se não havia um movimento estranho na mata.

– As aves não estão voando em círculos e descendo bruscamente sobre o solo? – Interrogou novamente o nativo apavorado.

– Não posso vê-las, a mata está muito fechada – respondeu aflito Kaliund preocupado com o que vinha diante das insistentes perguntas do índio. – Por que?...

Quando o velho percebeu o movimento já era tarde. Todo o povo da floresta se movimentava.

Dos insetos que enchiam o ar aos animais que passavam correndo pelos humanos sem ligar para eles.

Kaliund percebeu que realmente a uma certa distância algumas aves desciam rapidamente ao chão e dele tornando a subir tão depressa como podiam. Estavam apanhando insetos na louca corrida e desordenada. – Mas por que tudo aquilo? – Perguntava o velho caçador para o habitante daquela maldita selva que a cada momento mostrava uma tragédia. Um mistério diferente, uma doença nova, uma praga, um não sei mais o que na selva assombrada! O que seria desta vez?...

– Tem algum rio, lago ou qualquer água por perto? – Gritou o cego implorando, enquanto animais corriam todos na mesma direção, desviando ou batendo nas pernas deles. Alguns pulavam sobre os dois homens. Yaretê pediu um pouco de silêncio o que era impossível no meio da louca correria em que tudo se mexia na selva. Tornou a gritar, alarmado.

– Uma árvore, veja uma árvore alta, rápido! Suba e me ajude a subir também, por favor não me abandone, não me abandone pelo amor que tem em seu Deus! Não dá mais tempo de procurar rio, água. Vamos depressa, depressa!...

Ao mesmo tempo em que dava tapas nos pés e nas pernas, forradas de gigantescas formigas antropófagas da Amazônia!...

Kaliund sentiu todo o peso do novo drama. Esforçando-se ao máximo como davam suas forças, o velho conseguiu subir o mais que pôde num jacarandá enorme, assim como colocar seu companheiro cego no alto, passando por cima de cipós e espinhos venenosos de yuruparipina, planta com largas e agudas farpas capazes de ferir seriamente uma pessoa, além de aranhas e escorpiões.

Num dos galhos, mais acima deles, enorme sucuri esperava enrolada o perigo passar. A cobra gigantesca, apesar de lenta, colocara-se ali bem antes que eles, porque pressentira com bastante antecedência o que se aproximava.

Kaliund e o companheiro permaneceram quietos. O único movimento do velho era de vez em quando dar tapas em aranhas caranguejeiras que disputavam palmo a palmo o espaço da árvore, enquanto o cego nativo permanecia quase imóvel, seus poucos movimentos, para coçar os olhos atacados pela doença, ouvindo o barulho que cada vez mais se aproximava.

Num momento o velho quase caiu. Limpando o pedaço de galho em que estava apoiado, olhou para o índio cego na hora em que pavoroso animal de corpo vermelho e negro, pernas longas que chegavam a vinte centímetros e coberto de pêlos, estava atingindo o pescoço de Yaretê.

O aracnídeo caminhava lento, sem aquela rapidez de movimentos que caracteriza as grandes aranhas. O velho teve força para apoiar-se e dar um pontapé na horripilante forma preta e vermelha, peluda, da maior aranha das florestas amazônicas, que uma vez no chão se contorcia como se estivesse sendo carregada no chão que tremia...

O ruído parecia chuva fina batendo sobre folhas secas. Na mata nenhum barulho a não ser aquele monótono, igual. Kaliund automaticamente procurou olhar para cima inutilmente pois o teto formado pelas folhas e galhos do jacarandá impediam de se ver o céu, para ver se o barulho era de chuva.

Os dois permaneciam quase estáticos com apenas o nativo coçando os olhos desesperadamente. E somente Kaliund pôde ver a cena aterradora!

O chão movia-se! Percebia-se claramente o porque do pânico entre os animais. O humus podre fervia, sob a passagem de milhões e milhões de formigas antropófagas!

À sua passagem nada ficava com vida...

De cima da árvore Kaliund ainda observou, mesmo que

estivessem dentro de um rio, como queria a princípio Yaretê, pouco adiantaria. Bolas vermelhas, umas atrás das outras, eriçadas de minúsculas pinças ameaçadoras, rolavam até a outra margem do rio!

E bastaria que uma só dessas bolas de formigas esbarrasse em alguém, para que os insetos de quase tres centímetros devorassem imediatamente a infeliz criatura!...

Passaram um dia e uma noite no incômodo esconderijo juntamente com toda espécie de bichos dos mais repelentes, que iam da lacráia, aranha, escorpião, até cobras e dando graças a Deus de não ter subido ali nenhuma onça senão a luta seria desigual, o fim de tudo. Até que foi morrendo pouco a pouco o ruído característico das formigas gigantescas caminhando sobre as folhas...

Quando o sol voltou a aparecer nada mais restava do drama dantesco. O velho Kaliund refeito do pavor, amparava seu amigo nativo que coçava furiosamente os olhos como fizera durante todo o tempo em que ali estiveram. Até que ambos pisaram finalmente em terra.

O velho caçador de nazistas após espreguiçar-se, colocou a massa feita de folhas verdes que ele imaginara que fosse remédio sobre as feridas. Pelo menos parecia com a usada quando havia olhos de índios em perfeitas condições. Yaretê conhecia até pelo cheiro e confirmou, tratava-se mesmo da erva curativa.

As machucaduras que mais doiam eram as provocadas pelos "anzóis do diabo", os largos espinhos da yuruparipina, de ação venenosa. Algumas poucas formigas que subiram na árvore, desgarradas do pavoroso exército esfomeado, também tinham atingido os dois homens, que recuperando-se do choque acabaram adormecendo no chão.

O velho cansado pela idade e por tudo que estava passando foi o primeiro a dormir profundamente. Foram mais de 24 horas acordadas e velando para que Yaretê não caísse no infernal chão repleto de devoradoras formigas...

Nada mais abatia o velho, pois tragédias naquela selva bruta não significava novidade. Ao despertar do sono não muito reparador devido ao seu estado febril, a primeira cena que deparou foi como um pesadelo! Pensou que ainda estivesse dormindo. Ficou de pé com esforço e certificou-se de que não se tratava de um sonho ruim. Viu Yaretê dependurado pelo pescoço no mesmo jacarandá que salvara suas vidas...

Passou a tremer de emoção e de acesso da malária que o alcançara. Kaliund tremia tanto que seus dentes descarnavam. O velho teve que cair na relva novamente pois os joelhos fraquejaram. Deitado com os músculos contraídos, para resistir aos tremores, não podia crer na cena tétrica. Os maxilares, contraídos para impedir que os dentes batessem tanto e quebrassem, os ossos doiam que pareciam partidos. Kaliund foi resistindo o máximo aos tremores que foram findando até dar lugar à uma transpiração abundante.

O cansado corpo velho de tanta luta, ficou esticado, enquanto o índio balançava na sua frente.

Aos poucos Kaliund foi se recuperando. Sentou-se. Pensou que estivesse delirando, rastejando-se aproximou o mais que pôde da árvore. A cena, real. O selvagem enforcara-se talvez para não dar mais trabalho ao patrão e companheiro, ou não resistindo a coceira produzida pela doença que de tão violenta levava ao suicídio. Ou ainda, por não querer sofrer novamente, passar por todos os dramas da selva, cego sem poder defender-se como sempre o fizera. E mais, dependendo de um homem velho e enfraquecido que o contratara justamente para que o nativo o guiasse na intrincada mata amazônica tão cheia de assombrações e perigos...

O estômago roncava de vazio. E a fraqueza batia cada vez mais.

Onde estavam os decantados frutos da selva amazônica? Açai, cupuaçu, jenipapo, piquiá, miriti, inajá, pupunha, ingá? E os insetos que podiam ser comidos? Pequenos animais como ratos, preás? Nada havia a não ser cipós e folhas, quebrados, ruídos, esfacelados. Como as tropas de Átila, o exército de formigas antropófagas a tudo arrazou.

Um deserto silencioso sem uma cobra rastejando, o que restara da região.

O corpo humano dependurado comoveu obviamente, mas devido a enorme vontade de mastigar alguma coisa e engulir acabou despertando sinistra idéia em Kaliund e que deveria ser posta em prática logo, porque na selva tropical a carne estragaria em questão de horas...

O europeu ainda parou para pensar. Quanto menos raciocinasse melhor para ele, afinal a fome era insuportável e se não ingerisse alimento não poderia suportar a viagem que parecia não ter fim.

Nem uma mucajá por perto. Bacaba, patauá, ficaram. Não restou um simples fruto cajui...

Recordou-se então que o homem recorreu com relativa frequência à carne de seus semelhantes em casos de longa época de fome ou de longos sítios militares. Casos de canibalismo ocorreram durante o cerco de Paris pelas tropas alemãs em 1871. A terrível fome sofrida pela população de Paris, que deu lugar a cenas de canibalismo, originou posteriormente um acontecimento relacionado com a antropofagia que foi julgado pelos tribunais. Ainda hoje no elegante bairro, em meio ao Sena, mostra-se aos curiosos, o lugar de um açougue, cujos proprietários foram condenados por venderem carne humana.

Durante a grande fome que sofreu a União Soviética depois da revolução, deram-se casos de canibalismo, narrados pelos escritores da época. E mesmo na última guerra mundial ocorreu canibalismo em grande proporção. Kaliund como europeu sabia muito bem disso. Durante o cerco de Stalingrado, principalmente, houve inclusive na ocasião uma espécie de "pré-industrialização" do canibalismo. Soldados alemães fabricavam salsichas com carne humana e vendiam-nas a seus companheiros!

E muitos soldados japoneses isolados em inóspitas ilhas do Pacífico, para sobreviver tiveram que recorrer à carne humana!

Na pré-história já se fazia isso – o pensamento fazia animar cada vez mais o único sobrevivente daquela região de apenas aranhas e cobras. As serpentes ele poderia aproveitar como alimento, mas de que maneira? Os répteis ele não poderia caçar de tão fraco que estava. Além disso as coisas poderiam se inverter, as gigantescas sucuris é que poderiam tentar comê-lo. – Em muitos casos e por pura necessidade, nossos mais velhos antepassados, os homens das cavernas, tiveram que ser canibais.

Em algumas zonas foram encontrados incríveis ossários da época pré-histórica, nos quais se achavam misturados restos de humanos de dois tipos, um miúdo e carnívoro e outro gigante e herbívoro, tendo sido formulado a teoria de que o pequeno podia talvez ter nutrido e criado o vegeteriano, mantendo-o prisioneiro, a fim de comê-lo...

E os índios não praticavam o canibalismo? – Pensava cada vez mais animado o velho Kaliund. – Se o velho branco morresse antes, o selvagem Yaretê não o comeria para não morrer de fome? Na ausência dos frutos silvestres, taperebá, patauá, bacuri, uxi e umari, que tanto procurava?

Muitos silvícolas, em várias partes do mundo, sustentaram-se com carne humana ao mesmo tempo por necessidade e por prazer. Certo número de tabus, dos referidos grupos, mais sociais que religiosos, poderiam ser mais um pretexto cultural do que a razão e motor de seu gosto pela carne humana. Mas porque não poderia ser também pelo sabor? – Insistia cada vez mais o velho esfomeado...

Os tabus observados em grupos humanos, canibais de diversas regiões do mundo eram um conjunto de costumes ou tradições que proibiam que fosse comido o parente de certo grau ou toleravam que fosse comido outro de outra consanguinidade. Esses tabus tinham mais a ver com uma invenção social gratúita do que com outra coisa, mais a miúde se apoiavam em mitos de caráter religioso.

– O homem comeu o homem em numerosas ocasiões históricas a fim de poder sobreviver!...

Gritava pela mata o solitário e desesperado velho Kaliund, com as poucas forças que tinha, como a justificar seu ato que logo seria consumado.

O incansável caçador de nazista se interrogava sobre as autenticidades dos tabus religiosos que justificavam a antropofagia das etnias ou grupos humanos que ainda a praticavam.

– Na era pré histórica – dizia agora baixo, Kaliund, como a falar com as poucas formigas retardatárias que ainda restavam naquele deserto de vida – havia uma necessidade absoluta de proteínas obtidas por meio do canibalismo, nisso estaria, pois, a própria origem de nossa existência e até de muitas de nossas formas culturais...

Um único fruto tucumã e um outro marajá foram avistados mas já não interessavam, enquanto Kaliund tirava como podia, um pedaço do corpo inerte de Yaretê. Mas antes teve o cuidado de virar o corpo e o rosto do índio para trás como a fugir daqueles dois olhos arregalados...

Arrependido não estava. Os selvagens muitas vezes comiam pedaços dos inimigos para conseguir dessa força a força e a valentia do adversário, porque ele não podia também adquirir o conhecimento de selva, a experiência, do amigo morto? Talvez só assim conseguiria sair com vida daquele inferno e cumprir sua penosa missão, com êxito...

Nada mais restava a Kaliund, senão seguir sozinho no projeto "Quatro estrelas", até que restasse um mínimo de força naquele velho e cansado corpo. Deu uma checada na situação. De sua mochila praticamente nada restara. Caiu de cima da árvore, quando o idoso na ânsia de salvar a si e ao companheiro cego, derrubara a única coisa que ainda mantinha. O exército de insetos destruidores acabou com as fotos e relatórios sobre os nazistas procurados, em poucos minutos, que Kaliund levara anos para conseguir!

Pôs-se a caminhar fraco e delirante sem destino. Descalço e apenas poucos trapos cobriam sua pele quase que numa chaga só. As feridas começaram pelas picadas de mosquitos piuns e carrapatos estrelas e pólvora, este último, como os mosquitos, quase invisíveis, arruinaram-se com os espinhos venenosos da yuruparipina. E terminaram com o roçar dos gafanhotos e as picadas das formigas que pareciam inocular fogo nas machucaduras.

O pus atraiu as moscas o que contribuia ainda mais para o sofrimento do homem que não desistia nunca. Eram revesadas ou as vezes todas juntas, as dolorosas ferroadas das moscas bizogó, das mutucas, dos bernes, das muriçocas, dos pólvoras, dos borrachudos, dos lambe-olhos e sempre em primeiro plano o pavoroso pium, inexorável inseto que sem tréguas inoculava no corpo debilitado, o ácido fórmico arrancando lágrimas de dor e desespero de Kaliund.

Os pequenos e terríveis voadores perseguiam, ferrotoavam, insistiam, grudavam, formavam nuvens desde as primeiras horas da madrugada até o cair da noite, mas o velho europeu confiava, estava cada vez mais convícto, de que após ter comido a carne do valente índio Yaretê, tinha adquirido as qualidades e a experiência do mateiro. Não erraria o caminho de agora em diante. Estava certo de que o espírito do guerreiro nativo estava com ele. Havia penetrado em seu corpo e o levaria a enfrentar a selva assombrada e seus mistérios; acharia finalmente o lugar que tanto procurava...

Na confortável sala, o que restava daquele trapo humano em chagas; inchado de bichos-de-pé e muitos bernes ferroteando nas costas, foi colocado num luxuoso sofá. Limpo o pus do corpo e tentado reabilitar a saúde por meio de caldos e remédios...

Passados alguns dias o estranho homem de veneráveis barbas brancas, arcado pelo passar dos anos e necessidades, que fôra encontrado, milagrosamente com vida, um fio de respiração, mas, o suficiente, nas proximidades do bem oculto e tranqüilo lugarejo, estava em condições de falar.

Kaliund apoiando-se numa bengala que haviam deixado ali para quando se levantasse, chegou curioso e impaciente até a janela daquela estranha sala, para saber onde estava. Seria sonho? Um delírio a mais dos tantos que tivera proveniente das febres?

Lá fora tudo limpo como na sala em que estava. Incrível! Um lugar tão bonito naquela selva desumana! No mastro ao centro do asseado pátio bem calçado com pedras, tremulava uma bandeira com a cruz suástica, cercada com artilharia antiaérea. Antenas de rádios transmissores indicavam para o inteligente e observador velho que ali tinham construído um império comercial do tipo Máfia. Tudo devia ser controlado daquela sede nazista em forma de fortaleza.

Kaliund tinha chegado finalmente ao local onde tão duramente tentara...

Cercado de sombrias florestas compostas de quarubás, sucuúbas e enormes sumaumeiras, rios formando labirintos de igarapés, escondendo modernos laboratórios e a maior plantação de ipadu (a coca brasileira) do mundo.

O cansado expedicionário europeu estava na tão procurada Ahva-A – o Império Germânico...

A porta da sala abriu-se e por ela vários homens entraram. Kaliund virou-se e saiu da janela. Parou, olhando para as pessoas que chegaram. Os homens sentaram e pediram a Kaliund que fizesse o mesmo. Acomodados, os quatro anfitriões mais o visitante, pareciam pacatos senhores de idade avançada prontos para um joguinho de baralho num asilo de velhos. Lembravam um grupo de aposentados para um gole de cerveja a fim de combinar a próxima pescaria.

Kaliund fitou-os, um por um, bem de perto. Aqueles rostos podiam enganar a muitos, porém, jamais ao velho caçador de nazistas mesmo que passassem anos. A sua frente sentavam-se as "Quatro estrelas", que levara parte da sua vida procurando!

Em seguida Kaliund disse firme em voz alta, o nome de um por um apertando suas mãos:

– Martin Bormann! Walter Rauff! Heinrich Muller! Dr. Josef Mengele!...

Não titubeara uma única vez, o calmo ancião de barbas brancas, pele queimada e feridas cicatrizando. Mesmo considerando que alguns deles tinham passado por sucessivas operações plásticas em várias partes do mundo, por onde andaram. Usavam cabelos mais compridos e brancos, além de vastos bigodes diferentes do tempo de militares...

Os nazistas perceberam tudo. Aquele visitante era mais um judeu que os procurava por toda a parte. Sem nunca esquecer nada. Os crimes de guerra já tinham caducado, passados além dos trinta anos conforme a lei, mas os judeus nunca esqueceriam. Daí o plano dos quatro criarem aquela fortaleza inexpugnável, longe, isolada do resto do mundo; onde os aviões seriam derrubados e a pé, humanamente impossível chegar-se ali, pelo menos até aquele dia...

Os guarda-costas levantaram-se rapidamente ante o espanto dos quatro homens ao ouvirem seus nomes originais.

Um dos guardas-costas, chileno, falava bem a língua alemã e era descendente de irlandeses. O outro já sacava o revolver. Um turco naturalizado argentino avançou em direção do aparente frágil hóspede que mais parecia um papai-noel magro, amarelo-esverdeado pelas febres.

Kaliund deixou os três de lado e dirigiu-se somente a Martin Bormann, que não se tratava apenas de uma figura de terceira ou quarta ordem no Terceiro Reich ou de malígno burocrata. Bormann era homem de incrível poder, preocupado com todos os aspectos da política do Reich; um pilar do Partido Nazista, o infatigável executor dos caprichos de Adolf Hitler, bem como de seus próprios caprichos.

Brutal e implacável, Bormann, ainda mais temido do que o líder das SS, Henrich Himmler. Na verdade, o "alterego" de Hitler, ou como declarara um historiador, o Belzebu do Diabo!...

Kaliund falou uma série de coisas a Bormann que o deixou arrasado e pálido!

O homem que passara grande parte da vida fugindo,

era curtido, experimentado, mau; não se impressionava com nada, mas aquilo que assistia, impossível de resistir!

Um judeu por mais que pesquisasse, por mais que estudasse a fundo o nazismo e seus homens não conheceria tanto!

Certos detalhes e particularidades, somente Bormann e... Hitler, sabiam!...

Bormann conseguiu enganar muita gente, desde que em 1945, ele desapareceu do abrigo subterrâneo de Hitler, na noite anterior ao suicídio do ditador nazista...

– A menos que... – voltou a falar Bormann branco como papel – A menos que o senhor seja ele...

– Sim, sim... – respondeu Kaliund mudando a voz que usava a muito tempo, fazendo com que o lugar-tenente de Hitler identificasse o mesmo timbre, a mesma maneira arrogante de falar, do seu querido e antigo chefe...

– **May Got**!... É o **Fuehrer**... É o **Fuehrer**...

Enquanto os outros três companheiros também reconhecendo a voz do criador do Partido Nazista, gritavam ao mesmo tempo em que esticavam o braço para a frente, na clássica saudação:

– **Heil Hitler! Heil Hitler**!...

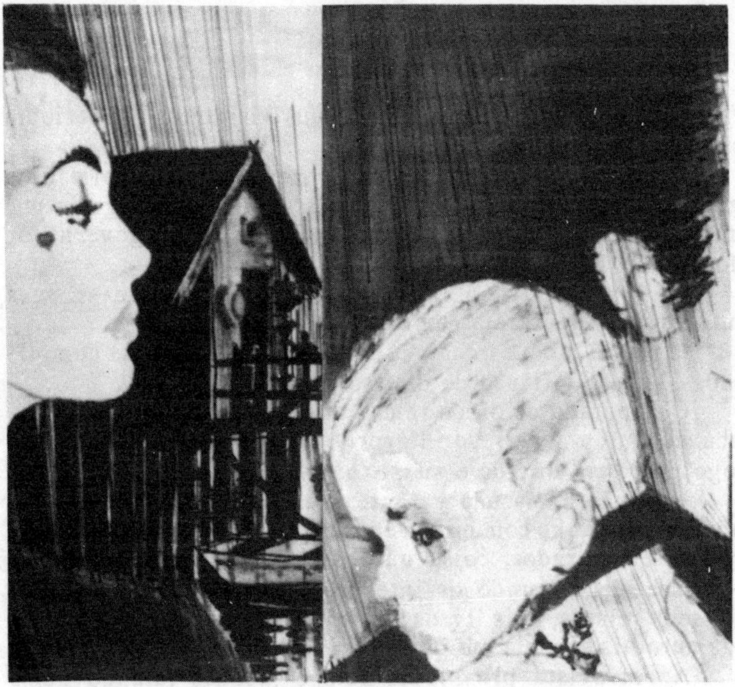

O HERÓI

– **Saionara!** Precisamos de você e sua bravura, em nosso partido!

A data, outubro de 1974, quando o prefeito de São Paulo, pedindo licença ao cansado varredor, de cabeça branca, que estava na frente, saudava ardentemente desejoso de votos, o visitante japonês que "havia passado 30 anos nas selvas das Filipinas"...

Os patrícios convocados para a chegada do herói ao Brasil acompanhavam com curiosidade o homem baixo e magro que foi filmado, fotografado, perguntado, tocado, abraçado, cumprimentado e muito olhado por multidão de compatriotas, jornalistas, curiosos e principalmente políticos que se comprimiam na ala internacional do aeroporto de Congonhas.

Seu mérito: ter passado 30 anos escondido nas matas das Filipinas, pensando que a II Guerra Mundial ainda não havia terminado. Um deputado descendente de japoneses investidos das funções de mestre de cerimônia, organizava fila para a imprensa, reunia curiosos, visitantes e distribuia cartões com seu nome.

A extensa maratona de cumprimentos, poses para fotografias e entrevistas do herói no Brasil, se prolongaria por muitos dias. Visitaria o consulado japonês e até o governador do Estado.

No luxuoso Othon Palace Hotel onde hospedou-se, seus intérpretes depararam com uma dificuldade:

– Não é japonês comum. Ele usa palavras mais complicadas. Parece mistura de dialeto.

O deputado de olhos iguais aos do herói, que o acompanhava, tentou servir de intérprete, mas sua competência foi logo posta em dúvida e substituído.

– Minha fama não garante minha subsistência, e o dinheiro que ganho com minha aposentadoria é pouco. No Brasil posso ser lavrador, coisa que não dá para fazer no Japão. – Disse ele, segundo os intérpretes. E mais, que baseado em seus relatos, dois livros haviam sido escritos cujos direitos autorais recebia em dólares.

A entrevista prosseguia com o japonês falando numa língua confusa para os intérpretes, que embora há 30 anos atrás tivesse ouvido, num rádio portátil, a notícia de que a guerra acabara, não acreditou porque achava que o estavam enganando. Alimentando-se de frutas e peixes e abrigado em cabana de folhas de palmeira, passava os dias em busca de comida, cozinhando sempre de manhã para não chamar a atenção dos nativos, e quando não achava alimento na selva, roubava legumes nas aldeias para sobreviver; além de alimentos, surrupiava também cigarros e pilhas para seu rádio.

– Muitas vezes tive vontade de sair de lá – dizia comovido o herói – mas para isso precisava de uma ordem dos oficiais superiores do meu exército. Estava ali a serviço e como soldado tinha que obedecer. – Prosseguia o japonês impressionando a todos com sua fidelidade de mais de 30 anos de isolamento.

Seu currículo foi apresentado. Chamava-se Hiroo Onoda, tinha 52 anos, havia nascido na cidade de Kainan, na província de Wakayama, no Japão. Havia cursado a Escola Militar de Nakano, de onde saíra como oficial do Serviço de Inteligência do Exército Imperial Japonês. Quando terminou a II Guerra Mundial, em 1945, continuou escondido nas selvas da ilha de Lubang, nas Filipinas.

Foi descoberto no dia 20 de fevereiro de 1974. Um ano antes, 1973, havia atacado uma patrulha filipina, perto do esconderijo em que vivia, pensando que ainda estavam em guerra. E prosseguia por aí a fora narrando suas aventuras, enquanto pedia aumento de aposentadoria. No mesmo ano em que reaparecera escreveu suas memórias de onde foram extraídos dois livros e viajou para a França, Suíça, Alemanha e Espanha, antes de vir ao Brasil...

Conhecendo a Amazônia e o tão comentado "inferno verde" que são suas selvas, e os inúmeros brasileiros que ali tanto sofreram com autênticas aventuras, que não dariam dois volumes e sim uma biblioteca; nunca tinham sido cumprimentados por prefeito nenhum, nem suas bravuras elogiadas oficialmente, não resisti a tamanha injustiça cometida e escrevi uma carta dirigida ao "Jornal da Tarde", de São Paulo, nos termos que o jornal publicou no dia 2 de dezembro de 1974, com o título: "Nessa contestação, uma lição sobre selva", começando:

"Censuramos quando lá fora nos perguntam se em nossa terra existe sorvete ou como as mães fazem em São Paulo quando os índios atacam as crianças nas ruas. No entanto chamamos de selva com facilidade e uma intimidade de pasmar o arquipélago composto de 7 100 ilhas e ilhotas que exportam búfalos, atum, substâncias químicas e uma série enorme de produtos. Exploram ouro, prata, cobre, ferro, chumbo, carvão, mercúrio.

"Selva" que possue universidade, usinas, portos bem equipados, indústrias, fazendas-modelos, companhias de aviação...

Chamar hoje as Filipinas de selva baseados em filmes norte-americanos da última guerra mundial – 1939 a 1945 – seria o mesmo que mostrar foto do Viaduto do Chá numa calma segunda-feira de 1939, às 4 horas da tarde. Se o senhor Hiroo Onoda, japonês que "viveu 30 anos escondido na selva" é herói, tenho minhas dúvidas. Onde está o heroísmo de quem abandona a família apreensiva e sem notícias, e como avestruz assustado, tenta fugir dos problemas do mundo, embrenhando-se nas matas por tanto tempo?

Para cada senhor Onoda que foi recebido como herói pelas autoridades de São Paulo, eu apresento 10 Raimundos. Estes sim, autênticos bravos remanescentes do "Exército da

Borracha", engôdo em que caíram 60 mil brasileiros patriotas e bem intencionados atraídos por farta propaganda e promessas nunca cumpridas pela ditadura Vargas. 40 mil morreram e a maioria dos que sobreviveram está hoje espalhada pela região amazônica, e nas mais precárias condições. Caboclos vivendo 40 ou 50 anos numa verdadeira selva bruta – sem rádio de pilhas – que jamais abandonaram a família, expontaneamente, nem a Pátria, quando esta mais precisou deles.

O senhor Onoda não é o primeiro japonês e nem será o último que retorna depois de muitos anos das Filipinas no Japão. Porque o tagal, o filipino, é de índole boa e sempre recebe bem o estrangeiro que ali deseja trabalhar. Outras ilhas do Pacífico, possuem ainda muitos deles que um dia voltarão como "heróis".

Mas o que me leva a escrever a esse jornal é sobre um assunto do qual entendo bem, sou especialista: selva. Antes, gostaria de mostrar meu currículo. Sou autor de um trabalho sobre sobrevivência na selva, feito com a cooperação da FAB, na região Norte. Pesquisei do Xingu ao Alto Amazonas, percorrendo assim toda a Amazônia, por algum tempo. Desse trabalho fiz um livro intitulado "Amazônia", paraíso e inferno!", tendo o Exército adquirido 13 mil exemplares. Serviu também para as missões religiosas, tropas de fronteiras, participantes do Projeto Rondon, iniciadores da Transamazônica, caçadores, pescadores, estudantes, escoteiros, religiosos, aviadores, marítimos etc. Dei instruções sobre sobrevivência na selva para o COE-Centro de Operações Especiais, da Polícia Militar de São Paulo, onde parte de meu livro é usada na forma de apostila. Meu trabalho foi pioneiro, não existindo nada parecido, publicado na Amazônia brasilera, nem na espanhola.

Iniciaria dizendo que já faz tempo que não existe mais selva nas Filipinas. Ela começou a morrer com os constantes bombardeios norte-americanos durante a guerra mundial, que terminou em 1945. No arquipélago que forma a República das Filipinas, as ilhas mais bombardeadas foram Mindoro, Cebu, Leyte, Mindanao, Luzon, Samar, Bohol, Masbate e outras. De lá para cá, as autoridades daquele país foram formando fazendas nas ilhas e ilhotas, consequentemente, atraindo muita gente, inclusive japoneses ex-prisioneiros, desertores e vários outros que por diversos motivos não pretendiam mais voltar ao Japão.

E vou dizer mais porque não acredito que o senhor Onoda tenha ficado **30 anos escondido na selva**, e sim trabalhado normalmente nas diversas fazendas ali existentes. Tarefa comum em qualquer parte do mundo. Notícias outras nos dão conta que o senhor Onoda foi encontrado com restos de farda do exército japonês, remendadas com tecido de algodão confeccionadas por ele mesmo, e que ouviu, através de seu rádio de campanha, o término da guerra, mas só acreditou nisso no início de 1974. Afirmou ainda o senhor Onoda que sabia perfeitamente em que época estava vivendo, acompanhava os progressos, as conquistas dos homens e da ciência, graças aos roubos que constantemente fazia, de pilhas para seu rádio.

Quem seria o duende ou misteriosa figura que andava sempre carregada de pilhas pela tal selva adentro, propiciando roubos seguidos?

Além de pilhas, segundo suas próprias palavras, ele roubava também cigarros e alimentos "isolado na selva"...

Pelo jeito, essa "selva" tinha bares e supermercados...

Como técnico em sobrevivência na selva posso afirmar: na umidade e calor de uma selva autêntica, tudo mofa, rasga (principalmente tecido, que se desmancha com facilidade) e enferruja. O couro apodrece em pouco tempo e não há o que não tenha curta duração, seja relógio, revólver, rádio ou pilha.

Mas é aqui que o senhor Onoda volta a "misturar estações". O mini-rádio transistorizado foi inventado bem depois do ano de 1945. O rádio de campanha em que ele ouviu o fim da guerra era, na ocasião (1945), um trambolho portátil composto de fios, antenas enormes, que exigia, além de pilhas, até baterias e cujo volume, **do tamanho e pesado como dez tijolos!** – Conforme atestam os manuais da época.

Acrescente a isso a ferrugem. Pergunto: compensava arrastar o desajeitado e inútil fardo pelas matas sombrias e silenciosas, durante tanto tempo, enfrentando galhos, espinhos, chuvas?

Que rádio, afinal, acompanhou o senhor Onoda nesses 30 anos pela misteriosa selva utópica e milagrosa, onde por certo as árvores davam pilhas ao invés de frutos?

O "caixão de cebola que falava", como eles próprios o chamavam no exército japonês, e que àquela altura devia estar coberto de ferrugem, ou um moderno minitransistor som estereofônico modelo 1960-1970?

Que brim (o nylon e o tergal ainda não existiam) é o dessa farda, que escorou 30 anos de "sangue, suor e lágrimas", acrescentado de espinhos, sol inclemente e temporais, tão comuns em qualquer selva?

Nem armadura medieval aguentaria tanto.

Não estaria o que restava da farda do japonês, cuidadosamente guardado no fundo de algum baú, juntamente com alguma garrafa de **sakê**, enquanto seu dono trabalhava despreocupadamente nas fazendas?

Muita coisa está errada nessa mal contada história. Ao que se sabe, o senhor Onoda não era louco, nem ficou, examinado que foi posteriormente. Era um oficial do Serviço de Inteligência do Exército Imperial do Japão. Tendo cursado a Escola Militar de Nakano, não sendo portanto, um soldado ignorante. Ouvindo rádio constantemente e sendo oficial da Inteligência, como se justifica então que ele, em 1973, tenha atacado uma patrulha filipina pensando que a guerra ainda não havia terminado?...

Na Amazônia, é grande o número de estrangeiros que vivem como seringueiros, garimpeiros, poaieiros (extraem poáis, raiz da ipecacuanha) próximos de lugarejos e que poderão muito bem, qualquer dia, chegar na Europa ou na Ásia e dizer: "Durante 20 anos fui vizinho de maloca dos atroari e dos waimiri" (índios muito em moda); ou então "eu, durante 30 anos, segurei as cabeças cortadas para meus compadres jivaros do Alto Amazonas reduzirem!" Por certo, receberão as palmas de uma platéia extasiada. Mas pergunto: serão recebidos pelas autoridades esclarecidas de lá e homenageados como heróis?...

Portanto, recomendo ao senhor Hiroo Onoda que, ao invés de Ribeirão Pires, onde está hospedado, pequena cidade de São Paulo, vá conhecer certos trechos da Amazônia, dos poucos lugares do mundo onde ainda existe resto de selva autêntica, se bem que ela também esteja no fim. Mas que leve com ele um bom estoque de pilhas, porque a Zona Franca de Manaus fica longe"...

Dias depois confirmando o que eu havia escrito, os noticiários dos jornais nos davam conta de que um outro japonês, desta vez em Jacarta, na Indonésia havia aparecido. Vivera escondido nas matas, pensando a mesma coisa, até 1974, que a guerra findada em 1945 ainda não havia terminado!...

Nova carta escrevi ao jornal que a publicou com o título: "E a previsão do sr. Renato foi confirmada". Começava assim:

"Escrevo-lhe para agradecer a publicação de minha carta no dia 2 de dezembro de 1974, contestando o japonês que "viveu 30 anos escondido na selva", e confirmar mais uma vez – embora alguns não concordem – que não estamos aqui para engulir qualquer pílula que pintem de dourado, aqueles que vem de fora. Principalmente às vésperas de eleições, a fim de arrebanhar votos de colonia estrangeira.

A imprensa deu conhecimento em 30 de dezembro, que novo japonês surgiu depois de 30 anos de ausência. O tema é o mesmo, conforme eu escrevi que ia acontecer. Agora o "herói", novo descobridor do "mapa da mina" é o Teruo Nakamuro, terceiro soldado japonês que se escondia nas matas, pensando que a II Grande Guerra não havia terminado...

Eu digo terceiro porque antes dele houve o sargento Shoichi Yokoi, que afirmava ter vivido na ilha de Guam, de 1944 a 1972.

O palco da "aventura" de Teruo Nakamuro foi a ilha Morotai, nas Molucas, arquipélago Maláio, pertencente a Indonésia, onde mais de 3 000 ilhas integram o território nacional, dividido em 22 províncias de bastante progresso.

Anotem o nome do japonês porque em breve ele também estará por aqui, para as costumeiras homenagens da casa. Mas voltemos ao segundo, ao senhor Hiroo Onoda, sobre quem escrevi em 2 de dezembro, para que novos pontos sejam esclarecidos.

Enquanto isso, que fiquem calmos os deslumbrados apreciadores de festins desse feitío, que novos "heróis" surgirão, conforme previ na carta e que foi confirmado em menos de um mês. Pois grande parte do pessoal recrutado para a lavoura de cânhamo-de-Manila, arroz, borracha, café, banana, fumo, algodão, cana, é composta de japoneses. Portanto é grande o número de **japs** remanescente da última guerra mundial, tanto nas Filipinas como em outras ilhas do Pacífico. É tão comum encontrar japoneses ali, como encontrá-los no interior paulista, plantando alface em Suzano, morango em Marília ou nas fazendas de Tomé-Açú no Pará, plantando pimenta-do-reino.

Deixo mais uma vez patente que não é preciso importar "barões de Munchausen orientais" para homenagear aqui, quando temos autênticos bravos tão perto. Os irmãos Villas Boas, por exemplo, agora aposentados depois de 32 anos de heróico convívio com as tribos xinguanas, moram em modesto apartamento no centro de São Paulo. Bandeirantes modernos até hoje não devidamente valorizados em sua terra, mas cujos nomes são respeitados e reconhecidos no exterior , a ponto da Europa indicá-los para o Prêmio Nobel da Paz. No futuro, os nomes de Cláudio e Orlando, mais o do falecido Leonardo, serão colocados ao lado de Borba Gato e Paes Leme. Acontece, porém, que estes bravos não são procurados em tempos de eleições e nem adiantaria pois é histórica a aversão dos dois à homenagens aparatosas. Sempre abraçados por índios jamais pousariam para fotógrafos, abraçados com políticos à procura de público.

Afirmo novamente e isto serve também para o caso do senhor Teruo Nakamuro: selva, composta de mato cerrado, sertão bruto, é aquela que tem índios e feras, como na Amazônia. O resto é mata e, quando muito floresta. Usar o termo para o adiantado arquipélago filipino que manufatura tecidos, óleos, cimento etc., possui universidades e grande rede ferroviária e rodoviária, o mesmo acontecendo com outras ilhas do Pacífico, é estar mal informado, é chamar a capital do Brasil, de Buenos Aires.

Apesar de as autoridades de São Paulo homenagearem o senhor Onoda e de a colonia tê-lo considerado o japonês do ano, continuo não trocando "heróis" importados, confeccionados em epocas festivas de eleições. por nossos caboclos da selva amazônica. Valentes panteras na persistência e na coragem; abnegados e obscuros heróis, anônimos que não conhecem outras terras, nem rádios, e outros sons musicais a não ser o da velha sanfona e a gargalhada dos filhos; nunca exigiram aposentadoria (quanto mais aumentos), medalhas, ovações, nem apertos de mão de quem quer que seja.

Não há heroismo nenhum em quem, num gesto egoista despreza a pátria – no momento mais importante, que é o da reconstrução – os amigos e familiares aflitos. Voltando depois de velho e cansado, alegando que cumpria absurda ordem de não se entregar, a exigir mais dinheiro de aposentadoria do país que cresceu e se tornou gigante, sem o seu esforço de após guerra. Principalmente quando esse alguém quer nos aplicar uma dose que até um super-imbecíl se recusa a engolir: um oficial do setor de Inteligência "que viveu 30 anos na selva", como diz o senhor Onoda, não é louco, bem informado, pois acompanhou o progresso através de seu rádio de pilhas (o que por si só já é uma incoerência; trocar sempre de pilha não é prova evidente de que ele andava na civilização?), ataca uma patrulha filipina, 28 anos depois da guerra terminada!

Além da falta de imaginação, não vale, porque é plágio de um filme do Gordo e Magro...

Os intérpretes do senhor Hiroo Onoda, em São Paulo, depararam com dificuldade: "O que ele fala não é japonês comum. Parece mistura de dialetos". Isso confirma meu ponto de vista; ele conviveu com pessoas diferentes em diversos lugares e em contato com vários dialetos, inclusive da ilha de Lubang, sem contar com os idiomas inglês e espanhol usados na ilha, além evidentemente, do tagalo, ou filipino.

No passado, os corsários ingleses, holandeses, franceses, portugueses e espanhóis que misturados na verde mata amazônica, com improvisados cronistas, autores de ingênua literatura de fascínio e de terror, tudo deturpavam para deleite da sociedade européia. Não faltavam também os sensacionais pregadores de mentira para obter lucros, ou protegidos de reis e de rainhas, como o inglês **sir** Walter Raleigh, favorito da rainha Isabela, que "viu", aqui, tribos de homens sem cabeça ou com a cabeça no peito, ou melhor: "**Men whouse heads do grow beneath their shoulders**". "Homens, cujas cabeças crescem para baixo dos ombros".

Navegadores que, depois de por aqui passarem, "em vôo de pássaros", divertiam as côrtes européias contando coisas onde a fantasia atingia alturas imprevisíveis. E com isso, obtiam dinheiro, notoriedade, posição. Mas os tempos hoje são outros...

(Enfim, eles escreviam como sendo sérias, passagens do tipo das que escrevo neste livro de contos de ficção,na selva).

Só espero que o senhor Onoda (prosseguia eu na carta ao jornal) quando voltar ao Japão, se é que vai voltar, não espalhe por lá que a cidade paulista de Ribeirão Pires, onde ele esteve, fica na Amazônia e é cercada de rios de tanta piranha, onde jacaré nada de costas e macaco toma água em canudinho!

Como um italiano que aqui esteve e, chegando à Italia, chamou o Garrincha, jogador de futebol, de amazonense, escrevendo: "**Garrincha é nato trentun anni fa in un villagio al margini della grande foresta amazonica**"...

Este país é jovem, possue menos de 500 anos e, por certo, receberá de braços abertos (como o povo filipino o fez), mais um filho do Sol Nascente, que vem de terras tão antigas (7 mil anos?), país experimentado e evoluído que muito poderá nos ensinar. Mas é bom que o senhor Hiroo Onoda, bem como o Teruo Nakamuro (que ainda aparecerá por aqui), descobridores do filão de ouro dos "30 anos na selva", e outros saibam, que nem todos os botucudos de gravata que aqui habitam são ingênuos quanto aparentam"...

Dias depois, em 15 de janeiro de 1975, o "Jornal da Tarde", de São Paulo, publicou 3 cartas de pessoas que acompanhavam o caso pelo jornal. Dois eram leitores da capital e um do interior. A do interior, assim:

"O japonês Hiroo Onoda encontra-se atualmente em Presidente Prudente, entabulando conversações em torno da compra de uma fazenda enquanto espera o aumento da aposentadoria pleiteada por ele no Japão. Nesse meio tempo gravou um **tape** para a TV japonesa.

Até ai nada de mais, porque, segundo o leitor Renato Ignácio da Silva, o referido Japonês tem 30 anos de fazenda e não de selva.

Os irmãos Villas Boas, para se aposentarem (o que ainda é difícil, segundo palavras de um ministro), terão de enfrentar, a despeito do cansaço e da idade avançada, os atroaris em pé de guerra. Não seria mais justo e mais lógico inverter os papéis, mandar os Villas Boas para o merecido repouso na fazenda, enquanto o "homem que viveu 30 anos na selva" iria pacificar os atroarís? De nada vai adiantar o estrilo do Renato, porque tudo continuará como dantes no velho quartel de Abrantes".

A outra carta: "Kalil Gibran parece que se dirigia a certa autoridade de São Paulo que homenageou o japonês Onoda quando escreveu: "O tolo nada enxerga além da tolice; e o louco, só a loucura. Todo mal tem remédio, exceto a tolice. Repreender um tolo obstinado, ou pregar para um parvo é como rabiscar sobre a água. Cristo curou os cegos, os coxos, os paralíticos e os leprosos. Mas o tolo, ele não pode curar". E Renato Ignácio da Silva escreveu: "Não há heroísmo nenhum em quem, num gesto egoista, despreza a pátria – no momento mais importante que é o da reconstrução – os amigos e familiares aflitos. Valentes são os nossos caboclos que não conhecem outras terras nem rádios, nem outros sons musicais a não ser o da velha sanfona e a gargalhada dos filhos".

Abençoados são aqueles a quem Deus conferiu o dom da razão"...

E a terceira, de uma mulher: "Congratulações ao escritor patrício Renato Ignácio da Silva pelas sábias e corajosas palavras contidas em suas duas cartas (verdadeiros artigos), cada vez mais escassas nos dias de hoje. Meu repúdio ao político mentor do turista Onoda e meus pêsames à autoridade paulista que homenageou o japonês sem saber porque"...

E finalmente no dia 23 de janeiro de 1975, o mesmo jornal publicou outras cartas apoiando meu ponto de vista:

"Ninguém procura cobrir de ridículo o sr. Onoda (mas que temos aqui caçadores e pescadores que mentem melhor do que ele, isso temos); apenas nos achamos, como o sr. Renato, no direito de não acreditarmos na história contada. O empresário e político de origem oriental que trouxe o fraco artista de ópera bufa para o Brasil, quiz nos fazer de tolo".

Outra carta longa trazia entre assunto bastante reprisado, a opinião de um leitor que estivera presente, na chegada:

"Se meu depoimento for válido, aqui está. Estive na entrevista coletiva dada pelo japonês Hiroo Onoda, no Othon Palace Hotel, em outubro do ano passado, onde, além de jornalistas, havia compatriotas, muitos curiosos e principalmente grande número de políticos conhecidos... Sua narrativa, na ocasião, foi estranha, contraditória e bastante complicada, sofrendo a todo instante interferência do deputado que o acompanhava teimosamente e não o entendia, além de outros. Havia evidentes sinais de arreglos e conchavos. Tentavam a todo custo transformar um simples corifeu de coro grego em "gran cantante". Por isso, estou com o Renato Ignácio da Silva. Como se diz no Rio Grande do Sul: quem ata porongo nos tentos que aguente o corcovo"...

E outra mulher dava também sua opinião no assunto, através da última carta publicada pelo jornal paulista:

"O japonês não viveu 30 anos na selva, porque ninguém consegue isso conforme opinião do sr. Renato. Admitamos que durante a guerra o sr. Onoda tenha sido fiel, dedicado e exemplar soldado de S. Magestade Imperial. Até ai, tudo bem, já que é a obrigação do bom soldado. Mas, depois da guerra terminada, qual a vantagem do isolamento, para a pátria ou para a família? Só quem não tem mulher e filhos (ou pai e mãe) não gosta de ninguém, se isola como ermitão inutilmente numa ilha por tantos anos. Quem não é louco, por livre e espontânea vontade despreza família, parente e amigos por longos 28 anos, não é herói nem aqui nem na China"...

Quanto a mim, passados alguns anos, continuo com a mesma opinião. Esses elementos que aparecem depois de tanto tempo, são mais desertores do que heróis, por uma razão muito simples. Os japoneses não eram nativos daquelas ilhas, e sim invasores. Tão estrangeiros quanto os norte-americanos, que de certa forma conviveram com eles, estranharam o clima e enfrentaram os mesmos problemas, e que foram para lá libertar as ilhas. Ora, não se conhece um só caso de norte-americano, perturbado mentalmente ou são, que tenha ficado lá de livre e espontânea vontade e por tanto tempo. E louco, tanto poderia ficar um como outro, no ardor das batalhas horríveis ali travadas; saudosos da família, sedentos, famintos e enfraquecidos pelas febres. O louco porém, não sobreviveria numa região tão cheia de perigos. Sobrevive, sim, um andarilho que recebe de esmola pelo menos uma refeição por dia, de alguém, nos lugarejos por onde passa. Mas sozinho na selva não duraria tanto tempo, a não ser que como o índio, vivesse em grupo e mentalmente são.

De onde se conclue que alguns japoneses ficaram na região por acharem conveniente. Naturalmente mais ligados a lavoura, vendo a imensidão de terras improdutivas e considerando o Japão já na época superpopuloso; ou desiludidos com a derrota, envergonhados, talvez, acredito, não querendo enfrentar amigos e familiares, tenham resolvido ficar por lá. E outros, antes mesmo do término da guerra, o que é deserção.

Não acredito na história contada por eles, porque, o Exército japonês era tão bom quanto o norte-americano; melhor até, em luta nas matas, e não tropas formadas por bando de ingênuos como nos dá a entender a atitude cômica, impensada, tão gritantemente falsa, cheia de contrastes e infantilidades, apresentadas pelos que apareceram depois de passados mais de três décadas do término das batalhas. E a correr armados, brincando de guerra, como baratas tontas.

Afinal, 30 anos não são 30 dias...

E mesmo que tudo fosse verdade. Não sou obrigado a concordar com tais atos de heroísmo. Sempre fui contra fanatismo, seja ele de carater religioso, político, esportivo ou militar. O homem a meu ver para ser herói não precisa se transformar em **kamikasi** e nem tampouco ao perder, praticar o **arakiri** e outros métodos que para nós ocidentais não tem sentido. Como também não concordo com golpe baixo político, trazendo esse tipo de herói estranho para nós, só com o intuito de atrair votos de colônia...

Corria o ano de 1942 e a guerra se alastrava por todo o mundo. Os japoneses, aliados do nazismo alemão, haviam tomado todo o sudeste asiático, fonte fundamental de borracha, matéria prima que já escasseava nas fábricas dos países aliados. Os carros de assalto, os canhões, os aviões, necessitavam de pneus e as fábricas de material béiico precisavam da matéria-prima pois a borracha sintética ainda não estava suficientemente desenvolvida para substituir inteiramente o produto natural.

A produção brasileira apresentou-se como solução. O Brasil já havia sido o maior produtor mundial de borracha. Seus seringais estavam abandonados desde que as plantações do Sudeste asiático passaram a produzir em grande escala, utilizando técnicas modernas e científicas. Mas as seringueiras continuavam lá, na Amazônia. Era só produzir.

O Brasil suportava a ditadura do Estado Novo. O ditador claramente simpatizante do nazi-fascismo, enfrentava terrível crise econômica. O café queimado para a manutenção de preços, o número de desempregados aumentava dia a dia. Nas cidades, a ociosidade levava à marginalização, e os índices de criminalidade, cada vez mais altos. O país pouco exportava e importava menos. Caracterizava-se pela estagnação.

Hitler cometeu, então o êrro que faria o fiel da balança brasileira pender para o lado da democracia: navios brasileiros foram torpeados nas costas brasileiras e o fato provocou em todo o país, manifestações populares antinazistas, e pródemocráticas, que a ditadura não teve forças para deter.

Num encontro entre os governos do Brasil e Estados Unidos ficou acertada a participação brasileira na guerra, através de soldados, mantimentos e matéria-prima, para as fábricas de material bélico. Em troca, os norte-americanos investiriam aqui grandes somas em dólares, dinheiro que Getúlio Vargas necessitava para salvar a ditadura da ruína econômica.

Enquanto a Força Expedicionária Brasileira, nos campos de batalha da Itália lutava para extirpar o nazi-fascismo do mundo, na região amazônica com o mesmo objetivo, organizava-se uma tropa diferente: o "Exército da Borracha".

Esse "exército" com corpo de tropa mobilizado principalmente entre nordestinos tinha por finalidade obter em curto prazo a maior quantidade possível de borracha, indispensável a indústria bélica. E o "Exército da Borracha" teria que enfrentar as condições mais adversas, tais como problemas sanitários, carestia de vida, clima rebelde, natureza dominadora, conseguindo tudo que o governo queria, e que em troca só prometeria.

Intensa campanha publicitária foi desfechada para que se mobilizasse um total de 100 mil trabalhadores para atacar os seringais da Amazônia que segundo o governo, seria o Eldorado em que cada desempregado podia ficar rico com a extração do látex. Enormes cartazes passaram a colorir os muros onde a figura de Vargas apontava para o Acre, sempre repetindo a frase convocatória: "A marcha para o Oeste é o verdadeiro sentido de brasilidade!"

No Nordeste foi fácil. Como sempre havia falta de emprego, e os nordestinos desempregados aderiram ao chamamento. Representava emprego certo, duradouro, a possibilidade de sustento para a família. No Sul, porém, a idéia de se transferir para a selva amazônica não provocou entusiasmo esperado pelo governo. O número de voluntários foi absolutamente insignificante. O recrutamento no Rio de Janeiro, Belo Horizonte, São Paulo, Porto Alegre, passou a ser feito nos xadrezes policiais. Aos ladrões e contraventores de toda a espécie os recrutadores apresentavam a opção: "Que prefere você, aguentar cadeia dura ou ficar rico na Amazônia?"

À segunda hipótese se acrescentavam múltiplas vantagens: durante a viagem, até a Amazônia, o governo pagaria diária de 3 mil réis além de dar todo o equipamento necessário. Na Amazônia, cada trabalhador assinaria um contrato com todas as garantias e vantagens prometidas pelos milhares de folhetos distribuidos em todo o país. Cada um receberia roupas, rede de dormir, espingarda e munições, remédios e assistência médica. Lanchas-ambulâncias percorreriam os rios prestando pronto-socorro e recolhendo aqueles que adoecessem a um dos muitos hospitais que seriam montados pelo governo em diversos pontos da Amazônia!...

Falavam em fartura de farinha, fumo de rolo, sal, cachaça, peixe-seco. Galinhada com arroz e bananas (pacovas) a toda hora...

As famílias seriam assistidas pelo governo: receberiam uma diária de 4 mil réis, além de víveres e roupas e logo que seus chefes se instalassem nos seringais, a eles se juntariam, em viagens que o governo promoveria, com todas as despesas pagas!...

Em breve os acampamentos nas capitais nordestinas se povoaram de milhares de homens ávidos de seguir viagem para a selva e à riqueza. O "Exército da Borracha" estava pronto para travar sua inglória batalha...

Terêncio Ypiassu seguiu para lá, deixando sua mulher e três filhas menores. Exigia-se a idade mínima de 18, mas a máxima não existia, e nem tampouco se pedia aos sertanejos, analfabetos na maioria, que apresentassem documentos. Iniciava assim o pobre nordestino uma aventura perigosa. Anos de privações, desilusões e frustrações ao lado de milhares de brasileiros, prisioneiros numa selva inóspita e principalmente enganados pelas promessas nunca cumpridas do governo Vargas.

De navio para a selva e dali para os seringais, quando grande parte estivesse reunida...

Terêncio Ypiassu já estava há meses no "exército", quando teve o sonho que o marcou para o resto da vida. Sonho ou visão, nem sabia bem, foi quando do primeiro ataque de malária.

Era noite alta, ao lado da moringa dágua e restos de peixe-seco, deitado na rede posta fora, no tronco da carapanaúba, tremendo de febre e olhando a lua pelas frestas das imbúias e jacarandás, enquanto pensava na família distante, apareceu-lhe uma bela mulher totalmente nua e de longos cabelos negros. Figura formosa morena, de índia, que lhe dizia:

– Pela invasão da selva assombrada, pagarás preço elevado; com carga pesada demais para teu espírito. Verás o máximo de onde nada levarás, além de perderes o que já tinhas! E dai, os poderosos passarão por ti, mas como fim de castigo, aclamarão outros!"...

O nordestino impressionado com o fato, não dormiu mais naquela noite, no acampamento onde aguardava ordens para seguir rumo às seringas quando todo o pessoal estivesse reunido. A sua volta barracões de palha, um atrás do outro, sem paredes, uma casinhola para a administração e rústica cozinha. Tudo envolto por cerca de arame farpado, como num campo de concentração nazista.

A disciplina quase militar, e os guardas severamente procuravam manter a ordem, ora exibindo suas armas, ora atacando o pessoal...

No acampamento, que movia a maneira que as "tropas" iam engrossando, a população de aventureiros, a mais diversa possível. Havia aqueles como Terêncio Ypiassu que aderiram por entusiasmo de sertanejo analfabeto, simplesmente fugindo da miséria do Nordeste e que consideravam as promessas uma dádiva do governo. E havia os "cariocas". Os sulistas, aqueles que vinham não apenas do Rio de Janeiro, mas de qualquer Estado abaixo da Bahia. E os da Bahia para cima eram os "cearenses". Como os "cariocas", geralmente marginais, gente da pior espécie, recrutados nas cadeias, constituiam-se a escória de que os governos se livravam patrioticamente, colocados junto de humildes trabalhadores.

A promiscuidade gerava trágicas consequências. O número de brigas e mortes crescia cada vez mais...

Terêncio Ypiassu, viajou em lombo de boi-de-sela, de montaria – canoa feita de tronco escavado a fogo, longo tempo de acampamento em acampamento, sem receber as diárias prometidas pelo governo. Magro como saracura, sentindo saudade imensa da família e começando a verificar que tinha sido logrado, Terêncio se desesperava. Situação que contagiava os outros. A frustração fazia nascer o desejo da fuga. Maltratados, mal alojados, subalimentados, todos deploravam a perda da antiga liberdade e as fugas passaram a se suceder.

Mas não era fácil sair dali. Quem escapava da miserável vida, dias depois regressava recapturado mesmo que estivesse escondido entre o capim aquático marupá. Voltava escoltado até o acampamento às vezes amarrado, sendo metido na cadeia para esperar a viagem final a que havia se comprometido: ponto terrível da selva, que além dos perigos das feras e insetos havia os índios que não permitiam a invasão de brancos...

Terêncio Ypiassu, tinha passado a chefe de turma quando comovido com o desespero do homem que não aguentava mais de saudade da família, ajudou-o a fugir daquele inferno. Todas as manhãs nas revoadas de curicacas e caraxués recebia da administração sua cota de cigarros, dez para cada homem e dez comprimidos de Atebrina, remédio contra o impaludismo. A distribuição dos cigarros valia como uma chamada. E aquele pobre homem pedia apenas a Terêncio Ypiassu, que não apontasse sua falta por cinco dias. Havia conseguido uma rústica jangada e aproveitaria a correnteza do rio para se deixar levar. O "cearense" fez-lhe a vontade e até lucrou, pois ficou com os cigarros e o remédio do pobre homem que nunca mais viu...

De um ponto da reunião, onde juntavam grande número de pessoas a outro. De acampamento a acampamento, atravessando matas de cipó cheiroso a cipó-catinga, o "batalhão" do "cearense" Terêncio Ypiassu ia arrastando-se até chegar finalmente o local onde iria cumprir a penosa missão. Dos barracões aos barcos, as tropas engrossadas catadas em vários pontos, iam sendo soltas agora nos pontos ideais, estratégicos, dos grandes rios, onde os "brabos" se punham logo a trabalhar, usando os ensinamentos rudimentares do trabalho nos seringais.

Quando chegavam nos seringais eram chamados de "brabos". Meses depois já com impaludismo, mas com alguns conhecimentos do ofício, mais aperfeiçoados, passavam a ser "barrigudos". A terceira e definitiva promoção, a de "manso". O subnutrido, apático, verminoso, mas disciplinado; o trabalhador ideal para o rico seringalista, que dado a sua mansidão passava a escravizá-lo...

Ao chegar no seringal, o "brabo" recebia o equipamento: baldes, bacias, tijelas, faquinhas. E para alimento, carne em conserva. Em seguida vinham a arma e a munição. Tudo porém lhe era debitado a alto preço.

Aos "brabos", indicadas as piores "estradas", as menos produtivas. As árvores a eles destinadas eram já estragadas porque tinham passado pelos indígenas que extraiam de forma pior o látex; sem nenhum aperfeiçoamento técnico. Por isso a produção ainda pequena, e consequentemente nunca chegava ao nível da dívida feita no barracão.

Terêncio Ypiassu, acordava de madrugada, muito escuro, para distribuir as tijelinhas pelas seringueiras em cujo tronco, feitos pequenos sulcos em que o leite escorria. Mal alimentado, tinha dia que passava a mel e ovos de camaleão, atravessando lagos e pântanos, enfrentando feras e índios, sol inclemente, chuvas torrenciais e febres, durante anos sob pagamento irrisórios: um tostão por libra de látex e a responsabilidade de produzir pelo menos 10 litros por dia!

O jeito, andar por dias e dias, meses a meses pela mesma estrada em que era o único transeunte...

Ele e a pequena lanterna na testa – a poronga, clareando a mata para golpear as seringueiras...

A voz da visão martelava sua cabeça com o presságio infalível:

– "Pela invasão da selva assombrada pagarás preço elevado; com carga pesada demais para teu espírito. Verás o máximo de onde nada levarás"...

Durante anos prosseguiu na vida infernal, comendo um piramutaba assado aqui, um manduré acolá. Um caratai, um tramuatá, uma gurijuba das águas amazônicas. O "cearense" nada mais sabia a respeito da família, isolado que estava da civilização. E nem podia sair daquela verde prisão: enorme, sem fim, e o pior, sofria sem ter a quem apelar. Das promessas feitas aos recrutados, uma ele lembrava bem, porque mais tarde o atingira em cheio. Era a de levar as famílias após as instalações de seus chefes nos seringais. Tinha acontecido com a sua, como a maioria: deslocadas das suas terras, sem o chefe presente e sem a prometida assistência governamental elas perdiam-se pelos caminhos...

Soube depois de muito tempo. A mulher e as três filhas de Terêncio Ypiassu, prostituiram-se pelas capitais nordestinas, onde já haviam sido instaladas bases norte-americanas. Não chegaram nem no caminho da selva...

A esposa que ele tanto amava, como ironia do destino estava vivendo justamente com o homem que Terêncio Ypiassu ajudara a escapar do "inferno verde". O que tinha fugido com sua permissão, na rústica jangada. Ao chegar a seu destino não encontrou mais a família partiu para outra...

E o que dizer do amor de Terêncio Ypiassu pelas filhas? Mas não passava tudo aquilo de praga da qual ele não conseguia se livrar?

O vaticínio da bela índia, visão que o atormentava pela selva, mais uma vez se fazia presente:

... "além de perderes o que já tinhas!"...

Caminho diferente não tiveram as famílias que conseguiram chegar quase à selva. Por todo lado, o ambiente o mesmo. Do Nordeste ao Norte, no caminho que levava à aquela verde prisão, sem possibilidade de saída, a perdição conseguia alcançar a todos, como numa maldição selvagem. Os acampamentos viviam sempre cheios de homens, mulheres e crianças numa promiscuidade impressionante. Os meninos fugiam para as cidades, para esmolar ou roubar enquanto as menisas de 11 anos já procuravam os bordéis frequentados pelos soldados norte-americanos!...

Finda a "Batalha da Borracha", esse singular exército de 60 mil homens, cujas armas eram a machadinha, a faca, a tijela, o balde, custou preço muito caro. Dizimado pelas malária, avitaminose, subnutrição e por desenfreada exploração dos ricos seringalistas, teve poucos sobreviventes. Apresentou o trágico saldo de 40 mil mortos que ficaram sepultados nas regiões mais insalubres dos seringais!...

A missão a custo foi cumprida, e a guerra vencida. E o Brasil incluia-se entre as nações vitoriosas. Mas o guerreiro "cearense" Terêncio Ypiassu, como muitos outros lutadores brasileiros perderam tudo, além da família e saúde.

Foi mais um grande genocídio cometido no Brasil.

Segundo o Artigo 130 do Código Penal, o crime de genocídio consiste em "matar membros de um grupo nacional, étnico, religioso ou pertencente a determinada raça com o fim de destruição total ou parcial desse grupo". Foi exatamente o que o governo do ditador Getúlio Vargas fez com 60 mil brasileiros...

Até hoje não se compreende como o governo pôde relegar ao esquecimento o grande número de brasileiros que, desempenhou um papel tão importante quanto aqueles que participaram diretamente da guerra contra o nipo-nazi-fascimo. A FEB mobilizou cerca de 25 mil homens e perdeu na guerra pouco mais de 1 500. Os que voltaram foram recebidos como heróis e, se não receberam todas as recompensas prometidas para pagar sua bravura em defesa da pátria, pelo menos tiveram direito à algumas vantagens. Ao "Exército da Borracha", que perdeu cerca de dois terços de seus 60 mil homens, nenhuma regalia se concedeu, nada lhe deu a pátria reconhecida, nem as autoridades.

Muito pelo contrário...

O prefeito saiu abraçado ao "herói" japonês, enquanto a comitiva oficial gritava em coro:

–Sayonara, sayonara...

O velho e cansado homem curtido de febre e desgosto, agora só no enorme salão, continuava recolhendo papéis e varrendo a ala internacional do aeroporto de Congonhas em São Paulo. Onde pássaros de aço substituiam caraxués, maguaris, anacás, curicácas. Seu nome? "Cearense". Ninguém chamava o lixeiro pelo verdadeiro, que era Terêncio Ypiassu...

Nada mais possuia para comprovar. Um pedaço de calça velha, uma tarrafa, uma simples lamparina-de-cabeça ou tijelinha onde recolhia o látex.

Cumpria-se assim 30 anos depois a última fase da maldita profecia da selva assombrada, agora já totalmente esquecida do velho e caduco varredor de ruas, mais pobre do que nunca, mais "duro" do que troncos de envideira e macaúba.

Enquanto o carnaval político se distanciava, deixando lixo para trás:

– "...E ai, os poderosos passarão por ti, mas como fim do castigo, aclamarão outros!...

DAHÁRI, O OLHO BRILHANTE

Por falarem com certa influência o inglês aqueles índios já tinham dado um susto nos topógrafos do 6º Batalhão de Engenharia e Construção do Exército que abriam a trilha da estrada Manaus-Caracarai.

Topógrafos e índios encontraram-se bruscamente à beira de um igarapé e quanto tentaram cautelosa aproximação, perceberam que o possível entendimento entre eles só poderia ser em inglês, para surpresa dos trabalhadores!

Quando o chefe da turma narrou em Manaus o episódio, foi tido como louco. Mas depois ficou comprovado não se tratar de mentira ou brincadeira...

A identificação do grupo de 20 índios, que surgiu repentinamente no acampamento da construtora alertando o gavião acauã, no trecho paraense da Perimetral Norte, deu um pouco de trabalho. Os índios tinham vindo de canoa, da Guiana Inglesa alimentando-se de poucos mandubés, pescadas, jandiás e aruanás.

Percorrendo mais de 400 quilômetros até atingir o acampamento dos trabalhadores, situado na cachoeira Porteira, fronteira entre o Pará e o Amazonas.

Depois de algum tempo de conversa com os silvícolas falando pouco de português e muito de inglês, chegou-se a conclusão, tratava-se da tribo wai-wai, que em sua aldeia constavam umas 300 pessoas. Foi possível caracterizar a identidade dos índios: faziam parte de uma tribo que tinha atravessado há muitos anos a fronteira e passado a morar na Guiana Inglesa.

Estavam inteiramente aculturados e apreciavam acima de tudo, o prazer de descobrir novidades e para desfrutá-las, eram capazes de navegar mais de 400 quilômetros de um rio encachoeirado, como o Mapuera, que nascia na Guiana Inglesa e desembocava no Trombetas a mais de 100 quilômetros do Amazonas.

Os índios não só tinham assustado os topógrafos do Exército como ao avançarem mais na selva, estavam salvando um grupo de cientistas norte-americanos, de morte trágica naquelas matas hostís aos mais resistentes civilizados.

Dahári, índio forte, de olhos amarelo-esverdeados, fazia parte da tribo. Chamado também de "olho brilhante", porque misteriosamente possuia olhos parecidos com os dos animais, que lhe davam um ar de pantera-humana.

O nativo desceu o **aturá**, cesto cilíndrico que trazia às costas suspenso por embira passada à volta da cabeça. Seus companheiros afrouxavam os **baquités**, balaios que traziam às costas.

Qualquer coisa estranha estava acontecendo ou vinha a acontecer por perto, previu Dahári, avisando em inglês aos norte-americanos. Pediu silêncio e imóvel parecia além de ouvir, concentrar-se mentalmente. Fechou os olhos de gato enquanto suas narinas abriam e fechavam estranhamente. Repentinamente pediu a todos que subissem em seus barcos. O que foi feito sem demora pelos homens da ciência. Deixavam seus conhecimentos de lado e obedeciam o grande conhecedor das matas e seus mistérios.

Dahári abandonou o inglês e passou a falar com seus companheiros na língua original. Uma ordem foi logo executada por todos os silvícolas que começaram a catar galhos secos e juntar cisco, ante o olhar espantado dos civilizados.

Enquanto uns juntavam o mato seco, sem antes olharem cautelosamente os feixes em que metiam a mão, outros índios apanhavam a tralha dos norte-americanos colocando nos barcos. Tudo foi rapidamente juntado. Pedaços de troncos velhos, galhos podres e cipós, numa espécie de trincheira de mato seco.

Ninguém havia notado quando o silvícola ligeiramente se abaixou sobre o escondido ninho e pegou o filhote da cigana. Avezinha que nasce com unhas nas asas. Levou-a com ele...

Tirado todo o material às pressas e recolhido nos barcos Dahári fez sinal para que seus companheiros ateassem fogo no mato.

Obedecido as chamas se levantaram, vorazes, e parte da floresta começou a arder. Em tempo, porque o perigo estava próximo e só pressentido pelo privilegiado Dahári.

Um dos norte-americanos que comia uma jaca aberta a facão, largou a fruta e rapidamente pulou do barco. Andou alguns metros beirando o fogo para apanhar um bloco de anotações que esquecera. Sentiu uma picada aguda e gritou. Furioso esmagou o inseto com a bota e correu para o barco, onde os amigos rasgando a camisa, envolveram sua mão no pano. Felizmente ele estava protegido pelas botas...

Um preá retardatário corria aos saltos, guinchando desesperadamente para logo adiante se contorcer e cair, sendo seu corpo tomado por insetos marrons que enroscavam em seus pelos. O pobre animal agitava-se inutilmente.

O avanço do pavoroso exército prosseguia, tentando passar o fogo enquanto o civilizado picado rezava e chorava de dor.

Um dos companheiros teve que esbofetear o branco, que agora além dos urros punha com sua agitação, em perigo toda a tripulação.

Ao agarrar o homem que esperneava de dor, seus amigos viram horrorizados vários insetos presos ao couro de suas botas, que subiam para as pernas da calça, aos gritos e tapas. Finalmente o norte-americano desmaiara, para alívio de todos naquele barco. A princípio pensaram que fôra mais de susto pela cena dramática, mas ao perder os sentidos, seu corpo foi despido e notaram então que suas pernas já estavam cheias de machucaduras.

Nas matas o barulho do fogo diminuia o ruído: o farfalhar como de um monstro de mil bocas que se aproximava, a marchar sobre folhas e galhos de ingaranas, paus-ferro e seus inimigos traiçoeiros os apuis.

Nos barcos, enquanto uns protegiam a vítima com unguentos, outros já refeitos do pavor que os assaltara, olhavam a margem, sem deixar de pensar tristes em alguma vida ali abandonada. Naquela parte da floresta por certo encontraria a morte da forma mais violenta e horrível possível...

O dia estava quente, e o calor do fogo na mata parecia querer assar aqueles homens no estreito rio, que apesar disso estavam arrepiados. Ao longe um ruido de lixamento, surgia cada vez mais forte, como cascata viva a se aproximar. O rio fervilhava pelo impacto dos insetos de todas as espécies e animais que se atiravam na água, para sorte de curimatãs e pirapitingas.

Maior pavor causou aos homens apinhados nas embarcações, quando viram milhares de piranhas pulando fora da água, como loucas, parecendo querer alcançar todo mundo. Sob as águas do rio, agitados peixes passavam como raios. Eram pirararas, tucunarés, bicudas, pacus, matrinchões, piaus, filhotes, papa-terras, enlouquecidos com a fartura de alimento que lhes caia do céu. Banqueteavam-se num barulho assustador pelo ineditismo.

Os barcos afastavam rapidamente daquele inferno. Ao fundo a mata parecia enorme trepadeira cinzento-amarronzado a mexer em ondulações rítmicas, sem vento. Milhões e milhões de grossos escorpiões, numa migração gigantesca, unidos entre si formavam cordões e cordões, cobrindo os galhos, as folhas, os troncos, os cipós, as copas das mais altas árvores!

Pelo chão, espantavam todas as formas de vida. Era a morte, numa das formas mais trágicas e enlouquecedoras a caminhar lenta e inexoravelmente...

Longe iam os barcos, quando vários dos norte-americanos que haviam desmaiado de pavor, foram voltando a si. A migração dos repelentes insetos prosseguia sua rota levando o desespero, a loucura, a morte, através do exército que somente o fogo podia conter.

A fumaça ainda trazia o cheiro de insetos torrados que agora causava ânsias de vômitos em todos os civilizados arrepiados. Talvez mais por lembrar, que se não fosse pelo nativo Dahári eles estariam lutando inutilmente contra as legiões de pequenos assassinos, ou desmaiados todos de pavor, enquanto o asqueroso manto vivo, de famintos escorpiões cobrisse-os para sempre...

Já no acampamento dos cientistas norte-americanos, longe da cena dantesca, todos descansavam em paz, muito embora o cheiro nauseabundo dos corpos queimados de escorpiões, milhares e milhares, parecia estar entranhado em seus narizes.

Apenas um deles estava preocupado com as atitudes de Dahári e com o fato do índio ter os olhos diferentes de todos os humanos...

Uma camada altamente refletora de células do cristalino na retina dos animais noturnos – o gato por exemplo – cria a ilusão de que seus olhos podem projetar feixes de uma luz misteriosa. Na verdade, porém é apenas um fenômeno chamado "brilho de olhos". Assim eram os impressionantes olhos do misterioso silvícola, que previra com antecedência suficiente, como um animal, a migração de escorpiões.

O cientista norte-americano não se conformava. Como podia um ser humano ter olhos de animais e poderes que iam além da imaginação?...

Quem já guiou em noite escura viu, sem dúvida, os olhos incandescentes que surgem diante do carro, quando a luz dos faróis bate nos olhos de um animal surpreendido na estrada, um coelho ou um gato. A maioria das pessoas sabe que esse brilho é a luz dos faróis refletida, mas antigamente olhos que brilhavam estavam envolvidos em lendas, superstições e temores.

Os mitos sobre o gato se originaram, em parte, do fato desses animais possuirem uma refletância de olhos excepcionalmente boa. Houve uma época em que se acreditava, comumente, que os olhos do gato projetavam um feixe de luz para descobrir mais facilmente a presa à noite.

De fato, a reflexão melhora a visão noturna do animal, mas não pela projeção de um feixe de luz. Ao invés disso, o que acontece é que quando a luz entra nos olhos do gato e atravessa a retina, ele bate no **tapetum**, uma camada altamente refletora de células do cristalino, entre a retina e a coróide (membrana vascular que forra a camada dura mais externa do globo ocular). Ela reflete a luz de volta, através da retina, por meio das células receptoras altamente sensíveis à luz. O resultado é um significativo melhoramento na sensibilidade à luz e o fenômeno do "brilho de olhos". A maioria dos animais noturnos possui o **tapetum** refletivo.

Seria possível nos seres humanos, alguém possuir os olhos de gato?

O índio wai-wai, Dahári não tinha olhos de gato, tinha de pantera. E mais, conhecia bem os animais; falava sobre os bichos com conhecimento de causa, com intimidade de espantar, parecendo ser um deles!...

Quando pequeno, um garoto da sua aldeia tinha aprisionado várias lebres e preás, sem dar-lhes um pingo de água sequer (como fazem muitos criadores com os coelhos, "cobaias" ou "porquinhos da índia") alegando que esses tipos de animais não bebem água. O que obrigou o pequeno Dahári a explicar-lhe que todos os mamíferos bebem água. Apesar da pouca idade estava cansado de ouvir a história de que o coelho e outros animais roedores quando no cativeiro não precisavam receber água para beber. Mais uma crendice a respeito da vida dos animais. E em especial quando prisioneiros.

O que o pequeno nativo tentava explicar ao companheiro é que se um animal, por exemplo o coelho, consumisse apenas forragens verdes, muito aquosas, que devem conter de 85% a 90% de água, poderia receber através da alimentação uma quantidade suficiente. Porém, os coelhos não se satisfazem com forragens frescas, principalmente quando novos, pois sofreriam distúrbios digestivos e morreriam ou não se desenvolveriam.

Quando mocinho Dahári já sabia o que ocorria com os dentes dos tatus, das preguiças e dos tamanduás. Esses animais constituem um grupo muito característico, a dentição geralmente se resume em dentes molares prismáticos e semelhantes. Os tamanduás, porém são completamente desprovidos de dentes. Por esses fatos, por se apresentarem ou destituidos completamente de dentes, ou terem todos de um só tipo, são comumentes chamados mamíferos desdentados.

O estranho índio sabia tudo sobre animais sem nunca ter frequentado escola, sabia que tanto o tatu, a preguiça, como o tamanduá eram típicos da América do Sul e considerados descendentes de primitivos mamíferos que proliferavam na selva em tempos idos.

Enorme também seu conhecimento sobre curiosidades que envolviam os animais da África e daquela selva assombrada, vasta, sempre cheia de mistérios e novidades...

Sobre os sexos dos bichos era professor sem nunca ter sentado num banco escolar. Sabia que um casal de impalas africanos precisava acasalar-se correndo a 50 quilômetros por hora, para não ser interrompido pelos famintos leões. E que o animal que mantinha o recorde de satisfação sexual era o rinoceronte, ao rítmo de uma cada dez minutos, durante uma hora e meia. Enquanto o **mink** tinha vida sexual muito mais satisfatória ainda. Seu acasalamento era o mais prolongado dos registrados entre os animais, estendendo-se por cerca de oito horas.

Havia homossexualismo entre os animais?

Sim, particularmente quando se tratavam de animais cativos. Entre estes, os mais notórios aqueles que se registravam entre macacos. O índio Dahári sem nunca sair de sua região sabia que o pinguim mantinha relações sexuais somente uma vez por ano e que estas não duravam mais de dois minutos. Como também sabia que o incesto não era frequente entre as mesmas espécies animais, como muita gente pensa, pois os machos geralmente são expulsos da família assim que se revelam sexualmente ativos.

E falava até sobre a prática conhecida como bestialismo, isto é, a de relações sexuais com outra espécie, e se isso também envolveria os animais. Prática que raramente acontece entre os animais que vivem em liberdade e quando isso se verifica é entre espécies afins: lhamas com cabras, alces com vacas. Certos tipos de macacos, como o mandril, submetidos a cativeiro, tentavam manter relações sexuais com raposas, gatos, cães e até com... cobras.

Será doloroso o sexo praticado entre os ouriços? Não: se estiver de acordo, a fêmea não eriça seus espinhos dorsais durante o acasalamento...

O laboratório norte-americano fôra montado na selva, para estudo de animais, e a estada do índio Dahári ali, muito útil para o pessoal. Primeiro porque ele entendia de animais como ninguém, o que seria um último auxílio para os cientistas e segundo, por ser próprio portador de um fenômeno: seus olhos de gato. Fato único no gênero humano.

Dahári ficaria no laboratório, mas seus companheiros de tribo, seguiriam viagem de barco, retornando à Guiana Inglesa. O índio-chefe então foi saber até onde subiriam as águas, preparando tudo para a viagem dos irmãos de raça. Dahári consultou um dos mais estranhos seres vivos da Amazônia, o uruá. Grande caracol que punha ovos, variando do tamanho de chumbo de espingarda, ao ovo de pomba, sendo que alguns desovavam em forma de cachos. A lesma que o mantinha era cor de rosa, tendo a parte de baixo aberta mostrando todo o sistema digestivo. Cientificamente o uruá denominado **Bulimus Haemostomus** representava restos vivos de uma fauna de trinta milhões de anos, quando desapareceu o mar interior e se formou a seqüência dos rios Maranhão, Solimões e por fim o Amazonas.

Mas não era só pelo fato de botar grandes ovos, que tornava esse caracol diferente, que o índio Dahári o consultava. É que ele antecipava com espantosa precisão o nível das cheias, fenômeno conhecido em todo o vale amazônico. Os cientistas norte-americanos postos a par, pelo índio, não se conformavam o porque dessa mensagem da natureza. O uruá, depositando os ovos nas forquilhas dos ramos ou nas folhas, fosse qual fosse a altura, era ali exatamente que deveriam chegar as águas!...

Todos da tribo dos wai-wai tinham retornado de barco, à Guiana Inglesa, restando apenas o chefe, o excepcional Dahári, que após uns dias de experiências e estudos, seria levado de avião, para juntar aos seus. Tudo iria dar certo porque o pessoal do laboratório só falava inglês, o mesmo acontecendo com o nativo de olhos refletores, cujas palavras de sua língua original usava pouco.

O chefe dos cientistas norte-americanos ao mesmo tempo em que examinava os olhos, do último wai-wai que ficara, explicava a seu pessoal, que sob determinadas condições, mesmo os olhos sem o **tapetum** altamente refletivo, representam brilho no olho. O vermelho claro ou os olhos rosados, que às vezes aparecem nas fotografias de pessoas tiradas com **flash**, é o brilho de olho humano. O "olho vermelho" como é chamado pelos fotógrafos esse efeito, é indesejável porque faz a pessoa fotografada parecer cômica no melhor dos casos ou sobrenatural no pior.

O brilho de olho humano, sob determinadas condições pode ser visto sem a câmara. Uma luz brilhante ou um clarão diretamente atrás do observador, pode fazer com que ele veja o brilho de olho numa pessoa de pupilas dilatadas à alguma distância. O brilho de olho numa pessoa dá-lhe aparência estranha e irreal e talvez em parte, seja a origem da crença largamente espalhada do chamado mau-olhado.

A idéia de um raio de luz projetado pelo olho, como no caso do gato, surge muitas vezes no passado, em relação a pessoas acusadas de feiticeiras, e pelo menos uma condenação nos vergonhosos julgamentos de Salem, Massachussets, em 1692, valeu-se disso. Uma testemunha no julgamento de Bridjet Biston, afirmou que "bastava ela dirigir um olhar (para as pretendidas vítimas), para que elas caissem fulminadas".

Outra superstição ainda mais estranha, era a respeito do **basilisco,** uma serpente mitológica que em matéria de mau olhado, o máximo. No século XVIII, **sir** Thomas Browne descreveu como "os visíveis raios de seus olhos avançando sobre as mais sutís porções de sua pessoa que recebeu pelo olho de homem da besta, a infecção, primeiro no cérebro, que depois passou para o coração".

Quando Alexandre, o Grande, encontrou um **basilisco** guardando os portões da cidade que ele queria capturar consultou Aristóteles que o instruiu para colocar um grande espelho, de maneira que o **basilisco** pudesse ver seu próprio reflexo. Assim foi feito e a serpente destruiu-se a si mesma, com seus próprios olhos. Quando o fenômeno do brilho de olho foi cientificamente explicado, sua natureza supersticiosa desapareceu...

Aquilo parecia mais uma troca de informações. O cientista norte-americano na selva brasileira, a examinar Dahári, o índio de olhos refletores enquanto este falava sobre os animais, suas características, suas curiosidades, seus meios de vida. Dali muita coisa seria útil para os estudos já que o silvícola era grande conhecedor do assunto.

Seus informes sobre insetos iam das pavorosas aranhas gigantescas, até as aparentemente inofensivas joaninhas, bonitinhas e coloridas, que chegavam a ingerir 50 ovos de aranha, em uma hora!...

O nativo Dahári parecia um uirapuru cantando enquanto a selva toda civilizada silenciava para ouví-lo...

O mestre selvagem falava da comunicação das aves; linguagem dos corvos e até sobre o mistério do processo de orientação dos pombos. Mecanismos de proteção do corpo de patos e marrecos contra a umidade porque mesmo quando mergulhavam ou quando permaneciam ao meio líquido as aves precisavam defender-se da umidade, devendo para isso manter o corpo seco...

Ao examinar detidamente, com a devida aparelhagem, um dos olhos de Dahári enquanto ele falava sobre animais, o chefe dos cientistas norte-americanos quase caiu da cadeira!

Observado bem com um oftalmoscópio, o olho do índio era como o de um gato!

E o **tapetum** estava lá! Presente, incrível! Caso único; nunca visto na medicina humana!...

Inacreditável! Deixou todo mundo abismado. Como podia aquele homem ter olhos de animal?

O chefe dos cientistas passou a descrever a seus companheiros o que observara por dentro dos olhos de Dahári, como uma das coisas mais lindas, jamais vista:

– Imaginem uma negrura aveludada, densa mas luminosa, no fundo, limitada por uma linha quase horizontal e logo acima dessa linha uma mancha cor de rosa: a entrada do nervo ótico. O disco é cercado por uma zona azul safira de intenso brilho passando para o verde metálico, e mais além, o **tapetum** resplandece em maravilhosos rosa e ouro com cintilações de azul e verde! É verdadeiramente fascinante! Irreal, mas maravilhosamente colocado ali na minha frente!...

A maneira que o tempo ia passando, o selvagem também ia mudando das lições sobre animais, às críticas.

Começou combatendo as normas daquele laboratório onde ele notara que os animais eram tentados como se não sentissem dores.

– Esse tipo de coisa faz mal. – Observou o índio, apontando para um dos colaboradores dos cientistas empenhado no estudo sobre o comportamento agressivo, nos quais administrava choques elétricos em pares de camundongos para levá-los a lutar entre si...

A vontade de Dahári, e isso ele fazia força para não deixar transparecer através de seus olhos animalescos, era agredir o funcionário, invadir todas as dependências do laboratório de experiências científicas e destruir equipamentos, anotações, tanto a respeito dele Dahári como dos animais.

Os bichos, e mesmo o selvagem portador de "olhar de gato", estavam ali com pipetas e provetas. Sujeitos a testes e provações de toda ordem. Ele, um privilegiado, estudado com carinho, mas nos animais eram injetadas velhas doenças e novas curas. Recebiam doses mortais de substâncias químicas; passavam por técnicas de cirurgia recém-desenvolvidas e encorajados a tornarem-se alcoólatras ou viciados em drogas...

O chefe dos cientistas norte-americanos, sentindo a inquietação animalesca de Dahári, prosseguiu rapidamente na explanação, querendo distrair o silvícola:

– Desde que o olho é um sistema óptico, sua reflexão é mais complexa do que a de uma superfície lisa, como por exemplo um espelho. A luz de uma lanterna elétrica é focalizada na retina, pela córnea e cristalino. Parte da luz que não é absorvida na retina ou nas camadas adjacentes de tecido, é refletido de volta para o cristalino. Desde que a reflexão se origina aproximadamente do ponto focal do cristalino, a luz refletida é projetada num feixe fino de volta para a lanterna.

O brilho de olho nos gatos e outros animais noturnos que possuem **tapetum**, é tão brilhante que a fonte de iluminação não necessita estar próxima do olho do observador.

Um olho normal, que focaliza a imagem na retina, reflete um feixe de luz muito fino. Porém, os olhos com erro de refração, refletem um feixe mais espalhado. Nesse último caso, é fácil acontecer o brilho do olho, assim pois, a crença de que as mulheres mais velhas tem mais possibilidades de possuir mau-olhado, explica-se em parte pelo fato de seus olhos deteriorarem e emitirem um feixe mais aberto de brilho de olho. Em todo caso, essa explicação é mais razoável do que a teoria apresentada em 1611, de que o mau-olhado nas mulheres mais velhas depois da menopausa era provocado pelo sangue menstrual retido nas veias.

Embora gatos, onças, jacarés e outros animais noturnos possuam excelentes olhos retrorrefletivos devido à presença do **tapetum**, praticamente qualquer olho animal que inclua um sistema de cristalino, pode produzir brilho de olho...

O chefe dos cientistas abria um alçapão no assoalho e com um farolete iluminava embaixo, enquanto alguns pontos próximos, amarelos luminosos cintilantes, denunciavam os olhos de aranhas caseiras, viúvas-negras e outras, refletindo a luz da lanterna. Mais para o fundo centenas de pares de olhos verdes, ouro, amarelos e alaranjados, brilhavam na escuridão. Os olhos dos jacarés que passavam por baixo pareciam carvões incandescentes e não órgãos vivos.

– A refletância do olho – prosseguia o chefe dos cientistas – é muito mais do que uma fascinante curiosidade e muitas aplicações importantes científicas, médicas e militares que exploram o fenômeno, foram descobertas.

Vários engenhosos sistemas de fazer pontaria com as armas foram inventadas para uso militar. Dependem da reflexão da córnea ou da retina. Um deles permite ao piloto de um helicóptero apontar uma carabina simplesmente fixando o olhar no alvo. As reflexões da luz da córnea ativam os fotodiodos que controlam o aparelho de pontaria e rastreio.

A NASA incorporou o mesmo princípio numa aplicação espacial. O aparelho da NASA é chamado de "interruptor de olho" (**eye switch**) e opera na base de ligar e desligar quando a pupila do olho move-se para trás e para frente. O "interruptor de olho" pode ser usado por um astronauta sob altas cargas de gravidade que tornam os movimentos das mãos e dos dedos difíceis ou impossíveis. A NASA desenvolveu também um "interruptor de olho" para um mecanismo de controle de cadeiras de roda elétricas. Os pacientes incapazes de operar os controles das cadeiras de roda elétricas convencionais podem facilmente usar o controle "interruptor de olho"...

Como a gramática cerebral é idêntica nos animais, os cientistas do laboratório na selva amazônica, estudavam desde a lesma, até o macaco, que mais se parecia com o homem.

Notadamente estudavam o transplante de células para o cérebro humano. E o tecido cerebral que o diferenciava de todos os componentes do corpo humano.

– Dentro de poucos anos os implantes de células no cérebro para tratar regiões danificadas por lesões ou pelo envelhecimento serão rotineiras – previa um dos cientistas.

Enquanto um neurologista afirmava:

– Trabalhando com animais sentimo-nos livres da ética que tolhe experiências com seres humanos. Podemos ousar mais...

As experiências pareciam ficção científica. Células retiradas de fetos de animais eram bem assimiladas pelos receptores de transplantes também de animais. Orgãos de fetos inteiros implantados no cérebro de ratos adultos. Numa determinada experiência, um neurologista introduziu um coração de feto de rato, na íris de um rato adulto. O tecido nervoso da íris em pouco tempo envolveu o tecido do coração, os nervos que abrem e fecham a pupila cresceram para dentro do coração. Este passou a responder à luz. Pulsava devagar com muita luz e acelerava seu rítmo quando baixava a luminosidade da sala...

No laboratório rústico por fora e sofisticado por dentro, tinha até um **aplysia** levado para lá não se sabe como. Pequeno molusco marinho de cor alaranjado, cujo desenvolvimento cerebral situa-se entre os mais rudimentares dos seres vivos. De imensa utilidade justamente por tal razão.

– Gosto de trabalhar nele, porque é como um daqueles rádios antigos de poucas peças e com circúitos elétricos fáceis de entender – resmungava um dos cientistas, pioneiro no uso de animais primitivos em pesquisas sobre o funcionamento do sistema nervoso, dando informações demais para o selvagem, completando – o cérebro humano possui 100 bilhões a 1 trilhão de neurônios, suas células nervosas. O molusco tem pouco mais de 5 000 neurônios. Cada um dos olhos da **aplysia** está conectada a somente cinco células nervosas contra as centenas de milhões do nervo ótico humano...

Implantes de células que produzem hormônios sexuais, permitiram a ratos inférteis tornarem-se pais. Outros implantes deram a ratos senis a agilidade de jovens, restaurando-lhes a memória. Macacos **rhesus** acometidos de danos cerebrais deram sinais de melhora depois de receberem implantes de cérebros de outros macacos.

Conseguiram curar fêmeas de ratos de infertilidade injetando hormônios em seus cérebros.

Implantavam células da glândula supra-renal na base do cérebro de ratos. Estimuladas com nicotina, tais células secretavam uma substância parecida com o ópio, capaz de aliviar dores.

Colocados sobre chapas quentes os ratos que recebiam nicotina aguentavam mais tempo que os ratos usados para a comparação.

Abriam perspectivas terapêuticas para os casos de dores intratáveis como as que sofrem os amputados e pacientes com certos tipos de câncer.

Os homens de ciência não descansavam no laboratório das matas, os pesquisadores esperavam desvendar totalmente o cérebro humano, a mais complexa estrutura do universo...

O índio wai-wai, com o passar do tempo não prestava atenção no que o chefe dos cientistas falava.

Começou a ficar cada vez mais nervoso e impaciente. Seus pelos arrepiavam enquanto ele disfarçadamente tentava colocá-los no lugar sem despertar suspeitas. Em todos os departamentos que percorria, a mesma decepção...

Não se conformava enquanto uma grande lebre, pesadamente drogada, recebia na artéria da pata uma sonda com balão na extremidade, que chegava até a aorta e era constantemente esfregado de um lado para outro. O esfregamento danificava a parede interna da aorta, exposta dessa maneira a uma maior possibilidade de depósito de gordura. Após seis meses de dieta com alto nivel de colesterol, a lebre seria sacrificada. Os pesquisadores removeriam seu coração e o examinariam, em busca de indícios de bloqueio.

A combinação de sondagens e colesterol envelhecia o coração da lebre nesse curto prazo tanto quando o coração humana envelhecia em quinze anos e o processo servia como excelente modelo de endurecimento das artérias nos seres humanos.

Mas Dahári não queria compreender tudo aquilo.

Sua pele talvez pelo nervosismo, começou a apresentar estranhas manchas, levemente, como uma alergia. A maneira que o tempo passava da tarde para a noite, seu nervosismo aumentava o que o obrigava a andar de um lado para outro como agitada pantera acuada.

– Isso vem de longe. Desde a tradição judáico-cristã de que Deus deu ao homem o domínio sobre os animais. – Falava o chefe dos cientistas tentando acalmar o índio, talvez nervoso porque nunca havia entrado num laboratório daqueles. – É isso meu caro, a cada ano, nos países mais desenvolvidos, milhões de camundongos, coelhos, macacos e outros animais morrem para tornar a vida mais confortável e menos perigosa para nós...

– Para nós? – Interrompeu o índio cujos olhos com a escuridão da quase noite, estava virando um olho de gato arisco e inquieto.

– Sim, para nós, os seres humanos. – Reforçava o chefe dos cientistas, já meio espantado pelo fato de um selvagem que conhecia tanta coisa no reino animal e parecia não compreender a missão daqueles homens sacrificando-se na selva bruta isolada do resto do mundo.

De tanto o silvícola gostar de animal, parecia agir como um deles. E o cientista estava notando que na guerra entre bicho e gente Dahári estaria do lado do primeiro. De certo modo era até natural, o cientista entendia: o índio wai-wai convivera durante toda a sua vida muito mais com animais do que com humanos.

Como se não bastasse a ignorância do caboclo que vendia olhos secos dos botos e penas de uirapuru como talismãs do amor, atraindo a felicidade no comércio, jogo etc., estavam ali homens estudados, cientistas, contribuindo para a destruição dos animais. E na sua frente...

O silvícola não se conformava com a mortandade toda. Depois de tanto sofrimento, que começara com ratos, preás, lebres, usadas pelos pesquisadores biomédicos, passando por peixes-boi, pirarucus, chegando aos macacos e cachorros. Os pesquisadores do ramo cardiovascular preferiam os cães, porque seu aparelho circulatório era grande e acessível e a pressão sanguínea fácil de medir. Enquanto psicólogos preferiam usar gatos para estudos de visão e do cérebro.

A coisa se tornou misteriosa quando o selvagem chegou a ponto de argumentar com certa razão:

– Cachorros são alimentados com estriquinina e ratos recebem doenças por injeção e alega-se que é para os estudantes poderem estudar os efeitos. Mas as respostas já estão nos livros! O teste de possível irritação nos olhos com o efeito de detergentes, xampus e cosméticos, realizados nos laboratórios industriais jogando essas substâncias no olho do coelho deve irritar e doer não? E por acaso os coelhos recebem remédios para passar a dor? Há abusos desnecessários do sofrimento de animais, especialmente experiências que se limitam a repetir trabalhos anteriores...

O selvagem Dahári parecia uma fera, recebendo o espírito de um sábio.

Onde afinal tinha aprendido tudo aquilo? Quem lhe falara do que se passava no outro mundo, que não aquele verde e limitado onde sempre vivera?

O que também situava como fora do normal, as manchas que cada vez mais se assentuavam em seu corpo, parecendo agora uma onça...

E quando entrou na ala dos macacos estava a ponto de urrar.

Um macaco de uns 30 quilos, anestesiado e com fios saltando do peito, estava colocado sentado no que seria o banco da frente de um carro em escala menor. Para imitar o movimento do carro, esse banco da frente estava instalado sobre uma esteira rolante. A esteira foi acelerada até 60 quilômetros por hora e então bruscamente freada.

Com o impacto, o macaco projetou-se para frente e trombou com o painel simulado. Depois do violento choque, os cientistas mataram o macaco e que logo seria examinado em busca de lesões internas. Em seguida anotariam tudo. Os dados então enviados a estrangeiros encarregados de projetar carros mais seguros.

A cena seguinte, vista também com horror pelo silvícola Dahári, último da tribo wai-wai que ainda permanecia no Brasil, foi a gota d'água que faltava para entornar tudo.

Nessa altura os cientistas já tinham trancado todas as portas do laboratório, porque o forte índio como um possesso saltava e urrava feito animal enlouquecido.

Empurrando violentamente uma porta onde trazia os dizeres de que ali os macacos eram usados somente para testar vacinas e também em estudos que variavam do desenvolvimento fetal aos testes de novos sabonetes.

Tudo não passava de mentira. A taboleta dependurada na porta trazia uma coisa quando a realidade era outra.

Naquela sala Dahári presenciara a série de experimentos de caráter militar, em que os macacos **rhesus** eram imersos em água aquecida até 90 graus e expostos a radiações semelhantes às provocadas por uma bomba de neutrons!

No laboratório todos mentiam quando afirmavam que os símios **rhesus** só seriam usados em pesquisas médicas e em vacinação antipoliomielite. O laboratório na verdade só fazia experimentos de guerra e comandado por um general, disfarçado de chefe dos cientistas...

Paneiros (cestos) foram derrubados. Papéis voaram com o ataque da fera alucinada. Entre eles fichas contendo anotações de 12 000 macacos **rhesus** usados num ano. E uma ficha da mais nova pesquisa que trazia: "Estamos examinando um fenômeno. Trata-se de um caso que revolucionará a classe médica, principalmente no que diz respeito aos estudos dos olhos. Poderá ser de grande valia, quando utilizada em guerra futura"...

O grande laboratório perdido nas matas amazônicas, foi encontrado sem uma única testemunha da tragédia, para contar o que tinha acontecido, assim como desvendar o mistério.

Tudo totalmente destruido; das provetas às anotações. Até os simples instrumentos musicais indígenas que decoravam as paredes como a **jurupari** – longa trompa usada para tirar sons musicais e chocalhos **maracás**. Os corpos dos cientistas, todos, horrivelmente dilacerados e comidos, como se uma grande pantera os tivessem mutilado!

O próprio **anhangá**, nome genérico do diabo na língua tupi, ente fantástico das florestas, havia passado pelo local...

Curiosamente nenhum dos bichos que estavam presos para as experimentações tinha sido atingido, nem um arranhão sequer nos animais que permaneciam calmos. Extremamente dóceis como se nada houvesse acontecido de anormal.

E de acordo com as poucas folhas de relatórios não havia ali, nenhuma onça presa para experiências. Os projetos, todos sabiam, relacionavam-se apenas com animais como ratos, lebres, macacos, e não incluiam feras..

E entrar sozinha nenhuma pantera podia, porque as portas estavam bem fechadas. Além disso não havia nada arrombado. Estava isso sim, formado mais um enigma na selva assombrada...

O MODERNO CHAMPOLLION

Estava provado mais um paradoxo da selva assombrada. Grande região florestal, a Amazônia não permitia que ninguém ali vivesse exclusivamente de vegetais. A alimentação teria que ser na base de peixe e carne de caça. Especialmente do macaco, a maneira da carne de vaca, podia ser consumida diariamente sem que enjoasse.

Portanto a sobrevivência do estrangeiro seria muito difícil, principalmente considerando seus hábitos estranhos, totalmente diferentes, parecendo mais um campo experimental para estudos alimentares.

Bernard Duvallier nunca havia comido carne de espécie alguma. E quando criança, jamais bebeu refrigerante ou conheceu o gosto de um chocolate. Seus alimentos desde a infância, seguindo rigoroso regime alimentar imposto pelo pai, eram crus, sem sal nem açúcar. Nunca escovou os dentes com creme dental. Usava apenas limão o que tornara seus dentes brancos, fortes, sem cáries.

O menino, uma cobaia do pai, que de tanto dar-lhe o que toda criança detestava, o pequeno acabou achando o grosso e gorduroso líquido, uma delícia. Tomava cinco a seis cálices de óleo de fígado de bacalhau, com pedaços de ossos de ciba (um molusco do Mediterrâneo que no Brasil é dado aos passarinhos), além de misturar casca de ovo, tudo triturado no liquidificador. Outro alimento que dava água na boca da criança-cobaia: levedo de cerveja com ovos crus.

Até os seis anos, sua alimentação foi basicamente composta de sucos de frutas. Depois passou a comer sementes oleaginosas, como amendoim, castanha do Pará, sementes de abóbora, de paina-rosa e de girassol. Seu pai, um francês que havia vivido por uns tempos no Brasil como exportador e depois na França, importava de tudo. Na Amazônia onde se especializara, tinha viajado pelos rios Nhamundá, Purus, Negro, Tapajós, Juruá, procurando comprar plantas aromáticas e oleosas. Investia em cera de carnaúba, óleo de babaçú, mamona, tabaco, pimenta-do-reino, malva, cacau, canela, guaraná, coco, juta, erva-mate, baunilha, castanha e outras mercadorias da selva. Por isso tinha facilidade em preparar a estranha dieta para o filho, na Europa.

Os líquidos que acompanhavam as refeições do garoto, feitos a base de suco de salsa e cenouras, ou agrião, com folhas de giló e gergelim. Água, só em garrafas, para completar a exótica maneira de se alimentar.

Bernard Duvallier foi criado nos arredores de Paris, numa casa antiga com grande quintal, onde seu pai fazia questão de provar a todos ser ali diferente: o menino andava praticamente nú, a fim de aproveitar bem os raios solares. A idéia do pai era criá-lo daquele jeito para que um dia fosse viver na selva brasileira que ele tanto elogiava. Nessa altura já comia uns quinze ovos por dia. De galinha, marreca, pomba, aves marinhas francesas e de inúmeras aves da Amazônia.

O francês não queria que o filho se tornasse importador de mercadorias da Região Norte brasileira, como ele. Embora alguns europeus tinham enriquecido com plantas medicinais, vegetais perfumados, resinosos e outros produtos, como frutos dos mais diversos, animais, aves e peixes. Alguns parentes seus tinham ganho muito dinheiro começando com a importação de couros e peles raras, chegando até a trabalhar com mercúrio, amianto, platina, cristal, chumbo, gesso, salitre, fosfato, pedra preciosa como diamante e semi-preciosa como topázio, berilo e turmalina.

Nada disso interessava ao francês para o filho. Nem bauxita, cassiterita, magnetita, cobre, mármore, cobalto, ferro titanado, lençóis petrolíferos ou jazidas de ouro. Riquezas do subsolo amazônico que não tinham rival no mundo. Seu sonho para o menino traduzia-se em que estudasse Arqueologia, para descobrir os mistérios daquelas infinitas matas quase impenetráveis, onde repousavam provas de importantes existências.

O velho europeu não tivera estudo para decifrar o que vira, mas quem sabe seu filho se tornaria um moderno Champollion?

O francês conhecera bem o Brasil e falava desde que o filho era pequeno, sobre a Pedra Lavrada de Ingá, na caatinga paraibana; os postes e discos de madeira pintada encontrados no Alto Tapajós, no Jari e no Paru; falava sobre as inscrições no Morro do Triunfo e Ponte de Pedra, em Mato Grosso: citava os remos mágicos dos índios Maués e um documento paraibano que datava do primeiro século da colonização que entre numerosos desenhos gravados sobre rochas, pareciam indicar uma escrita na pré-história brasileira.

A criança de tanto ouvir as histórias do pai e os belíssimos lugares por onde ele tinha passado no Brasil, resolveu estudar Arqueologia ali mesmo em Paris, época em que se apaixonou pelo trabalho do patrício Jean François Champollion, e sua famosa "Pedra de Roseta", graças a qual ele pôde decifrar os hieróglifos. A pedra foi descoberta ao acaso, por um soldado árabe em 2 de agosto de 1799, durante a campanha napoleônica, no Egito. Sob as ordens do general de brigada André Joseph Boussard, os soldados escavavam uma série de fendas ao sul do Nilo, junto da localidade chamada Roseta.

A pedra continha três escritos, em caracteres diversos, mas com único texto: uma ordem sacerdotal datada do ano 196 Antes de Cristo. Os caracteres usados foram – de cima para baixo – os hieróglifos, caracteres demóticos (o egípcio daquela época) e grego. Champollion intuiu que, muito provavelmente, os sinais circundados por quadros deveriam ser os nomes de faraós. Decifrou os de Cleópatra e Ptolomeu e foi esta primeira tentativa que o levou à grande descoberta do alfabeto dos hieróglifos fonéticos...

Com o estudo concluído e devido a morte do pai, único parente que ainda lhe restava, Bernard Duvallier vendeu tudo que tinha em Paris disposto a partir para o Brasil, mais precisamente para a Amazônia. Região em que no passado, 1799, exclamava o geógrafo alemão Humboldt, numa carta: "Que vegetação magnífica, tudo aqui demonstra a grandeza do poder, a ternura da natureza, desde a serpente capaz de engolir um cavalo, até o colibri a balançar no cálice de uma flor"!

Com material da Amazônia, que enfeitava a casa, e que o pai havia acumulado durante anos e anos, foi feito um leilão na capital francesa, tendo grande repercussão. As peças valiosas, muito procuradas por colecionadores europeus. Havia urna marajoara, prato pintado, vaso gravado, ídolo, tacho de barro, estátua talhada em um só bloco de madeira, colar de índio, enfeite feito de sementes, arco e flecha, tacape, zarabatana, arpão. Aves embalsamadas como acauãs, caraxoés, gaviões-real, uirapurus. E vivas que iam de araras, papagaios, periquitos, a tucanos. E o preferido: um sofrê, conforme a região do Brasil, conhecido também por joão pinto, corrupião e uiratauá.

Livros, folhetos, trabalhos impressos sobre vegetais e animais e até sobre crendices amazônicas: Jurupari, Pé-de-pato, Curupira, Iara, Mboitatá, Rudá, Caapora, num desfile de duendes que parecia nunca ter fim. Todos os representantes da selva assombrada estavam ali reunidos. Naquela casa de Paris, todas as lendas da Amazônia eram conhecidas, do Boto ao Uirapuru. Mas, uma delas a preferida do jovem Bernard Duvallier, a Boiúna, enorme cobra, mãe de todas as águas:

Quando se ouvia um ronco ao longe, que arrepiava os cabelos e dava um frio de morte, era ela, o gênio do mal, a enorme serpente. Seu uivo horripilante, predominava sobre todas as vozes da selva, tinha o poder de paralisar a energia dos outros animais. Nas madrugadas tormentosas avistavam-se duas tochas fosforescentes, podia se contar que eram os olhos da cobra grande. A Boiúna, que em sua peregrinação fatídica, matava e devorava tudo que encontrava.

Porém nem sempre, a cobra se mostrava assim. Surgia também como um belíssimo barco cruzando silenciosamente as águas calmas e exibindo nos mastros, velas e bandeiras, esqueletos, tíbias, fêmures, caveiras de penitentes pecadores.

Do veleiro-fantasma à Boiúna, podia passar para um moderno transatlântico festivamente iluminado. De qualquer maneira quem a via ficava cego, quem a ouvia ficava surdo e quem a seguia ficava louco...

A última peça que Bernard Duvallier tirou da casa, foi um quadro que por muito tempo ficou dependurado na parede, sobre sua cama. Nele viam-se em primeiro plano, uma mulher de traços finos e bonitos, cujo rosto era marcado com pequeno coração púrpuro, protegendo o filho de colo, tendo a mão entrelaçada num terço, como a rezar contra a Boiúna. Talvez viúva, cujo marido fôra vítima da cobra-grande, a mãe-d'água, terrível pesadelo de pobres criaturas. Ao fundo uma casa de palafita e o barco, amigo inseparável do amazonense. Para dar mais autenticidade de pavor, só faltavam as asas de morcegos vibrando no ar, pios de corujas se entrecruzando num fino-assobio, sinistro, cortando o espaço aterrorizando os caboclos.

No quadro, a mulher de cabelos pretos e traje escuro, altiva e corajosa. Tinha sido a paixão de Bernard Duvallier. E agora, como se despedisse de uma figura real; razão de sua existência...

Fora a paixão de infância pelo quadro onde a bela amazonense protegia o filho (talvez porque o francês não conhecera sua mãe), ele pretendia achar no Brasil uma mulher com aqueles traços de altivez e coragem. Bernard Duvallier vinha à Amazônia por várias outras razões. Além de atender o pedido do pai que gostaria que ele tentasse decifrar as mensagens que povos antigos transmitiram através de desenhos, nas pedras, cavernas, da selva. Curiosidades e tudo mais. Estava ansioso por iniciar o trabalho, tal o fascínio que as matas do "inferno verde", como chamavam na Europa, e seus mistérios de selva cheia de assombrações, exerciam sobre ele. Afinal não fôra criado nos arredores de Paris, como um autêntico índio? E em pleno século vinte? Não estaria ali sua chance de matar a sede de paixão do seu amor impossível, romance infanto-juvenil, solitário, escondido, daquele quadro, onde por anos permaneceu a mulher de seus sonhos?

O pai apenas errara na dieta imposta ao filho, com a finalidade dele viver na selva. Como vegetariano, suas possibilidades de sobrevivência naquelas matas seriam remotíssimas...

Foi o que o arqueólogo Bernard Duvallier logo percebeu ao adentrá-la.

A estranha alimentação não tinha sentido ali. A maneira que penetrava nas cerradas matas, as frutas como a banana, chamada de pacova, a laranja, a manga, o abacate, o mamão, iam desaparecendo. Havia mel em abundância, mas ele não comia e não podia passar o tempo todo derrubando palmeiras para extrair palmitos.

Os peixes pulavam fora da água como convidando o estranho para um banquete. Deliciosas matrinchãs e suculentos tucunarés.

A caça ainda farta, como veados, pacas, macacos, antas, capivaras, tatus, mas poderia escacear conforme o lado em que ele seguisse. Na maior região florestal e fluvial do planeta, havia lugares em que não se encontrava um só rio e em consequência, uma só gota de água. O eterno paradoxo, tinha tudo e não tinha nada. Os animais por sua vez, evidentemente não habitavam lugar carente de tudo, que acabava se tornando um deserto de vida, apenas rodeado por folhas verdes.

Verduras e legumes, onde encontrá-los na selva?

Mesmo nas casas dos caboclos eram plantados em jiraus. Aproveitavam os barcos velhos, enchiam de terra, e apoiados sobre pés dentro de latas com água, passavam a ser vistosos canteiros suspensos. Neles, plantados tanto as flores para enfeite da casa, como verduras e os temperos que tornavam os peixes e as carnes mais saborosos. Tudo, devido as formigas.

Pior praga das florestas, pior que qualquer fera da região, pior ainda que o atormentador mosquito, pois enquanto este só incomodava, desde que não fosse transmissor de doenças; a formiga, além de muito incomodar com suas picadas, a tudo destruia, desde a roupa até os alimentos. E não havia meio de defesa contra a praga devoradora, não só de hortas e jardins, pois era encontrada sobre árvores, nas águas, nas várzeas, nos prados e tanto nos matos ralos quanto nas mais inpenetráveis florestas.

O arqueólogo francês prosseguia em sua caminhada pelas sombrias matas, que agora já não tinham mais as belas imagens de sua infância.

A selva é linda ou terrível dependendo da maneira como é enfrentada e tratada...

Para o solitário caminhante, aquela parte da floresta tinha visão aterradora. Verde, indiferente a seus apelos, repleta de galhos, espinhos e cipós, como que revoltados ante a presença do estranho. Onde as noites eram escuras e longas, parecendo sempre cheias de perigos. E a solidão aumentava o medo, quando algum pássaro ao longe cantava. Os dias, infernalmente quentes, iguais e intermináveis.

A fome e a sede atormentavam aquele homem cansado, que pretendia um dia em sua terra natal, e conforme pedido de seu velho pai, ser um Champollion moderno.

Frio e calor, ao mesmo tempo, provenientes das febres, constantes. Nas tardes silenciosas em que ele parava a caminhada para um descanso, as rezas, eram acompanhadas de choros. As chuvas matavam a sede, mas os temporais horríveis e castigadores, principalmente quando caiam durante a noite derrubando galhos enormes de maçarandubas, mognos e caobas na força de seus raios.

Com a volta do dia, também as febres, fraquesas e tonturas. E logo as tardes, de olhares cansados e perdidos no pouco do azul do céu entre as verdes muralhas, o pensamento distante e as noites fantasmagóricas: num círculo sem fim, como as voltas que ele dava naquele inferno, andando e andando, chegando sempre no mesmo lugar. Fenômeno comum na selva, para quem não a conhecia devidamente bem.

Nem uma palmeira mais por perto, já que ele estava praticamente vivendo de palmitos. A mata possuia tanto e nada. Fazia frio e calor; com quantidade enorme de troncos, folhas, cipós, parecia vazia. Os pios das aves iam se escasseando, nem o aterrador esturro da onça...

Bernard Duvallier experimentou alguns vegetais, mas não se habituou a nenhum. Se conhecesse as regras de sobrevivência na selva, saberia que broto de samambaia fervido e broto de bambu, poderiam ser comidos. Assim como a casca interna do pinheiro podia servir de alimento, crua era rica em vitamina C. A farinha extraida de um só tronco de palmeira sagueiro bastaria para alimentar um homem durante muitas semanas. Capim cozido, plantas aquáticas, cruas ou cozidas, como a tabôa (tirando a palha da parte do talo, próximo a raiz), ou a açucena branca (aproveitando os talos e as "batatas"), e até algumas raízes, porém não deviam ser comidas nunca, amargas e leitosas.

E foi justamente uma planta desconhecida que colocou em quantidade demasiada na boca só porque lhe pareceu familiar, quando deveria ter colocado em pequena quantidade, apenas tomando contato para notar suas reações.

Que tal castanha assada ou reduzida a óleo? Para o sertanejo substituia a gordura de porco e dela fazia mingau e uma espécie de leite que misturava ao café...

Bem que lembrou da castanha mas já era tarde, o efeito do mato ingerido começara. Bernard Duvallier delirava e sonhava acordado ao mesmo tempo. A personalidade foi tomando forma estranha, na inóspita selva e em tudo ele foi parecendo com o ídolo Champollion. Até fisicamente, porém mais magro e barbudo...

Sua vida agora na selva assombrada, não era somente a de Bernard Duvallier, mas ao mesmo tempo a de Jean François Champollion, que começou no ano de 1790, na cidade de Figeac, uma pequena vila no sudeste francês. Mas antes já o signo da estranheza e excentricidade rodeava aquele que mais tarde abriria o mundo dos egípcios aos estudiosos e sábios. Pouco antes de dar a luz, sua mãe ficou doente, e quase paralítica, e o marido, depois de esgotados todos os recursos da medicina, recorreu aos préstimos de um feiticeiro de muita fama na região de Lot, onde ficava Figeac. O bruxo chamava-se Jacquou e vivia cercado da fama de santidade, num mosteiro abandonado, atendendo os agonizantes com unguentos e orações.

O mago ordenou que a doente se entendesse sobre uma camada de ervas cozidas, e deu-lhe de beber vinho quente e uma infusão de folhas medicamentosas, preparadas por ele mesmo, debaixo de grande segredo. Depois sentenciou na presença de todos os familiares: "Será um menino, e o seu nome brilhará como um mastro nos próximos séculos".

Chamado de charlatão, o bruxo foi um bom profeta. Jean François começou a brilhar muito cedo. Com dois anos e meio, durante um temporal, o menino desapareceu de casa, depois de uma busca desesperada por parte dos pais, Jean François Champollion foi encontrado no meio da chuva, com as mãos estendidas. – "O que você está fazendo"? – Perguntou a mãe espantada. – "Quero pegar um pouco de fogo do céu" – respondeu o menino.

Seu pai, como livreiro nunca deixava faltar em casa livros para satisfazer a sua sede de saber e Jean François Champollion vivia perturbando a mãe perguntando coisas e fatos. A boa senhora então lia páginas de seu livro de missa, que o menino repetia de cor, depois confrontava a parte decorada, com textos de outros livros (já era um decifrador nato) começando a ler, sozinho, aos cinco anos...

Na selva prosseguia a jornada inglória do arqueólogo francês, Bernard Duvallier, que agora havia encontrado uns caracóis. Em sua terra natal, aquilo refogado seria **scargou**, prato de primeira, finíssimo. Mas cru, naquela situação, foi empurrado, com muito sacrifício para seu estômago, tão judiado. Como todo seu corpo. Os pés tinham-se tornado insencíveis por causa das picadas dos espinhos e do choque incessante contra as raízes, além dos bichos de pé que os havia deformado.

De suas roupas pouca coisa existiu, porque os galhos das árvores, os espinhos tinham levado cada um o seu bocado, naquele inferno onde as únicas companhias eram as serpentes pelo chão e os repugnantes morcegos no ar, que feito gigantescos vampiros tentavam sugar ainda mais o esquelético viajante solitário...

Na escola, Jean François Champollion sempre foi um mau aluno, não entendia a Matemática e só estudava as lições que gostava e nunca o que os mestres mandavam, que por sua vez o tratavam como um mau aluno.

O que não era de estranhar: numa escola de Mônaco, havia um rapaz apelidado de "**herr Langweil**" ("senhor Estúpido"), que se chamava Albert Einstein, o gênio do século. E certa vez nos Estados Unidos uma professora mandou para casa um menino com o seguinte bilhete pregado no peito e endereçado a mãe: "Seu filho é estúpido demais para aprender. Tire-o da escola". A mãe com paciência passou a cuidar do ensino do pequeno Thomas Edson, que mais tarde entre outras coisas simplesmente acabou inventando a lâmpada elétrica...

Aos doze anos Champollion escreveu seu primeiro livro. "Vida dos cães célebres", e abismou os professores lendo a Bíblia em texto hebráico, língua que não fazia parte dos programas escolares, mas muito procurado pelo insaciável jovem. Depois de haver aprendido latim, grego e hebráico, obteve de seu irmão, tutor de sua educação, o prêmio tão esperado: poder estudar árabe, copta, siriaco e caldeu. Como os livros de história, eram a seu ver insuficientes, escreveu uma "cronologia de Adão a Champollion junior", junior para distinguir-se de Champollion senior, seu irmão mais velho...

Bernard Duvallier conseguiu dormir menos mal, graças a umas folhas de palmeira, jacitara, mas quando despertou notou que suas feridas tinham se envenenado, infectadas por micróbios que causavam terrível dor, o que aliado a carrapatos, bichos de pé, mosquitos e espinhos transformavam tudo num sofrimento intolerável.

O viajante francês tinha sido acordado por um pequeno animal, o cuandu; um porco-espinho de cauda como a do macaco que vivia pelas árvores comendo frutas. Sua carne deliciosa, um dos bons pratos da selva. Enquanto, no chão bem perto dele, um jaboti passou por Bernard Duvallier, lentamente como a desdenhar de sua agilidade, força ou rapidez. A carne do quelônio terrestre que vivia na floresta era outra disputada pelos nativos; o fígado da fêmea, a melhor iguaria do animal e seus ovos tão bons como os da galinha.

A certa distância um arisco camaleão observava o estranho daquele pedaço de selva, talvez único lugar em que ainda havia vida animal. O camaleão outro prato de que o caboclo gostava muito, principalmente quando a fêmea se achava em véspera de postura. Bernard Duvallier que aproveitasse aquela última chance e comesse carne de uma vez, talvez a última.

A melhor carne das matas, a da paca, excelente petisco das mesas amazônicas, alimento domingueiro equivalente ao leitão e ao peru não era encontrada naquele pedaço de floresta. Nem adiantava para o estranho paladar vegetariano do francês. Como não resolvia a carne de veado, constituindo um dos mais finos pratos, de melhor paladar que o carneiro. Dos mais preferidos como alimento na Amazônia.

Para Bernard Duvalier tanto fazia uma anta como uma capivara atravessar seu caminho. Ou uma onça cuja carne clara e gorda assada transformava-se em excelente manjar. Os porcos-do-mato, quer o queixada, javali amazônico, que o caitetu, menor, e ambos magníficos como alimentos. Tatu, macaco, tamanduá, preguiça, quati, lontra, cachorro-do-mato. Cobra, comível, venenosa ou não, jogando fora um pedaço da cabeça e outro da cauda. E até o jacaré fornecia excelente alimentação: a parte da cauda, especialmente do terceiro anel para a ponta, tinha o gosto parecido com o da lagosta.

Na selva, tudo o que se arrasta sobre o chão e que anda, que nada ou voa, constitui uma possível fonte de alimento. Com poucas excessões, todos os animais são comíveis, quando recém-abatidos. Enquanto que todo o animal encontrado morto, não deve ser comido.

A tartaruga é a vaca da Amazônia. Sua carne, deliciosa, a sopa dela feita é prato universal. Fornece manteiga; a gema de seu ovo toma-se com café e o casco é empregado como vasilha.

A rã é petisco de primeira, enquanto o sapo, um dos poucos animais que não deve ser comido. Nos países civilizados, não se ingerem os mais estranhos alimentos? Caracóis na França; cobras na China; formiga nos Estados Unidos?...

Quanto mais Bernard Duvallier aprofundava-se na selva, no trecho horrível em que desapareciam as formas de vida animal, ia se animalizando. A fome o atormentava e alucinado não lembrava se gostava ou não de determinados alimentos; como uma fera investia sobre o que aparecesse.

Foi quando o coaxiním ferido, animal parecido com ursinho, aproximou-se do homem como a pedir proteção. Outro infeliz como ele na terrível selva, a pedir amparo.

Mancando como podia o francês agarrou o pequeno animal imediatamente, logo que este se aproximou de suas mãos, e como um louco destroncou o pescoço do pobre bicho doente. Para em seguida meter-lhes os dentes e chupar o sangue quente enquanto o animal se estrebuchava. Tentativa que foi um fracasso, desastre, para o arqueólogo francês que caiu numa crise de choro acompanhado de vômitos. O arrependimento tomou conta do homem que se sentia o pior dos assassinos, enquanto olhava para o coaxiním agonizante.

Quiz tentar curar o animal e correr ao mesmo tempo. Até que vencido pela crise de loucura se afastou do lugar, aos arrancos.

Tombado de fraqueza, dominado pela febre proveniente das picadas dos mosquitos dos pântanos, tossindo, Bernard Duvallier se contorcia de dor e cada vez mais se parecia com Jean François Champollion, no físico e no espírito e transformava-se agora para o passado longínquo...

Tempo em que Napoleão brilhava na Europa. Depois da campanha na Itália, o general organizou, em 1799, a expedição ao Egito, mais para fechar à Inglaterra o caminho das Índias, e também conseguir a glória imortal através do Oriente, como aconteceu com Alexandre e César.

Napoleão penetrou no Egito levando consigo, além dos soldados e canhões, 175 cientistas, desenhistas, estudiosos, encarregados de revelar os mistérios da terra mais antiga do mundo, e de fazer um levantamento da sua geografia, arqueologia, fauna. Com Napoleão partiram Gaspar Monge, professor de Matemática, fundador da Geometria Descritiva, Jean Baptiste Fournier, conhecido por seus estudos sobre o calor, o barão Domenico Denon, ex-favorito de Madame Pompadour, desenhista e gravador, que desenhou ao vivo as batalhas. Chegou também o aventureiro italiano Giovan Batista Belzoni, filho de um barbeiro, ex-frade, com quase dois metros de altura. Esse homem de uma força descomunal (trabalhou num circo onde levantava 11 homens de uma só vez), foi quem descobriu nos vales dos Reis, a tumba dos Faraós.

Na volta do Egito, Fournier foi nomeado diretor do Departamento dell'Isere e se estabeleceu em Grenoble, onde viviam os dois irmãos Champollion. O mais velho era secretário do Instituto Egípcio, e o mais novo, Jean François, passava as noites estudando os dialetos orientais.

Um dia Fournier notando o interesse do jovem, mostroulhe a sua coleção de escritos egípcios, que ninguém ainda havia conseguido decifrar. "Um dia eu os lerei". – Declarou com segurança o garoto Jean François Champollion, que na época tinha onze anos, passando daquele momento em diante a dedicar-se exclusivamente à uma só obsessão: o Egito. "Onde eu estou, penso que estou no Egito". Dizia Champollion, enquanto escrevia o novo livro: "O Egito sob os Faraós". Depois foi à Paris para aperfeiçoar seus estudos de persa, sânscrito, árabe e copta. Tendo ali encontrado um árabe que o tomou por patrício, de tão bem que falava a língua.

Entre seus estudos de hieróglifos e pirâmides, Jean François Champollion encontrou tempo para enamorar-se de uma cunhada de seu irmão, chamada Pauline, seis anos mais velha que ele; para quem dedicou diversas poesias e com quem acabou casando-se...

Enlouquecido pelas comichões, prosseguia Bernard Duvallier, agora já arrastando-se pela selva bruta. Estava quase nú porque os últimos fragmentos de roupas tinham sido aproveitados para enrolar as feridas. Das botas, quase nada mais existia, apodrecidas pela umidade. Uns pedaços de panos velhos enrolavam o que sobrara do couro, como caneleiras improvisadas. Iam quase até os pés, que estavam mal protegidos por chumaços de panos sujos e ensanguentados. A falta de higiene aumentava a infecção.

E pensar, não esquecia, lera o que Darwin, o grande sábio naturalista escrevera em 1832, em seu diário referindo-se ao "verde paraíso": "Delícia é um termo muito fraco para expressar a sensação de um naturalista ao ver pela primeira vez a selva brasileira. Ver a formosura das flores, o verde reluzente das folhagens e, sobretudo, a exuberância da sua vegetação maravilhosa, para aqueles que amam a história natural, é um prazer que, talvez, não se repetirá jamais"...

Em volta do pescoço e da cintura pendiam ainda uns farrapos do que outrora tinham sido camisa e calça. O francês fazia de tudo para abandonar o lugar onde até um rato morreria de fome. Onde estava a beleza, que os livros da sua infância querida e calma, trazia?

Aquela era a terra linda das borboletas e colibrís que seu pai tanto falava?

É verdade que tinham lhe prevenido contra os perigos da selva; terrível para o inexperiente e sem recurso, e má para quem andasse desacompanhado. Impossível atravessá-la sozinho. Teria que ser na forma de expedições com vários membros e bem equipados além de saúde e espírito fortes. Nunca só. Até os nativos andavam em grupo, com todo o conhecimento que possuiam.

Alguns moradores da região tinham dito a ele, quando viram o estrangeiro entrar sozinho nas matas: – "Você não sabe e nem pode imaginar como a floresta é terrível! Ali o couro de suas botas estraçalhará em poucos dias, sua roupa, chapéu, tudo estragará o mesmo acontecendo com suas carnes... Você apodrecerá embolorado como um porco enlameado!"...

Ele conhecia o perigo das matas, pois desde pequeno seu pai citava alguns deles. Mas o velho não sabia muito e o filho rapidamente aprendera tudo. Em pouco tempo Bernard Duvallier conhecera o inferno em vida. No início por não se alimentar de carne e peixes, com tanto tamuatá, acari, pescada, que passavam pelas águas em que atravessara. E não encontrando com fartura os vegetais e ovos precisos para sua difícil dieta, foi enfraquecendo rapidamente. Uma laranja aqui, um palmito ali, um coco, deu para ir vivendo durante certo tempo. Mas depois foi o caos.

Sabia até chamar macaco, seu pai também lhe ensinara o assobio, mas de que adiantava se ao colocar a carne na boca, vomitava tudo... Macacos guaribas e cuatás afastaram-se para as matas de palmeira miriti. Talvez os últimos animais que enxergaria...

O Mané-magro, conhecido também como bicho-pau, cuja cor imita galhos secos, movia-se lentamente sobre o arvoredo enquanto o caminhante a duras penas prosseguia quase mais lerdo que o inseto...

Aos dezessete anos Jean François Champollion leu frente a Academia de Grenoble, a introdução de seu "O Egito sob os Faraós". Aos dezenove anos foi eleito por unanimidade como professor de História da faculdade de letras daquela cidade. Enquanto trabalhava em seu dicionário de copta, língua a que se dedicava profundamente porque iria decifrar a linguagem do Egito e em particular da "Estrela de Roseta", a grande pedra de basalto negro, que fôra descoberta no rio Nilo durante a expedição napoleônica.

Com a altura de um metro, setenta centímetros de largura e trinta de espessura, continha três textos de escritas diferentes: o primeiro de 14 linhas em caracteres hieroglíficos; o segundo com 32 linhas em caracteres demótico; o terceiro, com 54 linhas em caracteres gregos. A parte grega foi prontamente traduzida: tratava-se do texto de 196 Antes de Cristo (pouco antes da batalha de Zama), pelos sacerdotes egípcios em honra ao rei Ptolomeu.

Que as três inscrições versavam sobre o mesmo assunto, estava no texto, pois na versão grega os sacerdotes ordenavam que o decreto fosse publicado nas tres línguas em uso no Egito, isto é, o hieróglifo, língua já em desuso e reservada só aos sacerdotes e monumentos, o demótico, que era a língua do Egito, usada pelo povo e o grego.

Nesse ponto havia uma verdadeira guerra entre os cientistas da Europa para, com base no texto grego, decifrar as escritas do Egito antigo. Não foi fácil, pois a crença comum entre os cientistas faziam dos hieróglifos um segredo maior que o das pirâmides: isto é, que os hieróglifos tinham um sentido simbólico, figurativo, que eles eram ideogramas, e não tinham valor fonético-alfabético.

Champollion ao invés, partiu da premissa, de que os sinais hieróglifos fossem sinais alfabéticos, e sob esse aspecto encontrou sucesso. O que foi muito difícil, pois durante certo tempo arriscou a perder toda a sua obra. Nas batalhas contra as tropas de Napoleão, as bombas de artilharia andaram caindo bem perto de sua casa. Com o fim de Napoleão, exilado em Santa Helena, a sua cátedra foi eliminada, e Jean François Champollion processado por traição, teve que refugiar-se numa aldeia dos Alpes, onde em modesta escola, para sobreviver, como simples mestre-escola, ensinava criancinhas a ler. Sem nunca deixar seus estudos sobre a "Estrela de Roseta"...

O infeliz Bernard Duvallier berrava e blasfemava, naquele resto de pântano pré-histórico, em que se metera, cheio de uma vida vegetal e animal ainda mais próximo da vida primitiva, onde todos os insetos venenosos da Terra pareciam crescer e mais do que em qualquer outro ponto. Naquela parte da Amazônia, sugado por carrapatos, se andava no mato ralo, chupado por sangue-sugas, se procurava os brejos, ele vivia perpetuamente entre duas muralhas verdes. Nenhuma colina se erguia no horizonte, nenhuma montanha dominava as árvores enormes, como uma cadeia infindável de florestas tropicais, que encerrava a alma do desgraçado viajante, esmagado por um verde infindável.

Inferno verde, onde por vezes aparecia a imagem da "dama de negro", altiva amazonense que protegia seu filho contra a Boiúna. Bela figura de mulher do quadro, que durante muitos anos permaneceu dependurada na parede de seu quarto, e por quem o jovem nutriu perdida paixão secreta.

Bernard Duvallier encontra mel de abelhas e come pela primeira vez na vida. Devido ao estado de seu estômago e de sua boca, acha amargo, aquilo que seria uma delícia a qualquer um. Acaba ficando mais tonto. O mel era doce; mas na verdade ele que não havia experimentado nenhum tipo, foi infeliz. Comeu tiúba, o favo de mel que embriaga. Cambaleando, enrosca-se nos cipós e seu corpo é envolvido por centenas de abelhas que o deixam mais inchado, devido as picadas, parecendo estar em brasa.

O francês solitário conseguia andar mais depressa, num esforço sobrehumano devido ao enxame de abelhas despertado, até encontrar um pé de manga. Comeu algumas frutas com casca e tudo. Nunca teria sonhado com tal esmola. Há muito que não ingeria algo tão bom. Reanimou-se um pouco, enquanto como um louco varrido passou a gritar no trecho de selva deserta:

– Eu sou Champollion!... Eu sou Champollion!...

Enquanto isso, muitos anos antes, quando depois de muitas noites sobre a mesa, Jean François Champollion consegue decifrar o nome de Cleópatra e Ptolomeu, confirmando assim sua teoria linguística, pulando de alegria foi à casa de seu irmão, e acabou desmaiando de emoção. Ficou na cama vários dias completamente esgotado.

Entregou a Dacier, secretário perpétuo da Academia, a sua famosa carta "relativa ao alfabeto dos hieróglifos fonéticos", que abria ao mundo o conhecimento do Egito. Era o dia 27 de setembro de 1822.

Daquele dia em diante, a história do misterioso Egito começou a surgir, escrita nos seus túmulos e templos. O orgulho francês estava salvo: se Napoleão perdeu o Egito, Champollion conquistou a sua alma.

Todavia o homem que havia feito as pedras falarem não conseguiu calar a inveja. Levou sete anos para que o governo lhe desse a cátedra de egiptologia no Colégio da França.

Logo depois Champollion interrompeu os ensinamentos, pois uma doença minava o seu organismo já combalido: a tuberculose...

Como voltaria a fazer 150 anos depois, em outra parte do mundo...

– Sou Champollion, e estou morrendo! Venham ver como morre um grande homem!... Venham todos. Venham, venham ver um sábio no fim. Um homem que estudou tanto, tanto...

Bernard Duvallier tossia e gritava, totalmente alucinado. Quanto mais se alterava mais tossia e escarrava sangue. Ora gritando que era Champollion, ora gemendo de cãimbras no estômago; animalizava-se colocando na boca, qualquer coisa que encontrasse. Que tanto podia ser fruto venenoso, carne estragada, inseto, raiz, tomado por forte crise de choro e desespero.

Com os dois pulmões atacados, vomitava sangue sem parar. Atormentado cada vez mais pela fome violenta e ardente sede, procurava grama, verme, lodo...

Um peixe passou por ele em plena floresta o que não o assustou. Bernard Duvallier tentou agarrá-lo em vão. E não se tratava de visão. O cuiu-cuiu em busca de alimento e outras águas "acelerou a caminhada" fugindo do louco. Seu destino era juntar-se a outros peixes da espécie que se encontravam vivos, a sombra de uma árvore, a quase meio quilômetro da·água mais próxima.

Se o francês não tivesse enlouquecido de vez, saberia que havia água perto, o que aumentaria sua possibilidade de encontrar alimentos e principalmente matar a sede infernal que o atormentava.

O gato selvagem maracajá que veio lamber o sal do barreiro, afastou-se o mais que pôde, desprezando aquele ser que definhava...

O mesmo acontecendo com a coruja murucututu que bateu asas para longe do cheiro do homem...

Restejando-se alucinado; minado pela tuberculose e pela malária, um milagre que aquele homem ainda respirasse. O que em outra ocasião seria uma visão deslumbrante, nada significava para o cadáver ambulante, que preferia um pé de laranja ou pacova.

À sua frente surgia o encanto do paraíso: a vitória-régia!

Planta aquática com dois metros de diâmetro, tendo no centro, como jóia incrustada, uma belíssima flor de notável perfume. Suas pétalas que atingiam mais de vinte centímetros, eram claras naquela hora da madrugada, ficariam rosadas ao meio dia e vermelhas ao anoitecer!...

Pena que Bernard Duvallier que só vira desgraças na selva, não tinha mais condições de admirar tanta beleza, ao amanhecer...

Arrastava-se dia e noite como miserável animal, a mais reles das minhocas, uma lesma ou verme, sem noção de nada, e portanto não percebendo que chegara finalmente a um rancho na beira do rio de águas claras...

Um vulto o esperava perto de um pé de abacate. O sertanejo recebeu-o com carinho. Abaixou-se e recolheu o traste humano, pois tratava-se de seu velho conhecido.

O caboclo na beira do rancho nada mais era do que o bruxo Jacquou, que em 1790 salvara Champollion e sua mãe!

A simples moradia continha, os mesmos unguentos do passado, acrescidos de estoque de vegetais medicinais como imbaúba, jacuacanga, caaroba, vassourinha, tapiá, jaborandi, angelim, da Amazônia. Possuia ainda as mesmas orações para atender os agonizantes. Novamente Champollion fôra salvo milagrosamente!...

O mago após levar o arqueólogo francês para uma cama de ervas cozidas, deu-lhe para beber o mesmo preparado de vinho quente e fervura de folhas que ele preparava há centenas de anos.

Quem era o velho misterioso? Um pajé? Um caboclo curandeiro perdido naquele fim de mundo da selva assombrada? Uma visão?...

De uma coisa o arqueólogo francês Bernard Duvallier lembrava bem, das palavras que ouviu no rancho da salvação: "... e seu nome continuará a brilhar como um mastro nos próximos séculos"... As mesmas que foram ditas pelo bruxo Jacquou, quase 200 anos antes, quando da salvação de Jean François Champollion...

Ao chegar de canoa no lugarejo mais perto da civilização, o caminhante estava novo em folha. Como se uma fada o tivesse cuidado, estando milagrosamente restabelecido da tuberculose, da malária, do estômago, dos intestinos, da loucura, das machucaduras, queimaduras e quebraduras, das simples feridas...

Não havia o menor sinal dos testes da selva que iam de escapar do berne ao bicho-de-pé. Das picadas da muriçoca à da mamangava que fazia urinar sangue. Do carrapato ao potó. Das lagartas urticantes (taturanas) à formiga fogo...

Contou sua história e claro que ninguém acreditou. Nem podia ser de outra maneira. Estava bem disposto e corado, sem queimadura de sol inclemente, sem marca sequer no corpo nu; como se tivesse chegado de Paris naquele instante e tomado uns goles de vinho francês, no avião ou navio...

– Esse gringo foi encontrado pelado, tendo apenas no pescoço um saquinho contendo um documento de identidade. Sua história é fantástica, inacreditável. A farra devia estar boa, pois ele ainda continua tonto, mais bêbado que um peru. Sorte dele não ter encontrado candirus. – Disse o escrivão sarcasticamente, referindo-se ao minúsculo peixe hematófago que em busca de sangue penetra pelos orifícios do corpo humano.

O delegado que se deliciava com a manga, tirada de um paneiro cheio de frutas, que conforme o tempo abrigava abio, biribá, ata, graviola, sapotilha, acreditou no escrivão e concordou. Olhou para o preso nu perguntando:

– Seu nome?...

– Jean François Champollion...

– Profissão?...

– Arqueólogo.

– Ah, veio descobrir a "Pedra de Roseta", da Amazônia! Como seu patrício e homônimo fez com relação ao Egito, no passado! É muito bom porque a América do Sul está cheia de enigmas nesse campo, a espera do Champollion do Novo Mundo para decifrá-las! Tanto nos curiosos sinais pintados em vasilhames e urnas marajoaras, como nas itacoatiaras, pedras onde foram esculpidas ou pintados desenhos!... – Disse o delegado do perdido lugarejo, querendo mostrar ao estrangeiro que não era um "índio de gravata", como alguns contrabandistas norte-americanos o chamavam, pelas costas.

Enquanto mostrava um pouco da sua cultura, meteu a mão no cesto e ofereceu um marmelo, prosseguindo:

– Sabe que nossos índios poderiam descender dos povos do Mediterrâneo? Sim, dos egípcios, semitas, fenícios, gregos! Seus costumes se parecem, suas lendas, seus mitos também! As superstições do Nilo são quase irmãs das amazônicas! O culto dos mortos, semelhantes! E até o nome de certas canoas, parecido!...

Descascou uma laranja e deu para o estrangeiro, sem parar, pois era raro aparecer ali alguém com que pudesse conversar:

– Quer ver? Pequena canoa é ubá. No Egito era báa e uáa. Quer ver mais? – E chamou o carcereiro para mostrar sua cara – Mesmo a semelhança racial de tipos, física e moralmente, do Nilo, se aproxima também dos tipos da Amazônia!...

– Sim – respondeu calmamente e bem disposto o arqueólogo francês – **Oui.**

– Seus documentos, por favor...

O estranho tirou de dentro de um saquinho que trazia amarrado ao pescoço a identidade onde constava: Jean François Champollion. Arqueólogo...

O delegado cedeu cueca, calça e camisa ao "preso", sem antes dizer-lhe que moderasse dali por diante, com as bebidas brasileiras:

– Cachaça com limão, em grande quantidade é fogo, **monsiour**! Confunde até a memória! Cuidado da próxima vez!...

Jean François Champollion de posse de alguns cajus do cesto de frutas do delegado, seguiu seu destino em busca das misteriosas escritas nas rochas, como no passado fizera as pedras falarem...

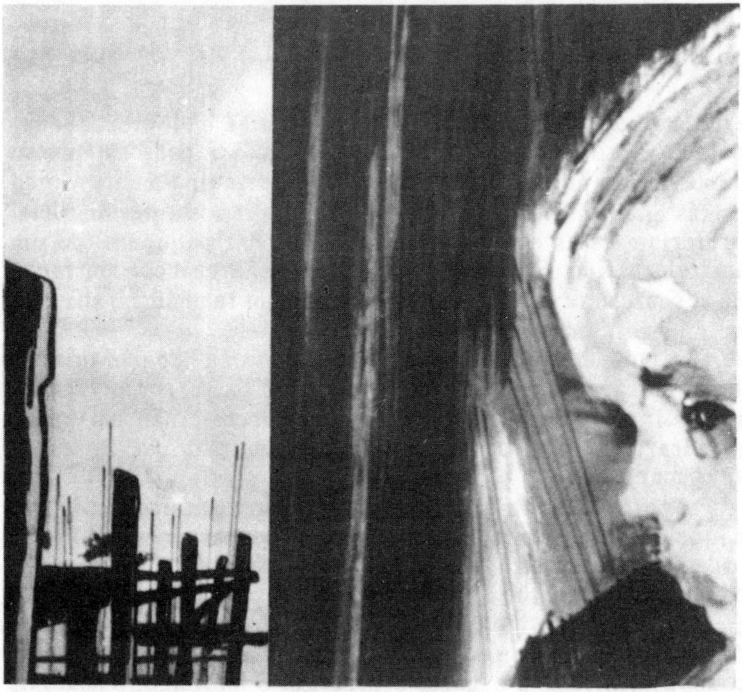

OS FANÁTICOS DE RACHÃ

O chefe da seita religiosa apresentava-se como o que se podia chamar de gente fina. Sempre elegantemente usando bem cortado terno de tergal verão brilhante e negro, acompanhado de camisa branca de cambraia. Os sapatos bico-finos, de cromo alemão. Luxo demais para o ambiente selvagem.

Bom pianista, leitor de Kafka, Shakespeare e até Ulisses no original. Culto e inteligente. Sabia que a **Cattleya Portia** era híbrido da **Cattleya Labiata Autumnallise** e **Cattleya Bowringiana.** Conhecia tanto a grafia como a pronúncia certa das orquídeas que iam da **Bletia, Laelia, Coelogyne, Aerides, Colax, Promenaea, Chloroleuca,** a **Loddigesil,** e seus perfumes.

Orquidófilo que não só amava suas orquídeas, como estudava os nomes das plantas. E na nomenclatura botânica, tinha que enfrentar uma série de nomes dos mais difíceis.

Além de discutir as formas da **Comparettia** e as cores da **Cryssotoxum,** o reverendo conhecia também as frutas e muito bem. Seu plantio, e quais eram as melhores, apenas pelo aspecto. Ao contrário da maioria das pessoas que se deixavam impressionar pelas maiores, principalmente vendo caixas onde estavam separadas laranjas grandes, de cor forte, preferiam estas erradamente, ao invés das pequenas, de um amarelo pálido. Sabia que nas frutas menores a concentração de açúcares era maior, princípio aplicável também no abacate, no mamão e em todas as outras.

O homem, outro intruso que chegou na "região quando a natureza ainda estava se arrumando"... E percorrera os rios Xingu, Nhanmundá, Jauari, Trombetas, não em busca de pirarucu, piraiba, peixe-boi, surubim, mas das flores de suas margens...

Aparentemente a colonia ficava num paraíso terrestre, naquele trecho de selva. A mansão do pastor, cercada de todas as frutas da Amazônia e as "importadas" cultivadas com o maior carinho e cuidados especiais, ao natural. Dificilmente se ouvia ali a frase tão comum: "Não se comem mais frutas saborosas como outrora". A melancia, deliciosa, assim como a mexirica, a banana, o pêssego, o morango, o abacaxi, a ameixa e uma série enorme de frutas da região.

Na colonia a fruta tinha sabor, aroma, porque eram plantadas naturalmente. O que não acontecia em outros lugares onde as técnicas modernas de plantio, as grandes plantações esgotavam a terra, e muitas vezes, os adubos e defensivos causavam o desequilíbrio da planta e prejudicavam a qualidade das frutas. Ali havia industrialização, principalmente de sucos, mas nada para justificar a má qualidade. Não tinha colheita precoce, amadurecimento forçado e outros fatores de prejuízos e de frutas sem gosto.

Plantava-se sob ordens expressas do pastor que liderava tudo no grupo, na base da saudosa produção de quintal, usando apenas adubo orgânico. Nada de artificialismo, com a intenção de enganar comprador, onde para atrair pelo tamanho, os produtores de frutas costumavam exagerar na adubação. Como no caso das poncãs, em que o segredo do seu sabor estava nas menores, mais pesadas. Grandes demais, a poncã facilmente ficava empedrada. O chefe religioso sabia que o excesso de potássio aumentava a acidez e engrossava a casca enquanto demasiado nitrogênio interferia no sabor da fruta. E a dosagem equilibrada estava no adubo natural.

Porém, bastavam alguns dias na comunidade para se perceber que aquilo estava mais para inferno do que paraíso. O lider na verdade tinha muito mais de satã do que se angélico. Tudo ali, controlado por Rachã, um falso profeta norte-americano, dos muitos que viviam a inventar religiões e certo dia resolveu levar para a selva, um grupo de fanáticos que o acompanhava cegamente. O negro alto e magro, de barbas ralas e brancas, parecia um hipnotizador coletivo, pois todos faziam sem objeções tudo o que o mestre mandava, por mais absurdo que pudesse parecer.

Mais de 2 mil norte-americanos haviam abandonado suas terras. Deixado o conforto das casas, o brilho dos carros últimos tipos para seguirem aquele estranho homem, que já havia sido processado nos Estados Unidos, depois de ter passado longo tempo numa clínica psiquiátrica por uso de tóxicos.

Passaram do **hamburger** à maniçoba – panelada de folhas de maniva socadas no pilão e a mixira – peixe frito conservado na própria gordura, que também podia ser conserva de carne ou peixe em manteiga de tartaruga ou azeite de peixe-boi.

Ordem do pastor: todos tinham que adaptar-se aos costumes locais.

O que fazia com que aquelas pessoas que viviam no melhor padrão de vida no mundo, procurassem a rudeza das selvas, de onde saiam para a civilização, apenas para contrabandear? Que poder tinha aquele bem vestido louco para convencer tanta gente a viver como seus escravos, plantando e colhendo frutas e contrabandeando?

A mudar seus costumes e usos e passar a viver como os nativos? Sem móveis, onde a cama era a rede, os pratos cuias onde entravam o peixe moqueado, a farinha e as frutas nativas da Amazônia?

Regrediam, ao chegar do centro onde havia de tudo que o conforto podia proporcionar e trocar por um pedaço de terra selvagem cercado de feras, febres, espinhos e tempestades tropicais.

Feitos prisioneiros, nem ao menos recebiam a visita do regatão como nas outras aldeias livres onde a chegada do árabe mercador sempre festiva, quando surgia dentro de seu grande barco-prateleira repleto de mosquiteiros, fósforos e cigarros, cortes de tecidos, balas de carabina, pó de arroz, sabonetes, cordas de viola, agulhas, facas e tesouras...

O que tinha de inteligente e culto, Rachã possuia de maquiavélico, cruel, violento e sanguinário. As mãos finas de unhas esmaltadas e bem polidas, as mesmas que escreviam as leis do cão, na selva.

Dentre as mais absurdas das leis elaboradas por ele, descabidas e selvagens, existia uma que castigava severamente os desertores. Cortava-se na primeira tentativa, uma orelha; na segunda, a outra orelha; na terceira, a mão direita e na quarta, a execução pública. Onde a vítima era espancada até a morte...

Impôs à comunidade uma rígida disciplina militar, onde ele passou a ser figura absoluta, e baixou severas instruções aos súditos que deveriam se comportar em sua presença, como seus escravos, manter-se a dez passos de distância, curvar-se obedientemente a cabeça e quando convidado a falar, responder com um "sim, Mestre dos Mestres".

No caso de ter que responder negativamente a algo dito por Rachã, as instruções recomendavam o máximo de atenção pois jamais poderia ser pronunciada para o "Mestre dos Mestres" a palavra "não".

Em torno do fanático e louco traficante, havia sempre uma guarda pessoal pronta para operações criminosas durante as quais violentavam mulheres, saqueavam qualquer casa da comunidade e matavam, quando o retrato do pastor não fosse visto facilmente. Em todos os templos da cidade, uma grande fotografia do chefe da seita era fixada no altar, sempre em local bem visível.

Mas estranhamente, o louco não se mantinha no poder só as custas do banditismo. Aquele bando de 2 mil masoquistas parecia se deliciar com o fanatismo do mestre. Gostavam de seus rituais bem como de suas mentiras, onde apregoava poder curar até o câncer com suas preces. Agentes de seu serviço secreto da selva, detinham algumas pessoas, mas na verdade, raramente isso acontecia. Quase todos os fiéis da seita mantinha uma docilidade, uma fidelidade ao chefe, de fazer inveja aos maiores ditadores.

Assim vivia o "Calígula da selva", cuja maldade chegava ao ponto de como controlador da população, mandar seus agentes atirar crianças nos rios, para as piranhas, diante dos olhos das mães, dizendo que Deus não queria que elas carregassem tantos filhos, pois precisavam trabalhar. Seus subordinados a tudo aceitavam sem discordar de nada. A palavra do "Mestre dos Mestres", indiscutível.

As notícias daquele vilarejo nas selvas amazônicas e os métodos brutais, onde milhares de norte-americanos fanáticos seguiam o profeta do mal, já haviam chegado aos Estados Unidos, através de mensagens de meninos que não se conformavam com o fanatismo dos pais e queriam sair daquele inferno.

Não se sabia, por carta, rádio ou mesmo levado através de alguns de seus homens-formigas que entravam constantemente nos Estados Unidos traficando tóxicos. Tanto que em Washington havia sido levantada a questão: até que ponto as pessoas podiam ou não ser influenciadas ou coagidas sem seu consentimento ou mesmo com conhecimento? Falava-se em "lavagem cerebral".

O termo "lavagem cerebral" aparecia como o mais provável. Aqueles fanáticos por certo tinham suas consciências "lavadas" pelo falso profeta, que desta maneira os tornava seus escravos.

Para os norte-americanos, o termo marcante, remontava à guerra da Coréia, quando o público desse país começou a ouvir histórias incríveis de soldados norte-americanos capturados fazendo elogios ao regime contrário, manifestando desprezo pela pátria e acusando os Estados Unidos de levarem a cabo a guerra bacteriológica naquele país. "Lavagem cerebral" uma tradução do chinês **hsi nao**, que literalmente significa "lavar o cérebro".

Já se falava nos Estados Unidos, em mandar uma comissão para examinar **in loco** as denúncias, do estranho comportamento daquela gente na selva. Conhecia-se muita coisa do louco, suas crueldades e manias; o "reverendo" tinha obsessão por taras sexuais, a ponto de impedir que os membros de sua seita mantivessem relações sexuais sem autorização, embora ele pudesse ter contatos íntimos com quaisquer membros do grupo, homens ou mulheres...

Mas a maior preocupação das autoridades norte-americanas, não estava no comportamento do bando de fanáticos na selva amazônica, seguindo uma seita sinistra comandada por um mestre que não passava de louco (afinal seguiam-no por livre e expontânea vontade), e sim pela rede de homens-formigas formada por um cidadão cujo pseudônimo era Rachã. Esse exército de autômatos, o principal causador, da entrada nos Estados Unidos, de centenas de quilos de cocaína por ano!

Da selva formada de guaxingúbas, manaiáras, tororós, mais precisamente de sua bem montada sala decorada com pequenos lagos onde repousavam vitórias-régias, o negro Rachã admirando modigliani na parede, ao som de Vivaldi, entre goles de vinhos finos franceses, manobrava uma das maiores redes de tóxicos do mundo.

Seus homens mais silenciosos do que os mafiosos, porque fanáticos, temendo a ira de Deus, jamais denunciavam seu chefe. Quando presos, o que era raro acontecer, nunca denunciavam o lider, que disso tinha certeza absoluta, e controlava o grupo de quase 2 mil traficantes, considerando que até crianças eram "mulas" – transportadoras de tóxico.

As tarefas de plantações e colheitas de frutas, na verdade escondiam o principal trabalho. Crianças e mulheres dedicavam-se ao plantio e recolhiam inclusive as frutas nativas para o preparo de sucos que eram exportados. Aos homens cabiam os principais trabalhos, que iam desde a plantação do ipadu – um tipo de coca – até o seu preparo em laboratório para transformar as folhas em massa e posteriormente chegar-se ao pó, tão procurado no mundo inteiro.

Os disfarces dos homens de Rachã, que colaboravam para o aumento de drogas clandestinas nos Estados Unidos, os mais variados possíveis. Essa a única hora em que os fanáticos tinham ordem de dispensar o retratinho do lider religioso negro de ralas barbas brancas. A cocaína entrava dentro de Bíblias, no interior de bengalas e guarda-chuvas de respeitáveis cidadãos e até nos chapéus de palha, enfeitados de margaridinhas, das gordas senhoras que chegavam da Amazônia.

Os casais de idade avançada, nem porisso constrangiam os experientes aduaneiros norte-americanos que haviam se apossado já de cocaína avaliada em milhões de dólares, mas que não tinham conseguido desarticular a engenhosa rede da **South American Connection.** A atração que exercia o mercado norte-americano de drogas era compreensível: seu volume de negócios passava da ordem de 3 bilhões de dólares anuais!

Até mesmo o salto falso de sapato, o tubo de creme dental e o interior de um olho de vidro, que já tinham transportado clandestinamente diamantes, auxiliavam novamente na rota de tóxicos, agora mais lucrativa do que nunca. A "rota do Sul" que abrangia a Amazônia, principalmente parte da Colombia e do Perú, na maioria das vezes desembocava na Flórida. Em Tampa, os aduaneiros chegaram a embargar cocaína numa inocente banana, transportada por uma criança, do fanático exército de homens-formigas de Rachã!

No aeroporto de Miami, fora apreendidas em cinco meses, dentro de instrumentos musicais, centenas de libras do mesmo produto a quem chamavam de "o champanhe da droga", por seu preço elevado e por sua clientela de músicos de rock, milionários, etc.

As autoridades tinham obtidos alguns êxitos mais ou menos espetaculares, mas a quantidade de cocaína entrava cada vez mais, pelos fanáticos. Os traficantes comuns não custavam a encontrar "mulas" como diziam no submundo dos produtores do vício. Os transportadores eram bem pagos: 5 000 dólares por viagem com as despesas pagas.

Diante de semelhante oferta criminosa não havia classe social nem idade que resistia. Mas os homens-formigas de Rachã, transportavam de graça para o lider religioso. Os fanáticos apenas obedeciam a ordem de embarque do chefe. Era um "prêmio que recebiam pelo bom comportamento"; homens, mulheres e crianças, viajavam aos Estados Unidos em visita a parentes (mas sempre deixando um da família) o que dificultava a missão dos fiscais, tamanha a aparência inocente daquela gente simples, que muitas vezes nem mesmo sabia o que transportava.

Prestavam-se a isso jovens esportistas e respeitáveis senhores, cientes do mal que estavam causando, apenas pelo lucro. Entravam no meio, homens de Rachã, cientes ou não do que faziam, disfarçados em estudantes e operários, militares, técnicos, engenheiros, músicos, professores, cientistas, padres. Ricos e autênticos homens de negócios, que faziam do tráfico, fonte de renda, a falsos, comandados por Rachã, isto até a humildes camponeses. Difícil a missão dos fiscais em selecionar tudo aquilo.

Os aduaneiros queixavam-se de que não havia um tipo especial de traficante. Não existia modo de reconhecê-lo entre o milhão e meio de viajantes que passavam anualmente por Miami, rota preferida pelos homens-formigas de Rachã, cada um levando um pouco da droga. Além disso os traficantes escondiam a cocaína nos lugares mais inverossímeis: varas de pesca, forro de livros, raquetes de tenis, caixas de bombons, inocentes brinquedos e até em latas de goiabada e em pacotes de café. Outras vezes dissolviam o produto em garrafas de uísque, devidamente lacradas!...

Suspeitando de que o passageiro estava mais pálido do que a lua, para quem "tinha passado férias na Amazônia", as autoridades de Miami descobriram importante pacote dentro de garrafas de oxigênio de "esportistas" da caça submarina. Homens, mulheres e crianças, do exército fanático de Rachã faziam de tudo, para passar o tóxico. Enquanto outro inspetor desconfiado examinando a cadeira de um paralítico que parecia muito barrigudo. Com risco de passar por sádico, levantou o "enfermo" e destripou o assento à ponta de canivete: dentro estava a droga. O "paralítico" desmascarado, nervoso, levantou-se depressa.

Havia uma vantagem para a polícia. Os homens de Rachã eram bons perdedores, isto é, como bons artistas negavam tudo, mas uma vez descobertos sabiam o que lhes esperavam e não resistiam. Apenas confiavam pacificamente poder sair do apuro, apesar do rigoroso sistema judicial norte-americano.

Os fanáticos não agiam com violência, só uma coisa não diziam, o nome de Rachã. Acusar o "Mestre dos Mestres", era acusar Deus.

As vezes surgiam dramas. Como a de um jovem que morreu aos 17 anos num hotel de Miami, pouco depois de ter passado pela aduana com sua carga de droga, estabelecido pelo lider Rachã. Tinha engulido 53 saquinhos de cocaína e 2 deles arrebentaram no seu estômago.

Não tinha sido um caso excepcional. Outros traficantes fanáticos que cansaram de transportar a droga dentro de defuntos, tentaram inovar, fazendo cortes na própria pele e introduzindo debaixo dela saquinhos com a droga conforme ordens de Rachã. Por outro lado, morriam dois "marinheiros" que tinham escondido, sempre por determinação do chefe da seita religiosa, a droga no reto...

Os fanáticos de Rachã, não tinham sido os primeiros religiosos norte-americanos que se embrenhavam nas matas sul-americanas. Alguns membros eram até remanescentes de outras seitas, destruídas pelas polícias de vários países da América do Sul. Grupos que tanto praticavam suicídio coletivo, como matavam centenas de homens, mulheres e crianças em seus rituais nas matas.

As autoridades norte-americanas, tentavam evitar uma matança desnecessária, porque conhecia até onde ia o fanatismo daquela gente, ao contrariar seu lider, mobilizou a CIA para dar fim nas atividades de Rachã. Uma vez eliminado o chefe e seus lugares-tenentes, os adeptos talvez se entregassem sem o tradicional morticínio. Desaparecidos os cabeças, haveria tempo para convencer o resto do pessoal. Afinal existiam no meio, centenas de cidadãos norte-americanos doentes, homens, mulheres e crianças que as vezes nada tinham com os atos dos traficantes.

Diretamente dos Estados Unidos, policiais entraram em contato com os brasileiros para numa ação em conjunto resolverem o assunto no local, uma vez que estava positivado, os maiores narcotraficantes que passavam a droga nos Estados Unidos eram mesmo homens de Rachã. Amazônia-Miami, a rota...

O delegado do sertão, que tinha fama de ser comunista não perdeu tempo:

– Esses gringos da América do Norte, além de explorar o mundo com o peso do dólar, xeretar em revolução dos outros sem ser chamado, só sabem fazer outras duas coisas: guerra e religião. E com isso dão trabalho, como se não bastasse o que temos aqui...

O arsenal que os policiais norte-americanos trouxeram, algo sensacional e cinematográfico, pelo menos para a polícia brasileira daquele pedaço de selva amazônica. Afinal representavam homens da CIA, especializados em dar sumiço sem deixar rastro, e a coisa teria que ser muito bem feita.

– A cobra sem cabeça, perderá o rumo, e acabará morrendo – Disse um deles, que portava pistola movida a pilha e dotada de mira telescópica, capaz de lançar sem ruídos, de uma distância de até 100 metros, projéteis envenenados.

– Realmente – confirmou o delegado brasileiro – tudo terá que ser bem executado, porque a reação dos fanáticos todos nós já conhecemos.

A reação significava suicídio em massa, morte coletiva e o assassínio, onde não respeitavam nem mulheres grávidas e crianças.

Os policiais norte-americanos exibiam aos seus colegas brasileiros, coleção, que a partir daí deixou os policiais sulamericanos invejosos. Embora muitas das peças pareciam totalmente desnecessárias como uma fechadura de automóvel, sensível ao calor, que estava pronta para, a determinadas temperaturas, exalar vapores venenosos no interior do veículo em que era colocada.

Sem contar as canetas, guarda-chuvas e bengalas que lançavam dardos venenosos!

Ou lâmpadas fluorescentes que soltavam substâncias tóxicas ao serem acesas. Pílulas e alfinetes capazes de provocar a morte instantânea!

Gases então, havia em quantidade para envenenar toda a rede do metrô de Nova Yorque, se tivesse escapado ali!

Para que traziam tudo aquilo afinal? Para que o exagero do fenomenal elenco de armas exóticas desenvolvidas nos laboratórios da CIA?

– Eles não usam os meios mais estranhos de levar o tóxico para os Estados Unidos? – Declarava um dos policiais especializados – Temos que usar as mesmas armas, os mesmos disfarces. Eles usam a inteligência a serviço do crime. Nós usamos em benefício do bem estar da população, da ordem... As vezes usamos em nós próprios os venenos que preparamos para nossos inimigos...

– Como?...

– Vou explicar. Todas estas armas e outras que compunham um projeto da CIA, custaram a nação a importância de 3 milhões de dólares! Mas a arma que mais suscitou controvérsia entre todas foi este fulminante veneno de mariscos...

Um vidro foi então exibido. E já existia desde a época em que um piloto norte-americano empreendeu sua histórica missão de espionagem na Rússia, voando num avião U-2, que acabou abatido pelos soviéticos.

Na ocasião, o piloto, levava um extrato de veneno de marisco embutido em um alfinete. O alfinete, por sua vez, estava oculto num dólar de prata. E a finalidade do engenho, servir de instrumento de suicídio do piloto, em caso de necessidade – o que poderia ser conseguido com uma simples picada no próprio corpo. Na verdade, houve necessidade, uma vez que o piloto foi feito prisioneiro pelo inimigo. Mas como se sabe, ele acabou passando dois anos em poder dos russos, ao fim dos quais foi libertado...

– Uma evidência de que a última hora, teve o bom senso de não seguir o conselho de seus chefes... – Encerrou o delegado brasileiro...

O esquema da CIA para combater o tóxico na Amazônia e em especial contra-atacar o falso Rachã, já estava em andamento. A operação passou a chamar-se "Armagedon" e o coronel Conrad, um norte-americano de cabelos vermelhos entrou logo em ação, como chefe da operação.

Seu disfarce, o de um cientista em visita casual a comunidade onde juntamente com os homens de sua equipe, assassinariam o lider religioso.

"Armagedon", segundo a Bíblia era o lugar onde os reis da Terra, liderados por Satã, seriam destruídos por Deus...

Os brasileiros (que no pedaço de terra, eram gringos) para não levantar suspeitas, acompanhariam o caso de longe. A comunicação seria feita através de rádio. Os comandos norte-americanos compostos de experientes homens da CIA, dariam conta facilmente da missão, segundo o coronel Conrad.

A "guerra" ia ser interessante, porque os norte-americanos em geral sempre foram os maiores mentirosos profissionais da Amazônia. Nunca nada daquilo que falavam ser. Fosse em tempo de paz e principalmente agora, que não era luta de interesse e sim batalha real!...

A "equipe de cientistas" do "Dr. Conrad", foi recebida com certa frieza pelo lider dos fanáticos da selva no seu ambiente preferido, lidando com flores. Num local onde a trepadeira ipoméia cercava enfeitada por palmeiras jacitara, uma **japá** – esteira tecida com folhas de palmeira juçara, em que um macaco prego repousava, coisa rara de acontecer com o bicho que parecia nunca parar.

As caixas contendo o equipamento foi justificado pelo "cientista" chefe, alegando que muitas substâncias capazes de prejudicar seriamente os organismos vivos, poderiam ser benéficas, se usadas adequadamente. É essa uma das razões pela qual aqueles "homens de ciência" estavam procurando na selva, obter novos remédios nos domínios aparentemente improváveis dos animais e plantas venenosas.

– O **fugu**, peixe abundante nas águas japonesas, é um exemplo de substâncias venenosas, que, entretanto pode proporcionar alimentação saborosa e suavizar o sofrimento de doentes portadores de males dolorosos. O **fugu** já matou tanta gente que as autoridades nipônicas o consideram uma ameaça pública e impedem a sua venda exceto em alguns restaurantes devidamente licenciados, onde os cozinheiros removem os órgãos venenosos do peixe: ovário, ovas, fígado e pele. A substância letal no **fugu** é a **tetrodotoxina** um poderoso veneno que ataca os nervos causando a morte por paralisia.

No entanto – prosseguia o falso cientista, a explicar ao lider religioso sua missão naquelas paragens – usado em pequenas doses pelos médicos, o veneno do **fugu** é indicado para aliviar dores, espasmos musculares e para suavizar os últimos dias de pacientes cancerosos. Com o anestésico, a **tetrodotoxina** é cerca de 160 mil vezes mais poderosa do que a cocaína...

Aquela palavra fez com que vários homens que ladeavam o "Mestre dos Mestres", olhassem entre si. Foi o bastante para que o coronel Conrad, observasse que estava no caminho certo.

– Muitos venenos de plantas já foram desenvolvidos para a aplicação na medicina. Aqui mesmo nesta região temos o caso do curare, em que os índios mergulham suas flechas quando desejam paralisar animais ou inimigos. Pois bem, essa mesma droga, é usada para relaxar músculos em pacientes submetidos a intervenções cirúrgicas e em vítimas de poliomielite e tétano.

A beladona, planta que envenenou o exército romano no tempo de Marco Antonio, contém substância para relaxar espasmos do estômago e dilatar pupilas. Uma droga para estancar hemorragia é extraída do esporão do centêio, fungo responsável por várias epidemias medievais, uma das quais matou 40 mil europeus...

A conversa do "Dr. Conrad" estava cativando Rachã, que já mentalizava levar o **fugu** para os rios Tocantins, Javari, Negro, Xingú, Madeira, Tapajós e empestear a Amazônia como se aqui já não existisse o baiacu, cuja carne tanto do tipo fluvial como do marinho, não é venenosa, mas seu veneno está na pele, no fígado, vesícula biliar e nos orgãos genitais, durante a época da reprodução...

O visitante parecia um especialista em venenos. Falava sobre toxinas de animais, especialmente a variedade marinha que vinha sendo estudada há vários anos. Citava em especial a capacidade da lesma do mar de interferir nas células vivas de reprodução. Isto poderia ser útil no tratamento do câncer que é a multiplicação descontrolada das células. Referia-se também ao peixe-sapo que podia ser de grande valor no caso do diabetes, e outros peixes venenosos que podiam ser de utilidade em pesquisas de laboratório.

Enquanto o lider religioso prestava atenção, o coronel da CIA prosseguia citando certas serpentes do mar que secretavam substâncias venenosas 50 vezes mais poderosas do que as dos ofídios conhecidos. Havia até uma espécie de vespa do mar, cujo veneno era tão fulminante que podia matar no espaço de 3 minutos...

Rachã interessou-se finalmente pelas pesquisas do "Dr. Conrad", e passou a acompanhá-lo diariamente pelas matas e pelos rios atrás dos inúmeros vegetais venenosos e animais peçonhentos pertencentes a grupos afastados do reino animal, que na Amazônia parecia ser inesgotável viveiro deles.

O lider religioso dessa forma mantinha o visitante sempre longe do laboratório onde preparavam a massa da cocaína e onde a convertiam em pó. Bem como as plantações do ipadu, cada vez em maior quantidade.

Deixaram de lado orquídeas **Martiano** e **Chocoensis** para procurar um tipo de cipó no mundo verde, repleto deles.

Queria saber como o índio, tinguijar, isto é, envenenar o peixe por meio de plantas tóxicas lançadas à água e que não prejudicava a carne.

Os norte-americanos olhavam para cima não acreditando no que viam. Sentiam-se como minúsculos seres a andar sobre verde e mais verde, cerca viva impenetrável onde enormes árvores de mais de 30 metros não possuiam raízes fundas, não tinham "pião", assentavam sobre o chão por sistemas de raízes superficiais, e seguravam-se uma às outras por cipós. Para derrubá-las, cortava-se não o tronco, mas as raízes e cipós...

Não tratava de terra rica demais, segundo os agrônomos modernos que a examinava. A exuberância de folhas e troncos, o colossal mundo verde era formado pelo calor e a umidade. As folhas caindo de gigantescas árvores, acumulavam-se ao chão úmido e quente do selvagem laboratório. As raízes dos enormes troncos não se aprofundavam no chão, mas espalhavam-se como pés de galinhas, levando às suas células, os princípios vitais do crescimento.

Nenhuma floresta possuia como a da Amazônia, tanta variedade. As parasitas cresciam sob as formas de musgos, de ervas, de cipós, de arbustos. Enroscavam, entrelaçavam tudo, procurando subir nos galhos mais altos. Vivendo numa luta constante, onde muitas vezes o pequeno acabava esmagando o grande como sucede com o micróbio no organismo humano.

O apuizeiro, o símbolo desses ataques silenciosos. E aquilo para Rachã e Conrad, uma delícia! Fazer desaparecer sem barulho, eliminar da forma mais tranquila, era com aqueles dois mestres do envenenamento. Os especialistas do terror se deleitavam, observando a ação do apuizeiro, como se a natureza preparara o cenário para um **show** aos visitantes.

Na forma de aparente raminho inocente, o apuizeiro levado pelos ventos e pelos pássaros. Ao encostar ou cair sobre uma árvore, o minúsculo vegetal, aparentemente fraco, e sem a menor importância, começava a brotar. O perigoso inimigo da árvore não deixava adivinhar a tremenda força de suas antenas, a ação envolvente e compressora de seus fios estranguladores! Crescendo verticalmente na árvore à qual se agregavam, desciam simultaneamente suas raízes para o solo. Preparavam-se para o duelo da morte!

Desdobrava os órgãos, ampliava-os, multiplicava-os. Dia a dia, cresciam como rede de tecido forte, em torno da árvore. Os antigos e fracos fios, agora grossos, formavam cordas resistentes envolvendo todos os lados. Com o passar do tempo não se enxergavam mais o tronco e a copa primitivos!

Sufocando canela, mogno, maçaranduba, angelim, caoba, do tamanho que fossem...

Não havia árvore que resistisse a couraça vegetal, estranguladora, formada pelo apuizeiro. Os mais vigorosos representantes das matas, gigantes de cernes duríssimos, capazes de acabar com o fio de um machado, enfraqueciam, secavam, envolvidos por aquela trama asfixiante!...

Os dois estrangeiros apenas lamentavam não poder ficar ali por muito tempo observando do início ao fim, até a planta completar o ciclo de morte, que para Rachã e Conrad era um espetáculo divino...

Acompanhava-os um nativo, índio jívaro, perito no preparo do curare, com o qual envenenara suas setas, embora o veneno fosse também usado por outras tribos. Empregado basicamente na caça, provocava a morte dos animais atingidos em rápidos minutos. Procuravam nas matas um cipó chamado **uirari**, daí a corruptela de curare. Cabia aos feiticeiros a manipulação do veneno, cuja preparação obedecia a uma série de ritos. O cipó fornecia a matéria-prima, o resto dos ingredientes no fabrico, feito com peçonhas de aranhas caranguejeiras, escorpiões e outros insetos.

A ação do curare era paralisar todo o sistema nervoso e provocar a sufocação, não havendo nenhuma possibilidade de salvação para o atingido pelo dardo mortífero.

O jívaro, havia finalmente achado o cipó. Deu para Conrad segurar sua zarabatana enquanto subia na imbaúba. No ato quase que o agente da CIA deixava transparecer sua verdadeira identidade, tal o entusiasmo que a arma causava em suas mãos. A predileta dos jívaros e outros índios do Alto Amazonas, também a usavam. Um tubo apenas, mas de tremendo efeito, onde era colocado um pequeno dardo venenoso, e assoprado. A saída do dardo tão rápida que não se podia acompanhar sua trajetória. Tratava-se de raríssimo objeto do mais perfeito artesanato indígena. Genuína maravilha de conhecimentos balísticos e de direção. Seu fabrico exigia muito tempo e paciência...

Conrad e Rachã, auxiliados pelo nativo, estudaram juntos serpentes, aranhas, escorpiões e lacraias. Os insetos: marimbondos, abelhas, lagartas urticantes. Os peixes: arraias e baiacus...

Os dois norte-americanos acabaram fazendo sólida amizade com o convívio diário e descobrindo curiosa coincidência através da vastíssima biblioteca de Rachã, que o veneno do **newt**, um lagarto da Califórnia, era quimicamente idêntico a **tetrodoxina** do **fugu**, embora não tivessem qualquer relação anatômica.

Os dois animais, como os dois humanos que os pesquisavam: diferentes na constituição física, mas carregados por dentro, do mesmo veneno. Um negro, alto e magro. O outro, atarracado, forte, pele clara e cabelos vermelhos...

Na enorme sala, ao som de Vivaldi, e acompanhado de finos vinhos franceses, só faltava Lucrécia Borgia sair do túmulo, para completar o trio infernal. Era espantosa a coincidência de atração de Rachã e Conrad pelo veneno. Só falavam, pesquisavam, admiravam a silenciosa forma de morte...

Rachã já no templo da comunidade, depois de ser saudado por um grupo de homens e mulheres pela volta, convidou-os para "um brinde". Serviu vinho a todos e, depois que haviam bebido, anunciou sorrindo:

– Meus amigos, vocês acabam de beber veneno. Vamos morrer juntos pela nossa causa...

Um homem entrou em pânico gritando que não queria morrer e foi ali mesmo espancado por fanáticos. Pela mesma razão uma mulher levou um tiro. Somente muito depois Rachã comunicou aos que haviam ficado calmos que na realidade tratava-se de "um teste de lealdade"...

E a partir dali, começou a eliminar, através de veneno, naturalmente, todos os seus seguidores mais velhos, menos atraentes e menos produtivos...

Ordenara o assassínio sistemático dos velhos para apossar-se de seus bens nos Estados Unidos e dos cheques de pensão e seguro desemprego que recebiam do governo norte-americano...

Conrad por sua vez, a maneira que o tempo passava, ia se interessando mais naquilo que não só representava movimento religioso, mas lucrativa rede de traficante de cocaína. Empresa escravagista e tremendamente rentável.

Suicídio em massa, morticínio, os assuntos na cúpula da comunidade por um louco e que agora parecia ter mais um adepto. Como se não bastasse a fanática lealdade daquele povo, ao lider carismático que pregava o suicídio como um "ato nobre"...

No término das experiências Rachã e Conrad acabaram possuindo o que para eles significava prêmio máximo. Descobrindo na misteriosa e assombrada selva amazônica, um veneno que no estado puro era 100 mil vezes mais poderoso que o cianureto e 5 mil vezes mais forte do que a estricnina!...

Seu efeito, terrível! Matava instantaneamente, secava as carnes da vítima e em poucas horas volatizava! Tudo desaparecia em forma de gás, vapor, sem deixar o menor vestígio!...

Fôra a mensagem mandada pelo rádio, ao delegado de polícia, brasileiro.

Tempos depois, quando as autoridades dos Estados Unidos estranhando o silencio e a demora do agente da CIA em mandar relatórios ou dar o resultado final, comunicaram-se com o policial do Brasil, único elo de ligação entre eles, tiveram uma surpresa.

Todos na região haviam desaparecido misteriosamente. O delegado não encontrou um só norte-americano para contar o que tinha acontecido.

Ficou apenas no ar notícia transmitida, através do rádio; não se sabia por quem e nem de onde: "Nova religião surgira na selva"! – Aos gritos de Alelúia! Alelúia!

A mensagem anunciava a criação de outra cidade em substituição a de "Sodoma e Gomorra" em que viviam. O povo da comunidade tinha resolvido acompanhar um novo profeta. Um "Messias" ruivo, chamado Conrad, que agora sim seria a "definitiva salvação da Terra"...

Para a fria e prática CIA, tudo era muito simples, sem mistério algum. Como de outras vezes, podia ser que seus agentes haviam fracassado e o projeto "Armagedon", não ter dado certo. O coronel Conrad em vista disso, suicidara-se com veneno, juntamente com seus auxiliares. Ou foram mortos, simplesmente, tentando cumprir a missão que lhes tinha sido confiada. Mas, de qualquer forma, estava tudo bem para a CIA, onde raciocinavam friamente: se não existia ninguém, não existia também mais, o exército de homens-formigas a transportar cocaína na rota Amazônia-Miami...

Para o delegado de polícia, no Brasil, o desaparecimento de mais de 2 mil norte-americanos, tinha a ver com o poderoso veneno e que fôra transmitido por Conrad: ..."no estado puro é 100 mil vezes mais poderoso que o cianureto e 5 mil vezes mais forte do que a estricnina... Mata instantaneamente... Seca a vítima... E em pouco tempo tudo desaparece"...

veneno, quando estado puro era 100 mil vezes mais poderoso que o [illegible] e 3 mil vezes mais forte do que o [illegible].

Seu efeito: terrível! Mataria instantaneamente. [illegible] as carnes da vítima e [illegible] parecia em forma de [illegible], sem deixar o menor vestígio.

Eis a mensagem mandada pelo rádio ao delegado da polícia brasileira:

Tempos depois, quando as autoridades dos Estados Unidos [illegible] o crime [illegible] mandaram [illegible], comunicaram-se com a polícia do Brasil [illegible] eles tiveram suas surpresas.

Todos os [illegible] devem [illegible]. O delegado [illegible] um só [illegible] o que tinha acontecido.

[illegible] apenas [illegible] Os gritos de [illegible]

As mensagens [illegible]

Para a [illegible] CIA [illegible]

[illegible]

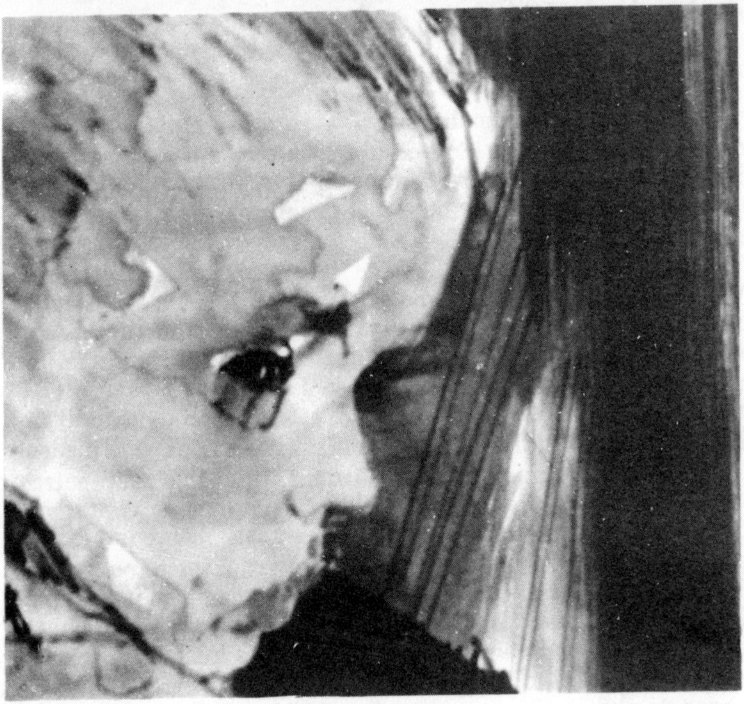

TRINTA ANOS DEPOIS...

Mansamente o peixe-boi "pastava"; roia capim da beira da água, na mata de pau-marfim, jacareúba, pau-rosa, andiroba, pau-mulato, catauari. A selva terrível, parecia, não querer nada com os estranhos que a invadiam. Os três expedicionários juntos já tinham apanhado mais de 500 malárias.

Leonardo começou a morrer nas quase impenetráveis muralhas verdes do Pará, quando contraiu reumatismo infeccioso. Cláudio quase faleceu por causa dos intestinos e Orlando por pouco não ficou cego devido à catarata.

Um dia era enfrentar marimbondos e aranhas, no outro arraias e peixe-elétricos, e em todos, formigas aos milhares e enxames de mosquitos que se revesavam nas 24 horas. No lugar repleto de pântanos, matas escuras e fechadas, onde a saudade mais aperta e a distância nos entristece.

Apesar do sofrimento Orlando ainda mantinha o bom humor:

– Sou o maior "malariento" vivo deste país! Sou cobaia da Escola Paulista de Medicina. Quando ou entro com acesso, é um regozijo no departamento. Só faltam dar chopada! Nos meus 210 acessos, tive a benigna, a maligna, a **malaria malarie**, a...

Em mais de trinta anos de selva, os abnegados irmãos Villas Boas tinham aberto mais de 1500 quilômetros de picadas e construidos 30 campos de aviação. E o mais importante, através de seu trabalho incansável, aqueles brancos foram atraindo milhares de índios para um lugar só deles; isolados dos civilizados que tanto os perseguiam, exploravam, e degeneravam. Local tranquilo, longe da ganância assassina dos civilizados.

No meio de gameleiras, imbaúbas, itaúnas, castanheiras, da maior região florestal do planeta, podiam se contar nos dedos as pessoas bem intencionadas, o resto, composto de exploradores que acusavam os índios de ignorância, paganismo e selvageria. Organizaram durante centenas de anos em nome de um falso Deus, expedições punitivas e escravagistas contra os silvícolas, os quais como todos os seres humanos, estavam apenas interessados em preservar suas terras, estas sim ameaçadas de usurpação por parte dos civilizados.

No passado morriam a bala, agora o D-8, trator do tamanho de uma sala se encarregaria disso. Parado, com as rodas enormes, amedrontava; funcionando apavorava o homem que estava na idade do machado de pedra, e dificilmente corria. Acabava morrendo, não esmagado pelo enorme monstro de ferro que encostara em sua porta, e sim pelo nariz do tratorista, que tinha gripe...

Outro bom homem da selva, interessado apenas em servir ao semelhante era o velho médico indianista Noel Nutels, novo exemplo de sofredor bem humorado, que causou muita risada, quando perguntado por uma senhora sobre índios antropófagos, respondeu:

– Minha senhora, no Brasil ninguém come ninguém por via oral!...

Infelizmente o velho russo, criado desde pequeno no Brasil, havia morrido, mas sua frase antológica ficaria para sempre.

Como as coisas no mundo dos civilizados eram curiosas. Um dos maiores assassinos de índios de toda a história, o general Sheridan, era estátua em Washington!

Enquanto o médico-sertanista Noel Nutels, conhecido internacionalmente por seu trabalho junto aos índios brasileiros, não tinham sequer um nome de rua, no Brasil!

Russo de nascimento, Nutels estudou medicina em Recife e a partir de 1944, iniciou seus primeiros trabalhos sobre a malaria. Trabalhou nas regiões do Aragarças e do rio das Mortes e tinha sido médico da Expedição Roncador Xingú durante muito tempo. Noel Nutels preocupou-se não somente com a saúde dos índios, mas também com a situação do sertanejo brasileiro. Sanitarista e tisiólogo, Nutels foi o responsável por trabalhos de invergadura junto à Unidade Sanitária Aérea...

Enquanto nas telas de cinema do mundo inteiro mostravam cenas do "intrépido general Custer" outro sanguinário exterminador de índios norte-americanos, nos tempos em que o perigo vermelho era o índio. Dono das terras que foram combatidos durante 30 anos, de 1860 a 1890, e criteriosamente extintos, abrindo-se assim, planícies para colonos e inaugurando a grande mitologia da conquista do oeste dos Estados Unidos.

A figura do general George Armstrong Custer, surgia glorificado; como um herói destemido, em seu cavalo, e que morria flechado sem largar a bandeira dos Estados Unidos. Uma vítima, em defesa da civilização, dos "selvagens sem alma", dos "primitivos que em torno de fogueiras invocavam espíritos"...

Quando na verdade, Custer era um psicopata extremamente vaidoso, desumano, sem resquícios de lealdade para com os amigos ou para com uma causa. E, incrível que um homem desse tipo, tivesse sido considerado como herói!

Em qualquer guerra, que houvesse um mínimo de exame médico, Custer que achava "tática de branco arte de guerra, e tática de índio, traição", teria sido dispensado do serviço ativo como um psiconeurótico!

O norte-americano propunha aos índios que depusessem suas armas, para tornarem-se amigos e unidos. Quando os índios entregavam as armas, eram assassinados em nome da paz. Os soldados sob o comando de Custer, mentiam e roubavam as terras dos silvícolas, obrigando pela fome, a que eles assinassem acordos fraudulentos, que chamavam de tratados, e que jamais seriam cumpridos. Transformando os nativos em mendigos, num continente em que viveram desde que a vida ali começou.

Não foram honestos com os índios, nem justos. Não cumpriram acordos e sempre se acharam no direito de atacar direitos alheios, de tomar propriedades, de tirar vidas, daqueles que tentavam defender o que era seu. Transformaram as virtudes dos índios em crimes e os vícios dos soldados em virtudes. Perderam o respeito pelos princípios, e o amor ao próximo, com o único intúito de aniquilar as esperanças, dos nativos.

Conseguiram; na desumanidade, na bala da **Winchester**, e através da "água que queima", o alcool que muito os prejudicou. Tanto que até hoje, ser índio nos Estados Unidos, é ainda pior do que ser negro, porto-riquenho ou mexicano!

Ser índio na América do Norte é não ser nada ou quase. E os velhos estão cansados demais para lutar de novo. Perderam até os meios de morrer decentemente; morrem como animais cercados. Seus filhos também não saem das reservas; vivem de biscates ou com o mínimo vital dado pelo governo.

Dos 600 mil índios vivos atualmente, só 5 mil cursaram universidades, ou seja, menos de um por cento. A população vive no estreito limite de querer conservar seus mais elementares costumes e viver em harmonia com uma das culturas mais complexas de nosso tempo, a norte-americana...

O judeu-nordestino, brasileiro nascido na Ucrânia, Noel Nutels, chegou ao Brasil em 1921, com 8 anos, acompanhado somente de sua mãe Bertha. O pai Salomão, tinha vindo para a América do Sul. Depois de uma experiência comercial na Argentina, resolveu voltar para a Europa. Mas, quando o navio passava por Recife, começou a Primeira Guerra Mundial. E o cauteloso Salomão, apesar de judeu e russo, teve medo de ser confundido com alemão e foi se fixar no interior alagoano, em Laje do Canhoto, depois São José da Laje, que Noel Nutels sempre considerou como sua cidade natal.

Enquanto o cinema continuava enganando o povo, mostrando minuciosas descrições de tratados hipócritas e massacres desnecessários, o mesmo acontecendo nos livros escritos na época onde sempre o galã fulgurante e indômito, salvava a mocinha das mãos dos selvagens comanches, sioux e cheyennes.

Estudante em Garanhuns, interior pernambucano, e formado em medicina no Recife, Noel Nutels, foi um dos lançadores do frevo no sul do país. Como cantor e dançarino de um conjunto de estudante, exibiu-se em teatros cariocas, nos anos 30. Tendo ficado no Rio de Janeiro até 1943, quando iniciaria seu trabalho pelos índios do Xingu, percorrendo depois toda a Amazônia...

Enquanto o cinema norte-americano escondia a verdade, não dizia por exemplo que o canalha chamado de "intrépido general Custer", mesmo sendo um feroz adversário dos índios, tinha o hábito de levar em suas expedições, algumas das mais belas cheyennes, registradas como intérpretes, apesar de não saberem uma palavra de inglês...

Noel Nutels dedicou mais de 30 anos de sua vida, não em destruir índios como os norte-americanos que tinham estátuas e eram homenageados como heróis, mas sim ajudá-los, realmente. Foram anos de lutas e sacrifícios reservados para os necessitados tanto nas selvas fechadas de umiris, quarubas, sumaumeiras, como nas reservas litorâneas, em campanha contra a tuberculose e a malária. Em suas conferências denunciava defeitos da cultura branca, como as doenças infecciosas e o apego aos bens materiais, inexistentes entre os índios...

O cinema continuava sua obra nefasta, deixando a falsa imagem (para toda criança, no mundo inteiro, até hoje, que brinca de **cowboy**, o índio é sempre o bandido), de escalpelador. Quando na verdade o hábito de escalpelar as pessoas, dos índios norte-americanos, fôra trazido para as terras do Grande Espírito, e não criadas por eles, pelos espanhóis, e apresentado aos selvagens pelos soldados de casacos azuis, que ganhavam de seus comandantes alguns elogios por couro cabeludo...

O médico Noel Nutels, doutor e pajé da histórica expedição Roncador-Xingu, destinada a desbravar o oeste brasileiro, mas acima de tudo com pacificação, primeiro comandou o combate à malária no interior de Goiás e mais tarde criou e chefiou, o Setor de Unidades Sanitárias Aéreas, do Ministério da Saúde. Em aviões, jipes e barcos fornecidos pela Força Aérea Brasileira, Noel Nutels realizaria então um dos mais intensos e exaustivos trabalhos de preservação do povo indígena já tentados no Brasil: 200 000 quilômetros de viagens por ano, a mais de duzentas localidades, para tirar cerca de 300 000 abreugrafias e aplicar perto de 500 000 vacinas variadas!

Quase desconhecida nos meios urbanos do país, à ação, desse herói brasileiro, se deve, em grande parte, a sobrevivência de algumas tribos inteiras. As treze nações indígenas do Parque Nacional do Xingu, tiveram sua assistência durante mais de vinte anos!

Enquanto nos Estados Unidos, o cinema não mostrava que os brancos colonizadores estavam movidos por puros sentimentos de ódio. O general Sherman, que durante a Guerra da Secessão, dava-se ao costume de incendiar cidades, chegava a dizer com relação aos índios: "É melhor removê-los das terras tão depressa quanto possível. E não faz muita diferença persuadí-los ou matá-los!"

E o inteligente chefe indígena Cauda Pintada que compreendia a causa de todos os males de seu povo denunciava inutilmente: "O Pai Grande tem feito estradas que alcançam o leste e o oeste. Essas estradas é que são a causa de todos os nossos problemas"...

Tolerante, improvisador, o grande Noel Nutels obtinha muitos de seus triunfos no tratamento de índios, ao conquistar os pajés, que chamava de colegas. Sem outros meios de eliminar a oposição encontrada, que diminuia o número de consultas e, desse modo prejudicaria todo o trabalho, o médico via-se obrigado a propor ao pajé, pacienciosamente, uma ação conjunta. E escrevia em seu diário: "Parece que conseguimos convencê-los de que a reunião dos dois daria melhores resultados"...

Nos Estados Unidos, pessoas importantes, e com grande capacidade em dizer bobagens como o governador do Texas, que perguntava ao ver uma possibilidade de paz entre brancos e silvícolas: "Mas e o que farei agora com o 3º Regimento do Colorado? Foram todos mobilizados para matar índios, e portanto devem continuar a matar índios!"...

Que diferença de tratamento dos nossos humildes e grandes homens como Rondon, irmão Villas Boas, Noel Nutels, e outros brasileiros. Militar, pacificador, médico, com mentalidade diferente dos homens da grande nação norte-americana, que nos tempos das diligências tanto humilhou os sábios chefes Nana, Jerônimo, Satanta Cochise, Galha, Jovem Medroso-de-Seus Cavalos, Eskimizim, Lobo Pequeno, Corvo-Rei, Pé Grande, e outros. Como Touro Sentado, o vencedor de Custer, aprisionado depois de ter fugido para o Canadá, onde foi considerado ameaça à segurança do país. Sábio chefe indígena norte-americano, que certa vez, com as mãos cheias de dinheiro, ensinou: "Os homens brancos sabem quase tudo, mas não sabem como distribuir isto!"...

Os nosso sertanistas não tinham estátuas como a do general Sheridan, que pronunciou certa vez as palavras que ficaram célebres nos Estados Unidos: "Os únicos índios bons que já vi estavam mortos!"... Nossos heróis solitários das selvas, não precisavam de monumentos de generais, havia coisas melhores e muito mais significativas, como os verso de Carlos Drummond de Andrade: "Noel Nutels repousa / Do desamor alheio aos índios / E de seu próprio amor maior aos índios"...

Dos quatro amigos sertanistas brasileiros, dois tinham seguido o caminho de Rondon. Tinham partido, para novos trabalhos em outras esferas. Com a morte de Leonardo e do velho Noel Nutels, ficaram somente Orlando e Cláudio Villas Boas. Pacificadores com trabalhos reconhecidos na Europa, e nunca devidamente avaliados pelas autoridades brasileiras.

Os irmãos sertanistas tinham origens simples como seu amigo Noel Nutels. Com a morte do pai, em Botucatu, no interior de São Paulo, partiram com a mãe para a capital. A doença liquidara o que o velho Agnelo possuia. Dona Arlinda e seus 11 filhos partiram para nova vida. Todos mocinhos tiveram que abandonar os estudos, quando a maioria já cursava o ginásio. Cláudio, que tinha vontade de ser médico, precisou ir trabalhar na Companhia Telefônica, Leonardo passou a ser balconista numa casa de comércio enquanto Orlando foi parar na Light, nome antigo da Eletropaulo.

Dois desastres ocorreram em suas vidas em 1941. Primeiro morreu o pai; cinco meses depois foi a vez da mãe. Com a morte dos pais a família separou-se, e Cláudio, Orlando e Leonardo foram para uma pensão, onde trabalhavam de dia e a noite conversavam até tarde ou ficavam lendo sobre aventuras, selvas, índios e recordando a amizade de seu pai com Candido Rondon, personagem obrigatória de todas as conversas com os filhos.

Os tres irmãos tentaram engajar-se na Força Expedicionária Brasileira mas não tiveram sucesso porque todas as vagas estavam preenchidas. Depois disso tentaram entrar na Expedição aos Martírios, uma forma de ocupação do Oeste, também sem resultado positivo, pois os que comandavam a expedição alegaram que "paulista não servia para o sertão" (esquecendo-se que os Bandeirantes que ampliaram as fronteiras do Brasil, eram paulistas), principalmente aqueles irmãos, muito fracos e pequenos. Os irmãos Villas Boas não desistiam da idéia de seguirem para a selva. Insistiam tanto que acabaram conseguindo entrar para a expedição que tinha seu nome mudado para Roncador-Xingú. Era 1943, quando pela primeira vez. os três pisaram na tão esperada selva. Contratados, Cláudio e Leonardo como "abridores de picadas" por entre gameleiras, mamoranas, umiris, tocaris e mongubeiras, enquanto Orlando ficou sendo o "ajudante de pedreiro" da expedição.

Nessas funções não duraram muito tempo. Os três passaram a comandar a expedição quando boa parte dos homens desertou, na confluência do rio das Mortes com o Kuluene. Dali para frente, eram eles e mais 18 homens, alguns da pior espécie possível. A vida na selva, difícil, ficava pior quando os companheiros não colaboravam. Caso de Raimundão, cujo filho tinha sido morto pelos índios xavantes. O homem temido em Aragarças, havia viajado somente com a intenção de matar xavantes.

Cláudio viu Raimundão fazer alguns disparos contra os silvícolas quando passavam por terras dos xavantes. Lembrou-se de Candido Rondon que era amigo de seu pai e das histórias que o velho contava para os filhos, sobre os índios, bandeiras e bandeirantes e do amor e respeito que Rondon tinha pelos nativos. E esquecendo-se tanto da paciência do velho como da calma de Rondon que admirava, Cláudio perdeu a cabeça, chegou a puxar do revolver e mandou que Raimundão parasse com aquilo. Se o rude homem não tivesse desistido da perseguição e ataques, Cláudio atiraria nele em defesa dos xavantes. No dia seguinte mandou que Raimundão voltasse para a civilização de onde ele nunca deveria ter saído. Se é que onde morava e suas atitudes, merecessem esse nome.

Em 1945, ainda em território xavante os três irmãos abriram o primeiro campo de pouso, já trabalhando nessa ocasião para a Fundação Brasil Central. Depois atravessaram a serra do Roncador, abriram o segundo Campo, o de Tanguro, e em seguida, o terceiro, o Sete de Setembro. Em todos esses lugares eles fizeram roças e ergueram ranchos.

Quando se descia de avião no meio da mata, não dava para ter uma idéia exata do sacrifício ao abrir o campo. Além de cortar as árvores, era necessário para a equipe de sertanistas, destocá-las, depois, aplainar o terreno. Mal sabiam os irmãos mateiros que isso seria feito a mão, por trinta vezes mais, tanto seria o número de campos de aviação aberto por eles na selva, o que daria uma extensão de quase 30 quilômetros nos próximos vinte e tantos anos de matas virgens que teriam pela frente.

A noite os homens cansados dormiam o sono dos justos, por isso não viam as silenciosas luzes, que naquele ano de 1945, rondavam o território dos índios xavantes...

Com exceção de alguns que madrugavam muito cedo, ainda escuro e começaram a perceber no céu o movimento das estranhas luzes que subiam e desciam. Quando perto, pareciam grandes rodas com janelinhas iluminadas. Como quem as via eram rudes e analfabetos, cujas vidas cercadas de crendices e superstições mantinha-os arredios, os caboclos nada comentavam com seus chefes, com medo de que isso viesse a acarretar algum prejuizo para a expedição.

Quanto aos índios, por sua vez, quando avistavam os objetos luminosos no ar, pensavam tratar-se de mais um "pássaro de ferro" dos civilizados, como os que de vez em quando cruzavam os céus durante o dia...

Cláudio, Orlando e Leonardo eram os responsáveis por tudo o que viesse a acontecer com os nativos, por isso dedicavam toda atenção para com eles. Afinal os índios não os procuraram, eles é que os encontravam e invadiam suas terras. Nada mais justo pois que protegessem os silvícolas, contra tudo e contra todos.

Em 1947 já estavam entre sumaumeiras, castanheiras e seringueiras, onde os rios Ronuro e Kuluene se juntam para formar o rio Xingú, na lagoa do Morená. Lugar paradisíaco, onde os contatos primeiros foram com os índios kamaiurás, meinacos e auetis. Novas picadas nas matas, novos campos de aviação, descobrindo ali entre outras coisas, de que o índio seria muito útil, no serviço quando bem orientado, com muita paciência e nada de violências.

Um dia ocorreu uma briga entre os civilizados que faziam parte da expedição o que deixou os chefes irritados. Por causa da briga os três irmãos fizeram com que os briguentos retornassem e ficaram sós, em companhia dos kalapalos. E os índios mostraram que poderiam fazer muito mais do que deles esperavam. A prova disso é que o serviço foi tão bem feito, que até hoje a FAB-Força Aérea Brasileira o usa como base.

No ano de 1948, os irmãos Villas Boas tiveram a idéia de criar o Parque Indígena do Xingú, mas prosseguiram com a expedição descendo o rio em direção a serra Formosa. Na confluência dos rios Xingú e Maritsauá, eles descobriram a tribo juruna e tiveram as primeiras informações sobre os txucarramães. Toda a extensão do Maritsauá foi reconhecida pelos desbravadores Villas Boas.

Por terra eles alcançaram o rio Telles Pires, através da serra Formosa e, em 1950 iniciaram a abertura do campo de aviação do Cachimbo. Campo dos mais difíceis de ser construído, pois os irmãos tinham que trabalhar à noite devido ao calor e aos insuportáveis mosquitos.

Durante a tarefa noturna alguns homens tiveram oportunidade de apontar as luzes voadoras sempre rondando o Xingú. Mas os chefes tinham pressa, não havia tempo de olhar para cima, precisavam terminar com urgência o trabalho...

No ano seguinte, os irmãos penetraram na serra do Kajabi para descobrir a tribo do mesmo nome. Exploraram o rio Telles Pires, retornando em seguida ao Xingú onde encontraram os txucarramães, que viviam próximos à corredeira de Vom Martius, na divisa do Mato Grosso com o Pará.

Em 1953, os irmãos se separaram, Leonardo seguiu para o Pará, onde encontrou os índios xicrins; Orlando e Cláudio retornaram à corredeira de Vom Martius para novamente atrair os txucarramães. Estavam em frente à aldeia, numa ilhota do rio Xingú quando perceberam estranha movimentação. Os txucarramães os chamavam, embora os índios da expedição pediam para que os dois irmãos não fossem: eles previam um ataque.

Cláudio e Orlando revolveram ir assim mesmo ao encontro dos txucarramães, e logo que chegaram foram presos. Depois de muita discussão entre eles descobriram que as mulheres da tribo é que queriam a morte dos dois irmãos.

Elas estavam revoltadas porque não tinham ganho presentes suficientes. Com muito tato Orlando conseguiu salvar a vida dos dois.

Em 1954, os Villas Boas espantando anhumas, jurutaris e galos-da-serra construiram o posto Capital Vasconcelos (atual posto Leonardo) que é a capital do Parque do Xingú, depois de terem construido o posto do Diauarum. Entre 1957 e 1958, Cláudio Villas Boas abriu enorme picada entre Cachimbo e Cururu, além de reconhecer o rio Cururu. No ano seguinte contatou os suiás, no rio Suiá-Missú, para em seguida, demarcar junto com seus irmãos, o centro geográfico do Brasil, nas proximidades da cachoeira de Vom Martius.

Chegara 1961, ano da criação do Parque Indígena do Xingú, mas também um ano muito triste para os irmãos. Leonardo foi levado às pressas, de avião para São Paulo, onde seu coração foi operado sem êxito.

A morte abalou os irmãos, mas não seus ideais. Em 1964, nas proximidades do rio Jatobá, ei-los novamente em apuros. Orlando e Cláudio quase morreram, quando se aproximaram da aldeia dos txicões, terríveis componentes da tribo do Alto Xingú, e começou a chuva de flechas!

Tiveram que correr e imediatamente esconderam-se para que não fossem atingidos. Dispararam alguns tiros para o ar a fim dos selvagens acalmarem; sendo trabalho dos mais difíceis conquistar a confiança dos índios.

Em 1968, os Villas Boas abriram uma picada de mais de 130 quilômetros para ir do rio Maritsauá até o rio Peixoto de Azevedo onde moravam os kreenacârores, primeira expedição que não teve sucesso. Quatro anos depois, saindo da base do Cachimbo, os Villas Boas chegaram aos kreenacârores e conseguiram atraí-los, pacificando-os.

Os kreenacârores viviam em constante atrito com seus tradicionais inimigos os txucarramães, o que foi resolvido de uma vez por todas com os irmãos pacificadores. Várias tribos foram transferidas para o Parque Indígena do Xingú, devido as estradas que cortariam seus territórios, com grande festa indígenas.

Todas as tribos se confraternizaram no parque, mesmo as nações inimigas de longa data. Tudo graças mais uma vez aos esforçados irmãos Cláudio e Orlando Villas Boas, os pacificadores.

Assim como o irmão Leonardo e o amigo Noel Nutels, não tinham estátuas em praça pública, como alguns tristemente famosos matadores de índios.

Os nativos foram transferidos para o Parque Indígena do Xingú, área de 20 mil quilômetros quadrados, a fim de proteger as tribos em sua cultura pura e ao mesmo tempo preservar a fauna e a flora da região. No parque, estabelecem um sistema de controle e vigilância. Preparam os silvícolas biológica e culturalmente para um futuro contato com a sociedade. Assistem o desenvolvimento cultural do índio, de modo a permitir que a sua evolução econômica e social se processe em ritmo natural, a salvo de mudanças bruscas que lhe seriam de consequências fatais.

Ao tentar integrar-se na sociedade, o índio tem de atravessar as barreiras de bacilos: as doenças, onde se perde mais da metade de seus indivíduos, até se tornar relativamente imunizados. Os silvícolas não possuem anticorpos para as doenças estranhas, dessa forma, há o morticínio quando das epidemias de gripe, sarampo, catapora. Uma estrutura social baseada no coletivismo primitivo, como a dos indígenas, ao perder grande parte de sua população desorganiza-se. Vem depois a ambição, o preconceito e a malícia do civilizado, para acabar de destruir a população, transformando o pouco que resta dos nativos em marginais, bêbados, mendigos e prostitutas.

Portanto se não fossem feitos contatos, atração, e envio ao Parque Indígena do Xingú, os silvícolas fatalmente passariam a encostar-se nos ônibus e caminhões das estradas, sempre pedindo alguma coisa, já com seu território totalmente devassado pela civilização.

– O mesmo civilizado – disse Orlando Villas Boas – que acha ter o direito de conceituar sua terra, como sua pátria. E quando alguém tenta invadí-la, ele canta o hino nacional, desfila na rua, pega a bandeira e parte para guerrear contra o invasor. Mas não usa esse mesmo critério quando destrói a pátria dos índios, que tem uma conceituação muito maior do que pátria, que é a terra de origem de sua gente. Ali passou toda a história de seu povo. O índio vive no lugar onde tradicionalmente ele crê, com toda a força de sua cultura, da sua mente, que passaram todos os atos da criação. E isto significa algo muito mais profundo do que simplesmente pátria!...

O trabalho idealista dos Villas Boas era estafante e perigoso, devido às doenças apanhadas no sertão. Só não dava valor, quem desconhecia a selva, seus problemas. E só pessoas de fibra, como aqueles paulistas, modernos bandeirantes, candidatos ao Prêmio Nobel da Paz, Prêmio Nehru da Paz e Prêmio Justiça e Paz, da ONU, eram capazes. Nunca se candidataram à honraria nenhuma, é bom que se esclareça. Pelo contrário, devido à suas simplicidades sempre se negaram a fornecer as informações pedidas pelas organizações suecas que defendiam suas candidaturas, enquanto no Brasil não lhes eram dados os devidos valores, pelas autoridades. Nem no tempo da ditadura militar que por incompetência atrasou o país em vinte anos, nem pelos governantes civis que antes e depois da revolução, se preocupavam apenas em fazer política...

Orlando, quem conversa mais enquanto Cláudio é calado. Na biblioteca de Cláudio, que fala tanto em gê como em tupi, seus autores variam deste Levi-Strauss, que esteve com ele no Xingú, até Sartre e Krishna Murti. Gosta não só da tranquilidade da selva mas também de Stravinsky, Beethoven, Kant, Santo Agostinho, Freud, Marx...

A sombra das abiuranas a araparis, emolduradas por vôos de caraxués e caborés se encontrando no ar, num raro momento de descanso, os irmãos são unânimes em afirmar que o índio mais cedo ou mais tarde será absorvido pela sociedade, que descaracterizará completamente sua cultura indígena. Como bem mostra o exemplo do silvícola do litoral, que hoje, tem uma posição dentro da sociedade branca em condições inferiores até ao caiçara.

E o caiçara ocupa o último degrau na economia brasileira...

Como são unânimes também em dizer com grande coragem, que suas lutas no final foram inglórias. E desabafam:

– Deixamos a vida de sertanistas depois de trinta anos, porque nos convencemos de que cada vez que contactamos com uma tribo, por melhor que seja nossa intenção, estamos contribuindo para a destruição do que ela tem de mais puro...

Era o ano de 1975, quando aqueles três xavantes iguaizinhos, foram encontrados, de maneira estranha e misteriosa. Estavam estonteados, delirantes, pronunciavam palavras que não eram da língua de sua tribo, nem da língua portuguesa...

Fortes, quase dois metros de altura, bronzeados, mantendo as conhecidas características da tribo xavante, que destoava das outras tribos xinguanas. Os silvícolas daquela região, que não eram xavantes, possuiam os cabelos cortados em volta da cabeça, pouco acima das orelhas, deixando no alto uma pequena parte sem cabelo (tonsura), semelhante à coroa que os frades franciscanos usavam, já os xavantes, de um metro e oitenta para cima, tipo atlético, tinha os cabelos negros e longos, caídos aos ombros e sobre a testa era aparado em franginha.

Se não falavam nada do idioma português era porque não tinham vivido no parque ou próximo de missões religiosas. E se não falavam sua própria língua xavante, por onde tinham andado aqueles homens?...

Estava certo que eram de tribo nômade, mas de onde regressavam e a quanto tempo andavam, para esquecer seus costumes?

Por que não conseguiam se expressar em língua (pelo menos uma), conhecida ali?

Os silvícolas que habitavam o Parque Indígena do Xingú falavam dez línguas diferentes, naquele interessante laboratório de pesquisas naturais, quer pelo seu aspecto humano, quer pela sua condição privilegiada para o estudo da fauna e da flora, considerado o mais belo mosáico de língua pura das Américas.

No Parque Indígena do Xingú, as tribos se reuniam para tentar juntas resolver o problema daqueles tres índios gêmeos, absolutamente iguais.

Que os índios se pareciam, todo mundo sabia. Alguns tinham o mesmo tamanho e formato de nariz, outros, os olhos eram quase idênticos, mas sempre algo diferenciava um do outro, tanto na altura como na conformação física. E gêmeos, irmãos, não podiam ser, porque teriam sido eliminados ao nascer! Todas as tribos praticavam as mesmas normas: gêmeos e aleijados eram assassinados no nascimento!

Os portadores de defeitos físicos, por não ter quem cuidasse deles que fatalmente seriam apanhados pelos animais e os gêmeos, porque os selvagens não acreditavam que duas crianças ou mais, pudessem pertencer ao mesmo pai...

Um outro aspecto foi levantado ali, pelos caciques e pajés reunidos em torno do fenômeno. Aqueles tres xavantes absolutamente iguais em tudo, até nas ações, pois não conseguiam agora nem andar dado a fraquesa que os dominava. Seria alguma doença desconhecida?

– Não – respondeu o mais importante dos pajés. Aparentemente eles estavam fortes. Aquela imobilidade era momentânea. Teriam tomado alguma bebida tóxica que os impedia de fazer movimentos? – Não – disse outro pajé especialista e que conhecia os efeitos de todos os tóxicos extraídos na região.

Caciques e pajés levaram horas reunidos em torno dos tres misteriosos homens que pareciam ter sido fabricado em série. Robôs? Pareciam mais bonecos. Mas eram humanos. De carne e osso!...

Finalmente o resultado foi revelado, depois de exaustivos exames. Aqueles homens iguais em tudo, dos pés a cabeça e talvez até no pensamento, não eram dali!...

Diante do impasse (a revelação complicava ainda mais ao invés de resolver o problema), resolveram chamar os amigos brancos. Cláudio e Orlando Villas Boas, onde eles estivessem, como faziam quando surgiam problemas de difíceis soluções para eles, na época em que os irmãos viviam por ali.

Todos concordavam que aquele enigma era demais para o conhecimento dos nativos. Precisavam mesmo da colaboração dos cultos, bondosos e inteligentes pacificadores...

Realmente aquele fato, de certa forma tinha ligação com os irmãos Villas Boas, só que eles agora morando em São Paulo, não possuiam conhecimento disso!

Tudo começara em 1945, quando as luzes, notadas apenas por alguns poucos homens supersticiosos da expedição, na época da construção do campo de aviação, na área dos xavantes, denunciavam naves vindas de um outro mundo!

Habitantes de um planeta longínquo, tinham escolhido aqueles tipos atléticos e puros, entre todas as raças do planeta Terra!...

Os seres extra-terrestres trouxeram uma fêmea, que manteve relações sexuais com um índio xavante, escolhido. Era a mulher branca, totalmente calva, que os silvícolas diziam que perambulava pela selva e que os civilizados julgavam ser mais uma das lendas nativas conhecidas há centenas de anos.

Com diferença, o fato tinha se passado há pouco mais de trinta anos...

A mulher grávida do xavante voltou com a nave para seu planeta de origem. Lá seus tres filhos tinham nascido fortes e perfeitos. Onde foram criados com cuidados especiais porque interessava muito aos estudos inter-mundos.

Tres crianças lindíssimas que se desenvolveram normalmente...

Mais de trinta anos terrestres depois, eis os descendentes de xavantes, de volta ao território de seu pai...

O que pretendiam os extra-terrestres, ninguém iria saber, porque um erro pôs a perder todo o estudo profundo; experiência única e tão demorada: tres décadas!

Os bebês nasceram com todas as características xavantes, porém, puxaram a mãe num ponto: a falta de qualquer pelo ou cabelo.

Quanto aos pelos, perante os índios não tinha nada que chamasse atenção a sua ausência porque os xavantes (como todos os outros silvícolas) eram de raça imberbe. Os poucos pelos que tinham já que a barba não existia, eram arrancados, inclusive sobrancelhas. Os índios tinham verdadeira ojeriza por qualquer tipo de pelo. Os cabelos eram conservados pelas tribos, talvez por uma questão de sobrevivência, para evitar insolação, na ensolarada Xingú.

No mundo distante, as tres crianças foram crescendo sem pelos e totalmente calvas. A falta de cabelo sim, evidentemente despertaria a curiosidade dos nativos quando por ocasião de atingirem a idade ideal para o término das experiências, já que eles deveriam ir ao planeta Terra, para a conclusão dos estudos inter-planetários.

Quando foi chegado o momento oportuno para a volta, os gêmeos estavam idênticos aos xavantes, no porte físico e na cor. Atléticos, bronzeados, porém totalmente carecas. Foi-lhes então feito um transplante, a parte final, sendo colocado junto ao couro cabeludo e internamente, um aparelho que os orientariam. Aproveitaram e moldaram perfeita cabeleira negra bem no estilo xavante, caída sobre os ombros.

A operação com fios de cabelos colocados um a um, esconderia qualquer cicatriz. O trabalho perfeito, também protegeria o esconderijo contra qualquer batida eventual no importante aparelho de transmissão, colocado dentro da cabeça rente ao couro cabeludo por onde receberiam as comunicações...

Os tres foram soltos durante a madrugada, exatamente onde há mais de trinta anos seu pai havia sido feito prisioneiro por algumas horas e obrigado a ter relação íntima com a primeira extra-terrena que em nome da ciência de seu planeta prestou-se à aquela importante experiência científica cósmica...

A falha fôra na tonsura!

Exatamente na pequena área sem cabelo que os cientistas do planeta distante haviam feito, no afã de deixar perfeita a cabeleira dos rapazes, nos mínimos detalhes, para passarem despercebidos quando misturados com outros índios!

E nem precisava o trabalho executado. Enganaram-se aí; no caprichado disfarce, pois justamente os xavantes eram os únicos nativos que não usavam a tonsura!...

Na madrugada os "índios" passaram bem, mas a maneira que o sol forte do Xingú, a tudo foi esquentando violentamente, sem a proteção, os raios solares penetraram pela pequena abertura em forma de coroa de franciscano da bem feita cabeleira, atingindo em cheio a importante peça de comunicação inter-mundo, danificando-a...

Com a perda do contato, os tres "xavantes" foram encontrados, vagando nas matas, entonteados, pronunciando palavras e sons totalmente não identificados...

Não chegaram a chamar os pacificadores e grandes chefes brancos, Orlando e Cláudio Villas Boas, para resolverem o problema que parecia insolúvel para os nativos. Os tres xavantes de atitudes estranhas deitaram simplesmente e deixaram de respirar, quase ao mesmo tempo.

Com os corpos na horizontal é que os índios notaram as tonsuras, nas cabeças dos forasteiros, e que não era hábito na tribo. Apenas mais um detalhe no mistério que também não precisaria mais ser resolvido. Como já tinham morrido, os verdadeiros xavantes nem ligaram. Proporcionaram aos tres, um enterro normal, como todos os filhos da raça xinguana mereciam...

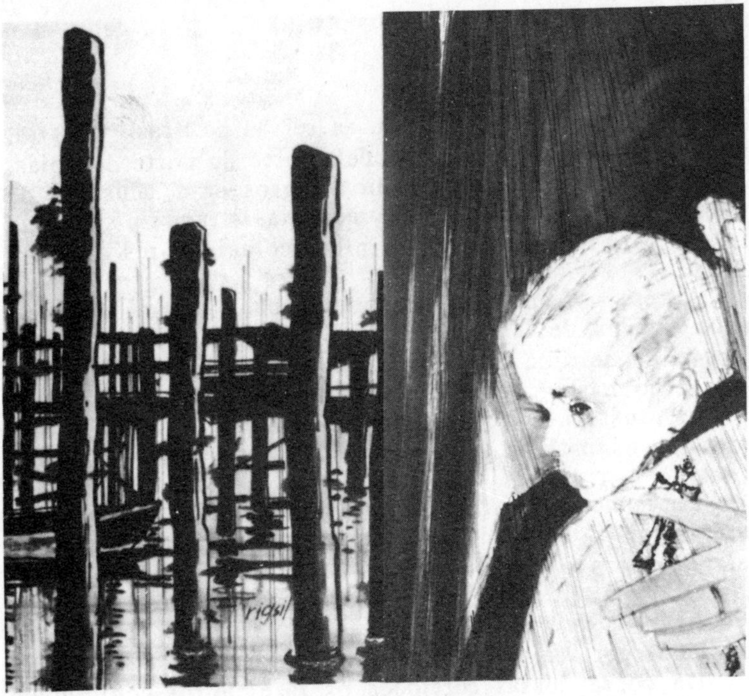

A VINGANÇA DO AVÁ-CANOEIRO

Entre cachos de assai, ovos de tracajá, penas de garça, algumas flechas emolduravam a maloca, e muito semelhantes às lanças utilizadas pelos nativos africanos. Pertenciam aos índios avá-canoeiros, descendentes de negros fugidos de quilombos.

Encurralados como outros grupos, os silvícolas, eram novas vítimas da desorganizada política indianista brasileira.

Os poucos que restavam viviam acuados e amedrontados nas terras agora pertencentes a um grupo bancário, que para funcionar naquela área precisaria de uma certidão negativa da FUNAI – Fundação Nacional do Índio, afirmando a não existência de índios na região. O que rapidamente aconteceu, como sempre, dava-se um jeito da certidão ser expedida por alguém incapaz de entender o princípio da honestidade, essencial à cultura índia quanto à tão decantada cultura branca.

Os índios-negros da tribo avá-canoeiros, raça forjada por valentes carijós e negros escravos fugidos de quilombos e de bandeiras que percorriam as selvas do Brasil Central, levavam uma injusta fama naquela parte do norte de Goiás. Os temidos e misteriosos índios-negros eram acusados de raptarem mulheres brancas e comentava-se também suas agilidades para atacarem desprevinidos colonizadores da Amazônia.

A tese por interesse, reforçada pelo general chamado pelos nativos, de "Cara de Diabo", militar odiado por todos, que mais a serviço das multinacionais do que de outra coisa e de olho nas riquezas do subsolo, remanejava os índios como se fossem bonecos em suas mãos. Não importando com isso que os nativos morressem como as anhumas, mutuns e anacás.

Em nome da covarde FUNAI (cabide de emprego de militares), que só entendia a linguagem da violência, desviava estradas para o interior de parques, prejudicando a vida dos silvícolas, expedia centenas de certidões atestando que não havia índios nas regiões, quando na verdade estavam habitadas por várias tribos.

De posse dessas certidões os fazendeiros conseguiam escrituras provando que as terras eram suas, quando na verdade há 5 000 anos pertenciam aos indígenas...

O papel dos militares na Amazônia sempre foi mesquinho. E ainda homenageados entre si, colocando seus nomes em avenidas, ruas, praças, pontes, pelos vários municípios; cidades em que muitas vezes nem conheciam. Lutavam muito mais por seus próprios interesses, do que fazendo algo de útil ao indígena, infeliz raça que quando não perseguida, seu destino era relegado ao mais cruel abandono.

Que diferença dos ilustres brasileiros do passado que por ali caminharam...

Na região Norte, não podemos deixar de citar como outro exemplo, de mencionar a atuação de um dos maiores naturalistas que o país já teve: Dr. Alexandre Rodrigues Ferreira. Verdadeiramente assombrosa a produção desse sábio baiano.

Tão profundo, vasto e variado foram seus conhecimentos sobre a Amazônia, que lhe valeram o justo cognome de Humboldt brasileiro. Deixou rara e preciosa quantidade de manuscritos e desenhos do maior interesse para a ciência brasileira.

Por felicidade nossa, a maior parte se acha religiosamente guardada na Biblioteca Nacional, no Museu e no Instituto Histórico. Antes disto uns foram extraviados, outros subtraidos.

Das riquíssimas coleções por ele organizadas com maior dedicação, esforço e risco de vida, parte foi transportada para Paris, pelos invasores de Portugal em 1807. Saint Hilaire e outros sábios utilizaram-se dos trabalhos de Alexandre Rodrigues Ferreira, conseguindo a láurea que a este pertenceria por direito de conquista e prioridade, se seus manuscritos tivessem sido logo publicados.

A ingratidão e a indiferença dos governos (desde aqueles tempos) pela divulgação dessa inestimável obra, e a pobreza, característica dos super-homens, minaram-lhe a saúde.

Aquele que muito contribuiu para a magnitude da ciência da nossa terra, maior cientista baiano, dos mais célebres do Brasil, depois de ter solicitado do governo português o lugar de secretário da alfândega de Pernambuco, no fim da vida, sentiu tristemente se lhe apagar o poderoso farol da inteligência, velado pelo atroz nevoeiro da melancolia...

Mais de um século já decorreu após sua morte e como sempre acontece aqui, se perpetuou a letargia fatal do esquecimento aos importantes, aqueles que foram realmente grandes. Quantos sabem hoje quem foi Alexandre Rodrigues Ferreira?

Ainda que passado tantos anos é tempo para se rever sua vida e sua obra. Ainda é tempo de pelo ao menos a Bahia, sua terra natal, já que na Amazônia ele é totalmente esquecido, ressarcir a grande dívida de gratidão, ao ilustre cientista que muito fez pela natureza e pelos nativos...

Trabalho oposto dos militares onde apenas se destacou Rondon...

Os homens do pequeno grupo de índios-negros, estavam longe de oferecer a mística dos krenakárores ou o fascínio dos xavantes. Eram apenas componentes de um grupo étnico degenerado e fugitivo, que em bandos nômades tentavam escapar ao cerco da civilização dos brancos. Não havia cultura a preservar nos avá-canoeiros. Não se pintavam nem usavam enfeites. E a única coisa que os identificava com a cultura indígena, o escasso artezanato em couro.

Não se dedicavam a mais rudimentar das culturas de sua raça, a mandioca, evidentemente em consequência do nomadismo a que foram condenados pelos brancos, que os expulsavam a balas, de todos os lugares em que iam.

Não mais cavocavam o pau da árvore itaúba para a construção de canoas. Nem mesmo caçavam, pois o único animal que estava dominando a região amazônica era o boi, que abatiam nos pastos mais afastados. Mutuns, galos-da-serra, sumiram; nem simples macacos e lagartos existiam mais. Preás e ratos, mais ariscos do que nunca.

Subnutridos vestidos com roupas que não lavavam e trazendo na boca o cigarro que aprenderam a fumar desordenadamente, alguns somente faziam em cerimônias especiais, além do uso da cachaça, que trazia seus males estampados nas faces, podiam agora ser confundidos com esfomeados nordestinos em migração ou mesmo com os miseráveis marginais das grandes cidades...

O grupo mais parecia um bando de catadores de papéis dos lixões. Nem pareciam estar nas matas. Alguns sonhavam com o tempo da fartura: a posta do pirarucu assado, o saco de farinha, a cuia com limão, o sal e a pimenta...

Nem mais a rede armavam, dormiam deitados, no mato como animais.

Um deles, Tati-Vassã, sentou-se para sua habitual concentração: trazia ainda cicatrizando, a marca das balas disparadas por vaqueiros e "bugreiros" encontrados para matálos, em pleno século vinte.

Como se não bastasse, ainda existiam grupos militares, para-militares e outros disfarçados, que não eram nem uma coisa nem outra, a não ser pessoas a soldo das grandes empresas, circulando pela selva usando codinomes, duas ou tres identidades diferentes com a finalidade de gerar confusão.

Principalmente o bando comandado pelo sanguinário "Coronel Rioarinto", portando metralhadora, acompanhado de seu ajudante de ordens, o temível "Talagarsa", de mosquetão em punho.

Aqueles poucos silvícolas se recusavam a seguir para a ilha do Bananal, onde a FUNAI pretendia levá-los num local próximo aos pobres índios javaés, pacificados há mais de cinquenta anos e agora vivendo na mais triste penúria, bêbados e tuberculosos.

Como os interessados pela área diziam que os selvagens dali não passavam de "lenda inventada pelos trabalhadores", as marcas de balas que os coitados dos índios traziam, deviam então ser reminiscências das bandeiras que andaram pelo Brasil Central, no século dezoito!...

Sentado sobre as folhas da bacaba, lambiscando pedaço de beiju – mandioca ralada, torrada, conseguida sabia-se lá onde, juntamente com resto de **arubé**, massa de mandioca misturada com muita pimenta. Tati-Vassã que parecia ser o tuxáua deles, pediu a um outro que o acompanhasse naquilo que ele, o chefe, não sabia dar nome, mas que evidentemente tratava-se de método para viajar através do tempo. Descoberto por ele, ou por algum antepassado seu.

Dava as instruções para a cerimônia da "viagem ao tempo" que se desenvolvia em cinco fases, enquanto os outros indígenas o observavam com muita atenção.

Tati-Vassã deitava-se de costas, tendo a cabeça apoiada sobre uma braçada de folhas não muito fofa. Nu, inclusive mantendo os pés descalços, enquanto um assistente o massageava levemente nas clavículas, outro auxiliar fazia o mesmo, na parte inferior da testa, junto ao que ele chamava de "terceiro olho", ou seja, exatamente entre os dois olhos. Esta segunda massagem tinha que ser feita com a ponta dos dedos, em movimento circular, até que Tati-Vassã começasse a sentir um formigamento na cabeça.

Neste exato momento, quando percebia estar completamente relaxado, o índio recorria aos exercícios mentais que permitiam seu espírito ultrapassar os limites habituais.

Imaginava seus pés, não olhando-os, que estavam crescendo, a partir das unhas pelo menos cinco centímetros. Quanto sentia-os aumentados, imaginava que eles voltavam ao tamanho normal. Repetia a operação várias vezes, de forma a habituar-se com ela.

Em seguida Tati-Vassã usava a imaginação novamente. Só que desta vez, que estava crescendo a partir da cabeça. Aumentava pouco a pouco seu tamanho. Trinta centímetros primeiro e depois sessenta centímetros, a partir da cabeça e dos pés, alternadamente. Quando sentia-se que ganhava sessenta centímetros pelos pés, esticava-se na mesma medida pela cabeça. Continuava o esforço até que tinha um metro e vinte a mais.

Depois imaginava-se em pé sobre enorme sapucaia e relatava o que estava vendo ao redor da árvore. Fazia-se ajudar pelos assistentes, que lhe dirigiam perguntas às quais respondia com o máximo de fidelidade.

Continuava falando e convencendo-se de que estava levitando. Erguendo-se no ar, até uma altura de 200 metros acima do chão, e descrevia o que estava vendo lá de cima.

Concentradíssimo, o índio deslocava-se ao céu. Tinha que chegar a sentir isso. Depois podia descer. Continuava a responder às questões formuladas pelos auxiliares e a procurar novos detalhes até dominar completamente nova dimensão.

Somente atingindo esse ponto é que Tati-Vassã poderia visitar seu passado. A ajuda dos assistentes, importantíssimas nessa fase. Deviam colocar-lhes questões como: "Que idade tem a pessoa que você está vendo? Ela está falando com você"?

A experiência podia ser interrompida a qualquer momento, sem problemas. Sua duração normal levava mais ou menos uma hora.

Tudo como um sonho em que o índio tinha porém, total consciência. Se ele conhecesse cinema seria melhor para explicar. O sonho desenvolvia-se diante de seus olhos como numa tela, com a diferença que Tati-Vassã era tanto o operador como o espectador. Via e percebia em tres dimensões e nele desempenhava um papel, o do ator principal.

A primeira vez em que experimentara o método, quando criança, descobriu-se que, numa vida anterior, havia sido membro de uma comunidade africana, 5 000 antes de Cristo.

Vivera muito ali e conhecera bem suas cidades e casas. Anos depois, prosseguindo a peregrinação por terras e mais terras sempre expulso pelos civilizados, acabou encontrando num velho campo de aviação abandonado na selva, uma revista de arquitetura em que desenhos reproduziam monumentos e edifícios exatamente iguais àqueles que tinha visto e descrito ao longo de sua experiência.

O que impressionava o silvícola que sonhava em tres dimensões, era a nitidez dos detalhes que percebia naquele estado de expansão da consciência.

Segundo suas visões, tinha vivido várias vidas e sempre assistia o fim de cada uma.

Todas elas extinguiam-se de modo violento. O que colaborava ainda mais para o fatalismo daquele nativo brasileiro, como todos os outros. – O que tem de ser, será... – Dizia conformado...

A reunião dos índios-negros foi interrompida bruscamente pelo bando de "bugreiros" fortemente armado. Chegaram espantando jupins e caraxués na mata de arapari e palmeiras tucum.

O cano da carabina de um deles, foi colocada entre os olhos de Tati-Vassã, que ainda estava concentrado.

Exatamente na direção do "terceiro olho", como ele chamava a região importante.

Ao abrir os olhos, o cano quase encostado parecia enorme boca de canhão. "Será meu fim, como das outras vezes". Pensou o índio conformado com a situação, ante o espanto dos outros avá-canoeiros que não tiveram chance nem de correr...

Tinha razão de pensar que sua hora havia chegado. Tati-Vassã, o índio-negro segundo suas visões, morrera várias vezes brutalmente, até a tiro de canhão!...

No Brasil antigo havia sido utilizado, com muita frequência esse terrível processo de eliminar selvagens. Amarrava-se a vítima na boca da peça de artilharia e disparava-se.

O primeiro a utilizar esse meio no Brasil foi governador geral Tomé de Souza, que chegando à Bahia em 1549 e encontrando os índios em pé de guerra, não hesitou em reduzí-los a pedaços. Forma ideal, encontrada por ele, de amedrontar os demais da tribo e conseguir a paz na região onde ia fixar a capital da Colônia.

Já no Rio de Janeiro, o requinte era mais impiedoso.

Os franceses usavam o método com uma diferença. Ao invés do disparo simples do canhão, a vítima era amarrada dentro do cano e executada com azeite fervente...

O autor do desumano castigo, o calvinista que tentou fundar no Brasil a França Antartida, chamado Nicolau Durand de Villegaignon. Invadiu a baia de Guanabara e instalou-se na ilha de Serigipe. Teve que lutar contra várias revoltas de seus homens e também contra alguns tamoios aliados. Um deles que tentara a revolta, ele mandou amarrá-lo na boca de um canhão e despejar-lhe azeite fervente em cima, não se comovendo com os gritos do nativo que morria em meio aos maiores tormentos ao ser fritado vivo, pelo covarde francês...

Em 1679, no Maranhão, da mesma forma foram executados em massa, índios da nação taramambaze. O método portanto não era novo para Tati-Vassã, que o conhecia muito bem e que inclusive já havia prevenido o espírito de seus companheiros avá-canoeiros, de que seus fins seriam os mesmos, embora centenas de anos já tinham se passado.

Os silvícolas taramambazes no passado, lutavam pelos mesmos ideais dos avá-canoeiros e outras tribos, de hoje. Não queriam muito, nunca foram homens de ambições, apenas um lugar para viverem em paz. Afinal eles eram donos das terras quando os estranhos chegaram. Portanto não exigiam nada mais do que já era deles.

A cerimônia macabra executada em praça pública, conforme costume da época, onde os padres batizavam os condenados, antes acreditando que assim estariam salvando-os do inferno.

Na praça, dois canhões estavam prontos. Na boca de cada um, havia um banco. As peças carregadas com balas, enquanto os padres faziam suas rezas e as autoridades liam as sentenças.

Os condenados levados e amarrados nos bancos. Disparavam-se as peças de artilharia e os corpos dos condenados esmigalhados no ar...

A cena dantesca repetiu até ser executado o último taramambaze. Que sumiu prometendo vingança...

Um clarão iluminou por dentro o "terceiro olho" de Tati-Vassã. Não sentiu dor nenhuma porque tudo foi muito rápido.

Estalou, como se seu cérebro estivesse desmanchando, sem dor, silenciosamente. Sua visão era como se estivesse entrando dentro de um cano estreito, que depois foi aos poucos se alargando num enorme tunel. Ali viu-se frente a frente com um dos taramambaze que juntamente com Tati-Vassã, em outra encarnação, havia morrido destroçado por tiros de canhão, em 1679!...

O taramambase abraçou-o e foi logo dizendo:

– Que bom você ter vindo. Agora sou um arbovirus. E aqui planejo terrível vingança. Quanto mais companheiros melhor...

A princípio o avá-canoeiro recusou-se a crer no que via.

Adentrando uma porta do vasto túnel, deu com quantidade enorme de minúsculos seres mexendo-se, como multidão esfomeada a espera de comida. Olhou para seu companheiro e espantou-se mais ainda. Ele tinha agora o mesmo corpo dos outros milhões e milhões de indivíduos que se contorciam num balé macabro e sempre igual. E o pior, o próprio Tati-Vassã, o mais capacitado e privilegiado daqueles poucos avá-canoeiros, também tinha a forma de curta e minuscula minhoca. Estava reduzido, como os outros, num virus. E como os milhões e milhões, prontos para voltarem à vingança, conforme prometera o taramambaze, todos transformados em **arbovirus...**

O fenômeno estava atraindo um número cada vez maior de pesquisadores. Em consequência do desmatamento progressivo para permitir a penetração humana, uma série de doenças até então jamais vista surgia na Amazônia.

As enfermidades, causadas pelo que os cientistas classificavam de "movimento ecológico". Derrubada a floresta, os **arbovirus** – certos virus que se abrigavam nas árvores – ficavam sem seu **habitat** natural e começavam a movimentar-se desordenadamente, à procura de um novo abrigo, que tanto podia ser uma larva de borboleta, um inseto adulto ou, por intermédio destes, o homem. A procura de novas moradas, eram capazes de realizar migrações de até 300 quilômetros.

Impossível prever quais as reações causadas pela atuação dos microorganismos, não apenas porque agiam nas áreas tão distantes e distintas como porque surgiam periodicamente novos tipos.

O clima da Amazônia, ótimo, e todos podiam viver bem ali. Porém o processo de colonização e desbravamento rápido e impensado, poderia se transformar num desastre se não fosse obedecido um eficiente plano sanitário.

Em 1848, o naturalista inglês Henry Walter Bates já dizia ser o clima da região melhor que o da Inglaterra. Mas houve a corrida da borracha, a partir de 1877, e a morte de milhares e milhares de nordestinos ficou por conta da região. Quando na verdade era sabido que a dizimação teve outras causas. Além de tratados como gado humano os nordestinos relutavam em ingerir alimentos da Amazônia, e não era vacinados. Resultado: morriam de avitaminose e de doenças desconhecidas na época.

Com o desbravamento de agora, novas doenças iam sendo descobertas. E as viroses provocadas pelo chamado movimento ecológico tinha começado causando simples gripes, febres e distúrbios orgânicos sem maiores consequências, quando perceberam que os virus habitantes das árvores atacavam os homens.

Era o reforço dos **arbovirus**, que agora além das gripes simples, causavam muito mais estragos entre a população, com a temida "febre negra", de Lábrea, no rio Purus, e da "síndrome hemorrágica de Altamira". Obrigando os cientistas estudarem parasitoses, micoses, viroses e bacterioroses, registradas em determinadas áreas e a maioria desconhecida da ciência.

O espírito do taramambaze que havia conseguido a adesão do avá-canoeiro e de outros sofredores da região, encorporando ao exército destruidor do homem civilizado e que cada vez mais, criava tipos de doenças desconhecidas...

A doença só apareceu com a abertura da Transamazônica e a instalação de colonos à sua margem. Os médicos a classificaram como "síndrome hemorrágica de Altamira", mas isso significava apenas que não sabiam exatamente do que se tratava, pois o termo síndrome servia para designar um conjunto de sintomas cuja origem se desconhecia.

Alguns médicos admitiam que podia ser causada pela picada de um inseto, o pium por exemplo, minúsculo mosquito, tremendamente perturbador, até então considerado inofensivo. Nas pessoas atacadas, surgiam manchas negras ao longo do corpo – provocadas provavelmente pela ruptura de vasos capilares – e havia também perda de sangue pela gengiva, olhos e mesmo pelos pontos em que o inseto picara. Se a hemorragia não fosse contida a tempo, ocorria a morte do doente.

O único medicamento que produzia bons resultados, um corticoide – a **prednosolona** – que aplicado a tempo fazia com que alguns sintomas desaparecessem. A grande dificuldade, porém, era fazer o diagnóstico precoce, pois algumas manifestações foram confundidas com as de outras doenças. Os pesquisadores estavam agora isolando um **arbovirus** e realizando estados cuidadosos sobre esse conjunto de sintomas e outras síndromes febrís.

A maioria dos casos de síndrome homorrágica ocorreu com os colonos procedentes de outras regiões e levados pelo INCRA, para a Transamazônica. Raros os registros de moradores nativos da própria região e embora o mosquito pium estivesse presente em quase toda a Amazônia, a doença tinha aparecido apenas no vale do Xingú. Mesmo em Marabá, outra cidade à margem da rodovia, que não tinha sido assinalada um só caso, as autoridades médicas acreditavam que a doença viesse a se expandir. Sua área de influência estava se ampliando para o lado de Itaituba, a Oeste em direção ao Leste.

A doença mais frequente, no início do ano, entre abril e maio quando os rios secavam e o pium proliferava mais facilmente. Pesquisadores da região já tinham identificado cinco tipos desses insetos, mas não conseguiram definir qual deles provocava a doença e por que ela só ocorria em determinadas regiões, que não se diferenciavam ecologicamente de outras da Amazônia...

Era a região em que havia maior concentração de espiritos de mortos, violentamente assassinados, na incontida ganância pela posse de terras, em busca de ouro, diamante e outros minérios. Quanto mais gente morria violentamente na selva, mais aumentava o exército de **arbovirus**.

Afastaram a hipótese de que a doença podia estar ligada a subnutrição, porque algumas das vítimas apresentavam excelente aparência física e gozavam de saúde. Comprovou-se, ainda, que ela não era transmissível, pelo menos facilmente.

Mesmo empregando um medicamento que tinha dado resultados positivos, os cientistas não podiam indicar, tratamento inteiramente eficaz, porque a **prednosolona**, apresentava inúmeros efeitos colaterais, difíceis de serem evitados, como a perda de potássio e a fixação de sódio no organismo.

Procurando inspirar tranquilidade, os pesquisadores afirmavam que, por enquanto, a "síndrome hemorrágica de Altamira", ainda não significava um problema de saúde pública. Mas, acrescentavam que ela poderia tornar-se...

Por outro lado os **arbovirus** atacavam de outra forma, demonstrando também grande periculosidade. Era através da "febre negra", doença classificada imprecisamente como hepatite malígna, fatal em 90 por cento dos casos, mas de proliferação ainda reduzida. Sua ocorrência com propensão a espalhar-se, tinha sido registrada apenas no Estado do Amazonas e no Território de Roraima, sempre à margem de estradas.

A dúvida mais séria sobre as consequências do desmatamento devastador para os técnicos que estudavam as novas doenças, a de saber se, com a alteração das condições ambientais, insetos até então inofensivos em sua **habitat** natural se tornaria transmissores ou causadores de doenças, quando expulsos para outro ambiente, ameaçando, assim a vida do colonizador.

O caso da "síndrome hemorrágica de Altamira", um exemplo para os cientistas: se o pium que provavelmente a provoca, não for uma espécie nova da família dos **similidium**, mas um inseto normal que se tornou patológico porque saiu de seu ambiente natural, estará aberta a possibilidade das arboviroses (doenças transmitidas pelos virus das florestas) se transformarem em problemas de saúde pública.

Essas doenças novas que apareciam, transmitidas pelos **arbovirus** poderiam se juntar a tão temida "febre amarela", que surgia também em áreas onde além do desmatamento, concentrava-se grande contingente populacional procedente de outras regiões, de características diversas das encontradas na Amazônia.

À falta dos elementares dados sobre as novas doenças surgidas, os pesquisadores cada vez mais temiam pela sorte do colonizador, exposto ao seu contágio, que talvez pudesse vir a representar um grande perigo para a coletividade em curto prazo...

Os espíritos dos índios mortos de forma violenta desde o início juntavam-se agora mais do que nunca convencidos pelo taramambaze dos séculos passados, e pelo atual avá-canoeiro, para uma vingança sem precedente contra o homem branco da região.

Ao grupo de vingadores juntavam-se cuarinas e cuaretos, laúnas e miranhas. Multidões de tucanos, dessanos, arapeços, banivas, unanas, tijucas, piratapúias, desaparecidos na selva bruta. Espíritos de orgulhosos e hostis jauaperis, que ainda conservavam vivos a sede de vingança, contra civilizados pelas violências sofridas, aos pobres ticunas, mortos quando já viviam na mais lamentável penúria, proporcionada pelos homens brancos.

Espíritos outrora pacíficos, como dos tarianos que se dedicavam à criação e agricultura na Amazônia, juntavam-se aos agressivos paratintins, e aos trabalhadores e pacíficos ipurinás, paumaris, murás. Tribos e mais tribos, contendo milhares de índios mortos pela desenfreada ganância dos civilizados, reuniam-se cada vez mais, na criação de novas doenças para quem tanto os prejudicaram.

A morte viria agora como vingança, de forma imperceptível, mas implacável, da mesma forma que os brancos tinham feito...

A maneira que os espíritos dos nativos compareciam, ao chamamento, iam imediatamente virando **arbovirus**. As tropas de ataque em massa, engrossavam cada vez mais. Chegavam novas remessas de maués, macus, mundurucus, caiabis, catauixís, aicás, curiás, tiriós, nhambiquaras, catuquinas, capananas, campas, apiacás...

Vinham yanomanis, macuxis e wapixanas eliminados por garimpeiros em Roraima. Caiapós, de Mato Grosso, paratintis do Pará e Amazonas, pacaás-novos de Rondônia e Guaporé...

Para se juntarem aos exércitos de espíritos vingadores, foram convocados também os que não eram índios; valentes aniquilados naquelas terras esquecidas do resto do mundo, pontilhadas de cruzes; homens que abriram estradas de ferro, do passado e estradas de rodagens do presente. Aqueles que em busca de aventuras haviam se embrenhado nas matas virgens, isolando-se do mundo. Os ambiciosos, que solitariamente ou em expedições procuravam nos riachos, ouro, pedras preciosas. Pessoas que haviam morrido em brigas, desastres e de todas as formas possíveis e imagináveis.

Ali estava a oportunidade para a vingança de todos, fosse ela contra companheiros civilizados, como contra o progresso. Contra índio colaborador, contra o inóspita para eles, região que tanto maltratou, judiou e acabou, levando-os à morte.

– Doce é o sabor da vingança! – Foi a senha do organizador, em paga ao genocínio da raça indígena.

A adesão, não só de habitantes da Amazônia, desaparecidos tragicamente. Dela faziam parte, agora, índios da Patagônia ao Canadá. Milhões e milhões de fueguinos, guaranis, quêchuas, aimarás, chiriguanos, jívaros, araucanos, astecas, maias, incas, iroqueses, moicanos, seminolas, cherokees, arapajos, navajos, muskogees, comanches, crows, yumas, utes, siouxs, mojaves, cheienes, pequots, chippewas, algonquinos, apaches, delawares, blak-foots, osages, mohawks, teton-dakotas, powhatans...

Que sofreram, sabe Deus como, no continente, em várias épocas, nas mãos dos brancos e em nome da civilização...

O comando geral da empreitada foi colocado nas mãos do maior símbolo indígena da Amazônia; Ajuricaba.

Os portugueses difamaram cruelmente Ajuricaba, como difamaram Tiradentes e todos os esforçados patriotas do passado. Estrangeiros caluniaram o grande chefe indígena que ofereceu heróica resistência à opressão e a escravidão.

Pertencia esse nativo à nação dos manáus e era um de seus mais poderosos príncipes. Interessado em dar comodidade e progresso ao seu povo, estabeleceu comércio e aliança com os colonos da Guiana Holandesa entre os quais achava troca para os produtos das suas matas e nos quais procurava apoio para se defender das outras Guianas, especialmente da francesa, mais belicosa e mais ávida de lucros ilícitos.

Guardado solidamente por essa parte, tratou de se guardar pelo outro lado vulnerável congregando e destacando os guerreiros de sua tribo em vários pontos do baixo rio Negro para sustar a invasão sempre calamitosa dos lusos.

Estes costumavam arrebanhar os nativos para suas feitorias e nelas escravizá-los. Explorando ganaciosamente o trabalho fazendo com que os infelizes silvícolas, com muita ocupação, pouca alimentação e nenhum trato, definhassem rapidamente e morressem à míngua.

Desde essa época os gentios estavam desamparados da caridade jesuítica transformada por sua vez em exploração, mercadoria, astusiosamente, disfarçada sob o manto hipócrita da misericórdia.

Abandonados de qualquer socorro estranho, perseguidos, não podiam os nativos contar senão com seus próprios e fraquíssimos recursos, para se libertarem das batidas e bandeiras que os iam buscar nos matos, nas suas aldeias. Inúmeras tribos fraquejaram e embora mal se adaptassem ao regime de sujeição, violentamente contrario aos seus hábitos, foram perdendo o antigo vigor e tenacidade com que lutavam contra a agressão.

Os civilizados, usando da intriga e do suborno, atiravam tribos contra outras e transformando algumas não somente em aliadas mais em inimigas e perseguidoras daquelas que se conservavam arredias ou hostis.

Os insaciáveis civilizados perseguiam e atemorizavam as tribos. Estendiam suas teias escravocratas de aldeia em aldeia e não se conformavam ao encontrar resistência, caluniando os primitivos que preferiam morrer nas suas terras do que ceder à sanha dos seus malfeitores.

Foi nesse momento que o nome de Ajuricaba, o grande cacique, apareceu na história.

Sua figura de colosso elevava-se naturalmente pela energia, acima de seu tempo, como já pelo berço se elevava hierarquicamente acima da sua geração. Esse excepcional homem, tão predestinado para o mando como para o comando, concebeu e iniciou um dos mais nobres e valiosos atos.

Nascido numa época de cativeiro e tormento, ele, príncipe livre e respeitado, sentiu não obstante o desprezo dos adversários, que precisaria lutar muito para preservar a liberdade.

Arvorando-se com esse pensamento em libertador ostensivo de sua raça vencida e desonrada, atacou os inimigos no próprio domínio deles expulsando-os desse primeiro reduto para além das águas do Uarirá.

Vingador de todas as injúrias e agravos do passado, convencido do grande papel que o seu destino lhe confiara, onde houvesse opressão seu braço de ferro caia como um raio, a frente dos seus bravos manáus.

Ajuricaba tinha crescido tanto aos olhos dos seus que de toda parte chegavam combatentes que vinham espontaneamente procurá-lo para terem o prazer de batalhar sob tão grande tucháua. E tal respeito impunha seu nome aos adversários que bastava a sua presença em certo ponto para que o rio ficasse a mais de 10 léguas desinfetados deles.

O herói passeou, assim, livremente, durante longos anos e pelo curso inteiro do rio Negro o seu triunfo conquistado em tão duras batalhas.

No tempo de João Maia da Gama, governador do Pará, mandou esse general contra Ajuricaba, uma expedição militar composta de um corpo de infantaria e barcos artilhados ao mando de Belchior Mendes de Moraes.

Ajuricaba voltava de um pequeno combate, para seu retiro, quando foi atacado por Belchior, que achou por bem, muito mais prudente, agregar às suas forças as de João Paes do Amaral com seu capitão à testa.

Apesar de apanhado de surpresa e por inimigos imcomparavelmente mais fortes de armas e de embarcações, o combate foi renhido, demorado e muito indeciso, até que o consumo das flechas indígenas deu ganho de causa aos civilizados.

Ajuricaba com 1600 índios desarmados, foi aprisionado por uma tropa superior a 800 homens, fartamente dotados de apetrechos de infantaria e artilharia.

Remetido para o Pará com a parte dos seus companheiros, algemado como estava, Ajuricaba fez na embarcação em que ia, tamanha luta, dando muito trabalho para ser abafada.

Vendo frustrado seu plano e perdida a liberdade, fiel ao seu princípio, preferiu a morte ao cativeiro e, apesar de amarrado, sem espectativa de salvação, atirou-se ao rio e desapareceu.

Sua fama era tal e seu prestígio tão grande na região amazônica, que ninguém entre os nativos acreditou na sua morte.

As gerações se sucederam por mais de um século e ele continuou a ser esperado pelo seu povo.

Sagrou-o a lenda, cavaleiro redivivo da glória, embalsamando-o com seu perfume de ilusão e mistério.

Para a história, Ajuricaba é muito mais do que um mito de poesia e de esperança: é na morte um símbolo da Liberdade porque foi na vida um de seus intrepidíssimos campeões...

Logo que foi convidado para comandar os **arbovirus**, o grande chefe Ajuricaba convocou as vítimas das expedições militares abomináveis pela covardia que representavam e pelo número de mortos que inutilmente fizeram. Primeiro a de Manoel Pereira de Vasconcelos, em 1856, depois a do coronel Rego Barros Falcão em 1873, ainda os morticínios, em 1874, do tenente Horta, e por último a nefanda carnificina Catingueira, ordenada loucamente em 1905 pelo governador do Amazonas e executada com a mais repugnante atrocidade.

Índios que no acordado sonhar de heroismo, se viram às voltas com a traição e a impiedade. Pobres homens armados apenas de arco e flecha sustentaram durante 50 anos, tão irredutíveis quanto impávidos, a luta de morte em que se empenharam na defesa de suas famílias, contra a escravidão do padre, contra o veneno dos traficantes, contra a carabina do aventureiro e contra a artilharia dos governos...

Estava próxima a vingança, contra a vergonha da civilização que usava canhão. Armas antigas e modernas, que inúmeras vezes troaram nas matas silenciosas, sem que o barulho das descargas afugentasse ou amedrontasse ao menos, os valorosos guerreiros nus...

Vingança, somente vingança, pediam todos os espíritos indígenas na forma de **arbovirus**; das legiões de guerreiros orientados pelo avá-canoeiro Tati-Vassã, sob o comando geral do famoso Ajuricaba, entusiasmados com a acolhida do plano elaborado pelo velho taramambaze. Cada pelotão com seu comandante animado, que tomando a rédea encabeçava com gosto a tarefa. Do norte vieram muitos entre eles os valentes e famosos chefes Gerônimo e Cochise, com seus homens, que tanto sofreram nas mãos do brancos nos Estados Unidos. Acompanhavam Satanta Cochise outros chefes: Nana, Eskimizim, Lobo Pequeno, Galha, Corvo-Rei, Pé Grande, Touro Sentado herói dos índios, vencedor do general Custer.

Dos antigos heróis sulamericanos, chegaram Tupac Amaru, do Peru e outros, que por defenderem seus povos foram assassinados pelos europeus, aos mais recentes mártires.

Líderes indígenas que lutaram contra a opressão da sociedade envolvente, martirizados pelos interesses das forças mais poderosas. Como cacique kaigang Ângelo Kretã que morreu em 1980, vítima de uma emboscada e do lider Marcial Guarani, que foi silenciado em 1983, quando lutava na defesa das terras de seu povo.

Crimes, como tantos outros de que foram vítimas os defensores da causa indígena e que permaneceram sem solução...

Enquanto à volta do movimento, o número de fantasmas estropiados pelas caminhadas nas matas, roidos pelas febres da selva, famintos e sedentos, além de feridos, compareciam cada vez em número maior.

O chamamento prosseguia, tal o entusiasmo de vingança possuido por todos, que viam no desmatamento irracional da Amazônia, a melhor maneira de contaminar toda a região de uma vez, vingando-se assim de todos aqueles que os fizeram sofrer...

Um novo tipo de doença estava sendo preparado para ser lançado, quando as matas que margeavam a enorme estrada Transamazônica, fossem derrubadas impiedosamente pelo progresso.

As mudanças ecológicas, com a devastação da selva, teriam consequências imprevisíveis para os homens, mas ao mesmo tempo, seriam propícias, para o exército de espíritos sedentos.

A nova doença preparada pelos "vingadores da selva", ficara pronto muito antes do que eles mesmo esperavam. Tinha sido trazida da África. E os **arbovirus**, espíritos vingativos, já estavam se colocando no mosquito pium para o novo ataque em massa. Logo os cientistas da região descobririam...

É, – dizia o doutor – infelizmente trata-se de oncocercose! Doença que pode levar à cegueira! Conhecida entre algumas tribos africanas, aqui na Amazônia ela já está sendo transmitida pelo mosquito pium!...

Tati-Vassã, o índio avá-canoeiro repassou sua morte em busca de destalhes para a vingança. Voltou ao momento em que ela ainda não havia se consumado, e a tempo para a desforra...

Quando o bando de "bugreiros", armados até os dentes, comandado pelo famigerado "Coronel Rioarinto", ia chegando, os poucos avá-canoeiros correram acompanhados de rajadas de metralhadoras. Ficando somente onde estava concentrado, Tati-Vassã, impedindo de correr. A cena foi rápida, "Talagarsa", um dos mais terríveis "bugreiros" colocou a carabina 44 no rosto do índio-negro, entre o nariz e a testa, que ainda mantinha os olhos fechados na concentração, e disparou.

Tati-Vassã vingou-se.

Imediatamente os olhos do "bugreiro" assassino, lugar tenente do "Coronel Rioarinto", foram atacados de terrível coceira que o levou à louca corrida, batendo-se desesperadamente pelas matas. Estava irremediavelmente cego...

Mais um aviso, de que nenhum civilizado deveria penetrar na selva assombrada.

CAPITÃO PIRANHA

O livro "Capitão Piranha", de Renato Ignácio da ilva, é forte e fascinante. Embora os personagens ejam imaginários, os cenários, os episódios, são erdadeiros e muitas vezes amargos e contunden-s. Combinando o documentário com a ficção a bra atinge grande dimensão, pelo teor de aventu-a e emoção, além de impecável estrutura de sus-ense.

O escritor que tem o dom de transformar seus elatos em documentos oportunos e apaixonantes, rocura novamente ser o mais autêntico possível o abordar vários temas, e como sempre possuin-o enorme vont le ensinar. Aliás três carac-erísticas que s serva em suas obras, todas de nálises prof s: realidade, versatilidade e uti-dade. Seu claro e suas explicações para ıdo, valori ainda mais o trabalho.

O Autor desta vez leva ao público, uma versão romanceada dos grandes temas históricos contemporâneos. Que vão da indefeza Amazônia entregue à aventureiros que procuram fazer fortuna à margem de qualquer princípio moral, ao desequilíbrio ecológico aliado à poluição do ambiente, ocasionando o descontrole da natureza, indo até à guerra moderna. Numa história bem imaginada, capaz de prender a atenção do leitor da primeira à última página.

Acerta e muito quando escreve: "Pode-se medir a saúde de uma cidade, pelo número de variedades de pássaros que nela vivem. As aves são os termômetros da vida humana!"

Bom conhecedor do reino animal-vegetal, o escritor e preservacionista da selva brasileira, estudioso naturalista e incansável pesquisador, apresenta neste romance os resultados das mais avançadas buscas, onde a preocupação maior dos cientistas é copiar os fenômenos da natureza.

Renato Ignácio da Silva aprofunda-se nos bastidores amazônicos, revela não só os costumes, a vida animal, como os aspectos curiosos, desconhecidos e uma perfeita caracterização dos tipos humanos que ali habitam. Desvenda um mundo verde envolto em misérias e crendices, expõe a vida do sertão, a luta de heróis sertanejos contra as circunstâncias adversas do meio, a destruição desenfreada das vidas animal e vegetal. Denuncia tentando impedir que espécies vegetais nativas sejam tocadas, ainda que em seus lugares surjam exuberantes mais ilusórias florestas alienígenas. Descreve com precisão sobre índios e seus costumes, além de realizar trabalho também perfeito sobre Biologia, Sociologia e História.

NADA QUE O HOMEM FAZIA CONTRA A NATUREZA FICAVA SEM RESPOSTA. CADA CRIME TINHA SUA PUNIÇÃO.

Obras de
Renato Ignácio da Silva:

"Amazônia, paraíso e inferno!"
(O que é a Amazônia. Como sobreviver na selva e no mar).

"Pantanal Silencioso".
(Novela mostrando a destruição da natureza).

"Capitão Piranha".
(Romance).

"Selva Assombrada".
(Contos).

PANTANAL SILENCIOSO

—esplendor e agonia do último mundo verde.

Alguém já escreveu: "Ou nós damos as mãos, para defender e preservar os animais, ou vamos usá-las para esconder o rosto de vergonha, em futuro não muito distante. A natureza precisa dos animais. Vivos..."

O mesmo pode se escrever sobre as espécies vegetais primitivas. Da recuperação das matas centenárias, do verde em geral, tão excencial. E por que não dizer da salvação da raça humana?

É com essa preocupação que o paulista Renato Ignácio da Silva, da Amazônia onde é especialista, "desce" (como costumam falar na região) para o Pantanal mato-grossense, uma das poucas manchas verdes ainda existentes. Maior planície interiorana do planeta, distante mais de 1 000 quilômetros do Oceano Atlântico e cerca de 100 metros acima do seu nível.

Em "Pantanal Silencioso", o Autor mostra a destruição na forma de novela. O estilo é o jornalístico. Caracteriza-se pela vontade de por em cena a informação, descrever a realidade e surpreender os leitores. Um jornalismo de documentação, análise e comentário. O livro é como o grito de alerta da ave tachã, para o perigo que se aproxima...

"Tudo parece indicar que o homem, que foi o último a chegar à Terra, será o primeiro a deixá-la".

Maeterlink.

Mais uma vez o cronista das matas; retratis da vida selvagem, que não esquece vagalum nem banho-de-cheiro nos seus escritos, apr senta curiosa e autêntica trama. Agora passa dentro de imensa área encharcada, com ma de 230 000 quilômetros quadrados. Onde o for da produção é o gado, com milhões de cabeç espalhadas pela inúmeras fazendas, e os mai res inimigos: os predadores, que ameaçam equilíbrio de uma das enormes populações animais dos mais preciosos do mundo, contend inclusive espécies em extinção.

Sempre com a preocupação ecológica, conser vação do paraíso, o Autor, expõe a vida do marginais, os métodos dos poderosos e intocá veis senhores do crime; corruptos e corruptores homens de riquezas e poderes sem limites n obsessiva missão de destruir.

Ali, peões abandonam o gado e se torna caçadores profissionais de peles dos jacaré aproveitando só as laterais do tronco — o "cole te", como dizem os pantaneiros — e que n verdade, a exploração de peles e couros, embor grave como vocês verão, é apenas a ponta d imenso **iceberg...**

O Autor descobre os fatos e conta na forma de história, com sua já conhecida vocação pedagógica. Entremeando as notícias, com maria-xica e mel de abelha-oropa, ao som da viola-de-cocho, chalana, para acompanhar nas danças siriri e cururu. Quando não apresenta o socó-boi que muge como gado, explica e como sempre muito bem, o que é um boieiro no maior criatório do país.

Ao ler a incomum e brilhante obra, "Pantanal Silencioso", minucioso trabalho de documentação e pesquisa, vocês vão, através de quem não mostra a floresta por cima mas conhece a árvore, penetrar no antigo mar dos Xaraés agora transformado em imensa extensão plana de terra encharcada. De enchentes e queimadas gigantescas.

Em linguagem envolvente o versátil escritor que desenha seus personagens com detalhes, nos faz mergulhar num círculo de aventuras onde rudes homens e fascinantes mulheres amam e lutam no último mundo verde. De costumes como o tereré tomado na guampa, o guaraná em pó ralado na língua do pirarucu; o chamamé, a polca, o rasqueado...

Renato Ignácio da Silva retrata com vigor, incrível realismo de fatos e situações um tema atualíssimo: contrabando de peles, couros, ouro, pedras preciosas, cocaína. Exibe a vida de pessoas que invadem florestas e pantanais não respeitando nem corixos — pequenos braços de rios — provocando a destruição simplesmente de toda forma de vida numa área que deveria ser de preservação das espécies animal e vegetal. Terra primitiva do porco-monteiro e do boi-baguá.

Nunca uma organização do crime foi mostrada tão claramente. Onde convencem índios e caboclos a abraçarem o contrabando. Trocarem a plantação tradicional, roça de feijão e mandioca, pela caça profissional, derrubada irracional das matas e pelo cultivo do ipadu, uma das 250 variedades existentes de coca.

Combinando realidade e ficção com extraordinário fôlego narrativo, o Autor apresenta glória e declínio do Pantanal; sugestivo painel que traduz os problemas da região e o perigo que poderá trazer para todos. Tendo por resultado um dos trabalhos mais fascinantes da moderna literatura brasileira.

PANTANAL SILENCIOSO

—esplendor e agonia do último mundo verde.

"O fim da raça humana consistirá em que, a longo prazo, morrerá de civilização".

Emerson.

"Amazônia, paraíso e inferno!"

Renato Ignácio da Silva revela-se em "Amazônia, paraíso e inferno!", um dos mais versáteis escritores da moderna geração brasileira.

Expondo em estilo claro, desfila diante de nós seu inúmero conhecimento que vai desde sertanismo; indianismo; zoologia; botânica; geografia e história, até prevenção de acidentes; primeiros socorros; salvamentos; medicamentos; sinalizações. Como encontrar água; como fazer fogo e abrigo; conselhos sobre caça e pesca; culinária; como conhecer animais venenosos; como tratar o indígena; noções de sobrevivência na selva e no mar; prática de navegação; onde encontrar frutas ou plantas comíveis, e o leitor que não se assuste ao encontrar a instrução do Autor "siga o macaco, coma tudo que ele comer e se puder coma, também o macaco... pois só tendo energias você sobreviverá."

Milhares de quilômetros de estradas estão sendo construidos em regiões que sempre foram um desafio. O colonizador de hoje terá a possibilidade de utilizar as técnicas, informações e acima de tudo o bom senso que o Autor propõe em seus 5 anos de pesquisas sobre sobrevivência e que estão condensados neste volume. Nele constam também o mapa completo da Amazônia, fotos e desenhos indicativos para todo tipo de emergência.

13 000 exemplares de "Amazônia, paraíso e inferno!" foram adquiridos pelo Exército. Milhares de outros, distribuidos por todo o território nacional, serviram para escolas, polícias militares, tropas de fronteiras, missões religiosas etc.

Realizando valorosa obra, profundamente humana e um excelente guia, demonstra o Autor, acima de tudo, ser perfeito conhecedor da arte de sobreviver, e da região, mostrando até fantasias e curiosidades da Amazônia.

Os utilíssimos conselhos emitidos por este técnico em sobrevivência, frutos de pacientes observações e demoradas pesquisas, na Aeronáutica, em museus, bibliotecas, institutos e principalmente na selva são de grande valia não só para aqueles que viajam de avião pela região amazônica, aos que navegam pela costa brasileira, como para todos, do Oiapoque ao Chui. Sejam: caçadores; pescadores; excursionistas; turistas; sitiantes; fazendeiros; estudantes; aviadores; marítimos; alpinistas; escoteiros; religiosos; cientistas; sertanistas; participantes do Projeto Rondon; colonizadores da Belém-Brasília, Transamazônica, etc. Servirá tanto aos que percorrem as caatingas do Nordeste como os pampas do Rio Grande do Sul, aos que atravessam as savanas de Goiás, os cerrados de Mato Grosso ou florestas do Amazonas.

O Autor, jornalista, publicitário e exímio desenhista, pertence à Ordem Nacional dos Bandeirantes, foi membro colaborador do 1º Congresso Nacional de Sertanismo, sediado no Instituto Histórico e Geográfico de São Paulo, onde parte deste trabalho serviu de tese, tendo na ocasião recebido os maiores elogios, não apenas dos sertanistas reunidos naquele conclave, mas de todos que se interessavam pelos problemas relacionados com as selvas do Brasil.

Lançamos mais uma edição de "Amazônia, paraíso e inferno!", acreditando que beneficiará à muitos; inclusive facilitará a árdua tarefa do SAR - Serviço de Busca e Salvamento, da FAB. E o fazemos também, na esperança de que não mais se repitam as tristes cenas: pessoas que faleceram tragicamente por desconhecimento da região amazônica, desconhecimento de sinalização, desconhecimento de sobrevivência na selva.